·◄ TOUTES

DIRECTIONS ▼·

Elizabeth Smith

Oxford University Press 1985

Oxford University Press, Walton Street, Oxford OX2 6DP

Oxford   London
New York   Toronto   Melbourne   Auckland
Kuala Lumpur   Singapore   Hong Kong   Tokyo
Delhi   Bombay   Calcutta   Madras   Karachi
Nairobi   Dar es Salaam   Cape Town

and associated companies in
Beirut   Berlin   Ibadan   Mexico City   Nicosia

Oxford is a trade mark of Oxford University Press

Acknowledgements

The publishers would like to thank the following for permission to reproduce copyright photographs:

AGIP, Paris: 134, 183; Air France: 83 left; Kate Beeching: 127; Jean Biaugeaud: 23 top; John Brennan: 58, 88; Alison Cole: 15, 151, 151 (inset), 142; John Cornish: 83 centre bottom; Marie-Hélène Jeeves: 12, 106 top left, centre, middle left, bottom centre; Pierre Joly and Véra Cardot: 23 bottom; Michelin: 85 top second from left; Loïk Prat: 48; Presse Sports: 16 top, 45; Rapho: 9 bottom right, 16 centre, 33, 41 bottom, 161, 166 bottom; Colin Reiner: 38 left, second left; Barrie Smith: 121; Elizabeth Smith: 18, 32 right, 35, 88, 154 bottom right; Alison Souster: 29 left, 100; Jeffrey Tabberner: 87 bottom third from left, bottom right; Jenny Thomas: 106 centre left; John Topham: 9, 29 right, 66, 71, 72, 85, 89, 91, 130, 186, 187; Jerry Wooldridge: 53.

All other copyright photographs are by Keith Gibson and Charlotte Ward-Perkins. Illustrations are by Andy Bylo, Sue Heap, Edward McLachlan and Mike Ogden.

Cover painting: *The Eiffel Tower* by Robert Delaunay, 1926, Musée National d'Art Moderne, Paris, © ADAGP 1985 Paris, Lauros-Giraudon.

The publishers would like to thank the following for permission to reproduce copyright material: Belin: *Découverte de la France*; Editions Albin Michel: *Journal d'un crime*; Editions Gallimard: *La Peste*; *Le Figaro*; *Girls*/Daniel Baranes; Gîtes de France Ltd; Librairie A Hatier: *La France dans votre poche*; Librairie Ernest Flammarion/Arthaud: *Retour à la montagne*; *Ouest-France*; Pneu Michelin; RATP; *Salut!*; Samivel; SNCF.

Although every effort has been made to contact copyright holders, a few have been impossible to trace. The publishers apologize to anyone whose copyright has been unwittingly infringed.

Set by Tradespools Ltd., Frome
Printed in Great Britain by Hazell Watson and Viney Ltd., Aylesbury

Introduction

The aim of the material offered in **Toutes Directions** is to enable pupils in the Fifth Year to cope successfully on day-trips to France, on exchange and family holidays, and with their O-level or 16+ examination in French. It is intended that the pupils should gain in confidence by using their French in ways which are enjoyable, varied, and above all relevant to their needs. The particular nature of the course thus reflects two important aims expressed in the GCE and CSE Boards' Joint Council for 16+ National Criteria document, issued in July 1982, namely: to develop the ability to use French effectively for the purposes of practical communication, and to provide enjoyment and intellectual stimulation. Further, in line with the Joint Council's statements that 'tasks to be set within the syllabus and in the examination should be, as far as possible, authentic and valuable outside the classroom' and 'the following techniques of assessment are considered inappropriate: summary, précis, dictation, and prose translation', the material in **Toutes Directions** is for the most part authentic, i.e. freely spoken or written by a native speaker, and the various tasks set are those which have a direct relevance to the needs of the teenage pupil outside the classroom.

Toutes Directions is a revision course designed to exploit the pupil's ability to understand more than he or she can speak, and to promote confidence through success in carrying out meaningful tasks. The pupils are given help with expressing their own ideas and reacting appropriately in various situations, and they are exposed to the different registers of French which they are likely to hear and to read in France.

Structure of the course

The book comprises twelve units and has an overall structure based on:

(a) the events of the school and calendar year, in chronological order;
(b) a progressive revision of the grammar required at this level.

Thus, the units should preferably be worked through in order, starting in September. It should be pointed out that Unit 5 is the unit relevant to the period leading up to Christmas. If any group, working at a fast pace, arrives at this unit 'too early', then some or all of the material in Unit 7 can be used, out of sequence, in order to delay a start being made on Unit 5.

Composition of each unit

Within this overall structure, each unit has its own themes and is a coherent whole. Each unit contains all or most of the following principal elements:

1 Listening comprehension

This consists of unscripted, spontaneously-spoken conversations, statements, and interviews recorded by a group of French teenagers and two of their teachers. They are included on the tape/cassette which accompanies the book, and a transcript is given on pages 190–8. All taped material is marked with the symbol ⊙ .

2 Oral work

a Dialogues

The dialogues have been composed to present those words and phrases essential in situations which the pupil might encounter in France. They are also included on the tape, and the short utterances make them suitable for learning by heart, either in short sections or in their entirety. They can also be used as listening comprehension material; questions are included for this purpose.

b Role-play

The pupil is instructed what to say in the particular situation. As in the Dialogues, the utterances are short, and are suitable for learning by heart. Once the key phrases have been mastered, the pupils, working in pairs or in small groups, can be encouraged to make up their own unscripted encounters in the same or similar situations.

c Conversation

This section consists of a series of questions designed to enable the pupil to talk about his or her interests, family, plans for holidays, etc.; the questions contain much of the vocabulary likely to be needed. The pupils can be asked to read through all or some of the questions for homework, and to prepare answers and identify any difficulties. The teacher can then go through the questions with the whole class, writing some answers on the board, if appropriate. After this, the pupils can ask each other the questions and lastly they can write up their individual answers, learn them, and use them later for revision purposes. Thus they will have prepared in advance the topics they may need to talk about with French friends and in the oral examination.

d On se lie d'amitié

In this section, the pupil is expected to take the initiative. He/she is given the opportunity to practise asking questions as opposed to responding to them. Specific questions must be asked, usually reflecting the content of the Conversation section, in order to find out details about the lifestyle of a French teenager, or, of course, other members of the class.

3 Reading comprehension

A variety of material is provided, including authentic letters mostly written by French teenagers and usually in the original handwriting; articles from newspapers and French teenage magazines; notices; menus; 'faire-part'; extracts from guide-books, brochures, leaflets, modern novels, and autobiography; timetables; maps and plans; and signs. The comprehension questions set are of various types, depending in each case on the level of difficulty of the French and on how appropriate it is for active use by the pupil. The teacher will use his or her discretion both in choosing the task best suited to the needs and ability of the pupils and in deciding whether to ask for oral and/or written answers.

4 Written work

Apart from answering comprehension questions, the written work takes the form of answering the letters from the French teenagers; writing letters requesting information or making reservations; and writing a continuous narrative from a series of pictures. The latter may be also, or alternatively, an oral task, depending on particular examination board requirements.

5 Grammar section

This section is for those pupils who can benefit from an understanding of the formal grammar of the French they are using; it will be perfectly possible for some pupils to revise and use their French successfully merely by working through the rest of the unit, without referring to this section at all. The content of the grammar section of any particular unit arises from the material used in that unit; the need for a systematic revision of basic structures has guided the careful choice of the unit contents; it has *not* dictated the writing of the material. It should be noted that the revision of the various areas of grammar is paced so that the more important ones are not found in the later units; and that, in line with current general practice, the present subjunctive is included only in certain set phrases, in order to familiarize pupils with the three most commonly used forms, namely **fasse**, **soit**, and **aille**.

In recent years, there has been an increasing tendency to accept effective communication as being more important than near-native perfection. It is hoped that teachers will try to ensure that each pupil attains his or her personal best in using the material provided in this communicative course, and that pupils will feel encouraged and pleased with what they are able to achieve. They will perhaps be heartened to observe that even the French themselves occasionally make spelling mistakes and write accents that don't slope in any particular direction!

E. S.
York, 1984

5

Contents

Unit	Themes	Principal grammar	Page
1	What you did during the summer holiday How you spend your free time Coping with aches and pains	Perfect tense	9
2	Describing the amenities of a town or city Life at school Asking the way Arranging to go out	Use of *depuis*	21
3	Describing people and places Talking about when you were younger Initial meeting with another teenager Deciding how to spend the day At the lost property office Enquiring about buses	Imperfect tense Use of *venir de*	35
4	Family events Helping at home Preparing for a party Active holidays At the tourist office	Pluperfect tense The passive voice	48
5	The Christmas holidays Beginning and ending a letter to a French friend At the post office At the bank	Future tense Present participle	64
6	Pros and cons of going on an exchange Ideal life-style and dream house Your career Television viewing On exchange: arrival and departure Making an unexpected visitor welcome	Conditional tense Preceding direct object agreements	76
7	At a hotel: reserving a room problems At a restaurant A school outing Tourism in France	Relative pronouns	91
8	Buying presents, clothes, and food Celebrating a birthday Arriving late at a party What you do at the weekend	Past historic tense *Après avoir* The demonstrative pronoun	106

Unit	Themes	Principal grammar	Page
9	Plans for Easter At the youth hostel Telephoning in France At a café What you did one day last week	Past historic tense	120
10	Taking the train Getting around Paris Fire! Writing for a summer holiday job in France	Use of *qui*/*que*/*qu'* Object pronouns	136
11	Travelling by car Camping Road accidents What you will do next weekend	The superlative The imperative	154
12	Hot weather and traffic jams Going through French customs Arriving at a 'gîte' Plans for the summer and afterwards Le Tour de France On exchange: practical matters	Possessive pronouns	173
	Listening comprehension: transcript		190
	L'examen oral		199
	Masculine or feminine?		199
	Verb tables		200
	Numbers		205
	Solutions et réponses		206
	French–English vocabulary		207
	Bon voyage!		224
	Grammar index		224

Unit 1

What you did during the summer holidays
How you spend your free time
Coping with aches and pains

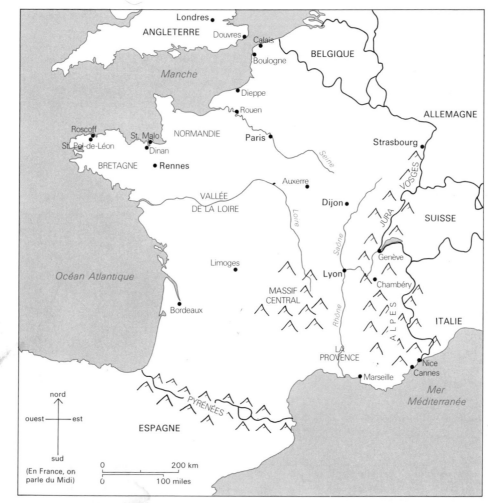

9

Isabelle écrit à Shirley

Chenôve le 1er septembre

Chère Shirley,

Je te remercie beaucoup pour ta carte, qui m'a fait très plaisir. Ici l'école reprend dans trois jours. Il va falloir se remettre à travailler. Je n'aime pas cette période, car les jours raccourcissent, le mauvais temps arrive... Mais j'ai tout de même bien profité de mes vacances. Durant le mois de Juillet, je suis allée au Cap d'Adge d'Agde, avec mes parents et ma sœur, au bord de la Mer Méditerranée, nous n'avons cependant pas eu très beau temps. Ensuite, je suis allée à Chalain dans le Jura avec des camarades faire un stage de spéléologie et de canoë, qui malheureusement fut trop court. Puis jusqu'à la fin des vacances, j'ai travaillé chez un kinésithérapeute, qui avait besoin de quelqu'un pour répondre au téléphone et prendre des rendez-vous.

Heureusement, nous allons bientôt venir vous voir. Je me réjouis d'avance. Que ferons-nous ? Y a-t-il beaucoup de Musées à visiter, de monuments à voir, dans ta ville ? Aimes-tu le sport ? Et lesquels pratiques-tu ?

J'espère que toute ta famille se porte bien, et que ta mère n'est plus malade. Son état n'avait pas l'air fameux dans ta dernière lettre. Je te laisse

Amitiés :

Isabelle

---

avoir l'air fameux to seem particularly good
avoir besoin de to need
court short
l'état (m) state
faire du canoë to go canoeing
faire de la spéléologie to go pot-holing

faire un stage to do a course
falloir to be necessary to
heureusement fortunately
jusqu'à until, as far as
le/la kinésithérapeute physiotherapist
malheureusement unfortunately

prendre un rendez-vous to make an appointment
ne ... plus no longer, no more
profiter de to take advantage of, make the most of
raccourcir to shorten

se réjouir to rejoice
se remettre à to start again

True or false?

1 The autumn term starts in three days' time for Isabelle.
2 Cap d'Agde is in the Jura Mountains.
3 Isabelle's family had good weather on holiday at Cap d'Agde.
4 Isabelle went on a caving and canoeing holiday with a group of friends.
5 She found the course rather long.
6 She worked as a receptionist during the last part of the holidays.
7 Isabelle will not be able to come to England in the foreseeable future.
8 Shirley's mother was not well the last time Shirley wrote to Isabelle.

Réponds en français

1 Où habite Isabelle? (C'est une cité-dortoir près de Dijon.)
2 Quand a-t-elle écrit cette lettre?
3 Qu'est-ce que Shirley lui a envoyé pendant les vacances?
4 Pourquoi Isabelle n'aime-t-elle pas cette période de l'année?
5 Où se trouve le Cap d'Agde?
6 Qu'est-ce que c'est, le Jura? Où se trouve-t-il?
7 Quel temps a-t-il fait dans le Midi quand Isabelle y était?
8 Pourquoi Isabelle est-elle allée dans le Jura?
9 Quel travail faisait-elle chez le kinésithérapeute?
10 Comment sait-on qu'Isabelle est contente de venir bientôt en Angleterre?

A toi!

Maintenant, écris ta réponse à la lettre d'Isabelle. N'oublie pas de répondre à toutes ses questions! Il faudra lui dire:
—si ta mère est toujours malade, ou si elle va mieux, ou si elle est complètement remise;
—à quelle date tu as repris l'école, et si tu es content(e);
—si tu es sportif/sportive, et quels sports tu pratiques;
—ce que vous ferez pendant la visite d'Isabelle chez toi;
—ce que tu as fait pendant les grandes vacances: combien de temps es-tu resté(e) chez toi?
qu'est-ce que tu as fait?
où es-tu allé(e) en vacances et avec qui?
combien de temps y es-tu resté(e)?
as-tu logé dans un hôtel, dans une pension ou avez-vous loué une caravane?
quel temps a-t-il fait?
comment as-tu fait le voyage, en car, en voiture, ou par le train?
comment as-tu passé le temps?
as-tu bien profité de tes vacances?

(The notes in the grammar section at the end of this unit (p. 19) will help you to write this last section, about your holidays. Read them carefully and try to use the perfect tense accurately.)

⊘ Dialogues

A la pharmacie

Pharmacien: Je peux vous aider?

Touriste: Je l'espère! Avez-vous quelque chose pour les coups de soleil?

Pharmacien: Oui, voilà une bonne crème. Vous voulez un grand tube ou un petit?

Touriste: Un grand, s'il vous plaît. Et j'ai besoin de quelque chose pour la diarrhée.

Pharmacien: Alors, il vous faut ces comprimés. Prenez-en trois par jour.

Touriste: Bon. Ça fait combien en tout?

Pharmacien: 28 francs 30, s'il vous plaît.

Chez le médecin, le Docteur Savamieu

Médecin: Entrez! Asseyez-vous!

Touriste: Merci, docteur.

Médecin: Alors, qu'est-ce qui ne va pas?

Touriste: J'ai mal à la tête et je me sens très fatigué—un vrai coup de pompe!

Médecin: Depuis combien de temps?

Touriste: Depuis trois jours.

Médecin: Vous avez de la fièvre? Mal à la gorge?

Touriste: Non, docteur, pas du tout.

Médecin: Alors, ce n'est pas la grippe ... Vous êtes en vacances ici?

Touriste: Oui, je suis arrivé il y a trois jours.

Médecin: Vous savez, ici dans le Jura, on est à mille mètres. Vous avez l'habitude d'être à cette altitude?

Touriste: Non, au contraire. J'habite au bord de la mer.

Médecin: Bon. Je pense que ça ira mieux dans un ou deux jours. Je vous donne une ordonnance ... Voilà. C'est 65 francs pour la consultation.

Touriste: Je peux avoir un reçu?

Médecin: Oui; demandez à la réception.

Touriste: Et où est la pharmacie la plus proche, s'il vous plaît?

Médecin: A 500 mètres, en face de l'hôtel Pax.

Docteur

André SAVAMIEU

Médecine Générale

Consultations de 10h. à 13h.
les samedi, de 13h. à 17h.
les lundi, mercredi et vendredi.
Pour les <u>visites à domicile,</u>
veuillez téléphoner au
06.05.54

On prend rendez-vous chez Monsieur Alpin, dentiste

Le téléphone sonne.

Réceptionniste: Ici le 80-05-73 à Pontarlier.

Touriste: Je voudrais prendre un rendez-vous pour le plus tôt possible.

Réceptionniste: C'est très urgent? Qu'est-ce que vous avez?

Touriste: J'ai perdu un plombage et la dent s'est aussi cassée. J'ai très mal. Je peux voir le dentiste aujourd'hui?

Réceptionniste: Oui, ça peut se faire. Vous voulez venir tout de suite? Monsieur Alpin sera libre dans un quart d'heure.

Touriste: Merci bien, madame!

As-tu compris?

A la pharmacie

1 What does the tourist ask first?
2 What else does she need?
3 What are the instructions for taking the tablets recommended?

Chez le Docteur Savamieu

1 What two symptoms does the patient have?
2 How long has he been in the Jura Mountains?
3 Why is he not used to being at such an altitude?
4 What two things does the tourist ask towards the end of the consultation?

On téléphone à Monsieur Alpin

1 Why is the tourist seeking an appointment so urgently?
2 When can the dentist see him?

De quoi avez-vous besoin?

Choisis le mot correct pour chaque article et complète la phrase:

Il faut absolument que je passe à la pharmacie! J'ai besoin de . . .

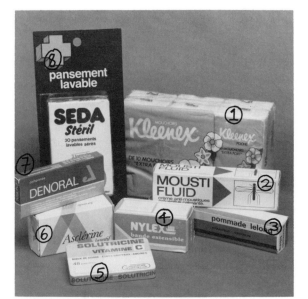

sparadrap—pastilles pour la gorge—coton (ouate) —crème antiseptique—quelque chose pour la constipation—crème contre les piqûres d'insectes—mouchoirs en papier—bandage— quelque chose pour le rhume

Aïe! J'ai mal!

C'est vrai? Où exactement?

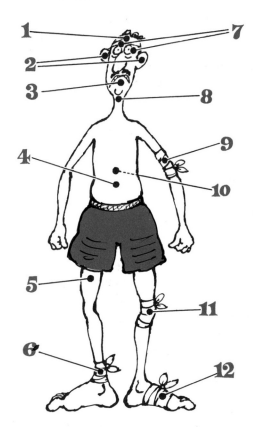

au pied—au bras gauche—à la tête—au dos— aux yeux—aux oreilles—à la jambe droite— au genou—au cou—au ventre—à la gorge—à la cheville

Alors, tu as mal partout?
Oui!
Ça alors!

Ça va mieux!

Lis avec ton/ta partenaire:

—Alors, l'éruption est passée?
—Oui, enfin!
—La tête ne te tourne plus?
—Non, c'est fini.
—Tu n'as plus mal au cœur?
—Non, plus du tout!
—Alors, tu te portes bien?
—Oui, je suis en pleine forme!

Role-play

At the chemist's

—Je peux vous aider?
Say that you have a sore throat and headache.
—C'est une angine? Il faut rester au lit!
Say that you think it is only a cold.
—Alors, il vous faut des comprimés d'aspirine. Je vous donne un grand paquet?
Say that you will take a small packet.
—Et avec ça?
Ask for some sticking plaster and something for insect bites.

At the doctor's

—Bonjour, monsieur/mademoiselle. Qu'est-ce qui ne va pas?
Say that you feel dizzy and ache all over.
—Depuis combien de temps?
Say for two days.
—Vous avez mal au cœur?
Say no, but that you have a sore throat.
—Ouvrez la bouche, s'il vous plaît et dites 'Ah' ... Merci. Et bien, ce n'est rien de grave. Vous avez la grippe.
Ask if you have to stay in bed.
—Oui, pendant deux jours, et prenez de l'aspirine.
Thank the doctor. Ask how much the consultation costs and say that you would like a receipt.

At the dentist's

—Bonjour, monsieur/mademoiselle. Vous désirez?
Say that you would like to see one of the dentists, today if possible.
—Je regrette, Monsieur Alpin est en vacances et sa partenaire Madame Cianchi n'a pas un moment de libre aujourd'hui.
Say that it is very urgent and that you have very bad toothache.
—Je peux vous donner un rendez-vous à neuf heures demain matin—quelqu'un a annulé.
Say that that will be all right.

Services de Garde

Read the information given in the newspaper cutting below and then answer the questions.

SERVICES de Garde
A Tourcoing et environs

MÉDECINS: En l'absence du médecin traitant de 20 h à 7 h, appeler le commissariat central de police rue de l'Industrie à Tourcoing (T. 26.76.00) qui adressera votre appel au médecin de garde.

PHARMACIENS: Du lundi soir 19 h au samedi 12 h muni de pièces d'identité s'adresser au commissariat central de police de Tourcoing, 6 rue de l'Industrie (derrière la mairie) qui communiquera le nom et l'adresse du pharmacien de service. Aucun renseignement n'est donné par téléphone.

APPELS URGENTS: Hôpital chirurgical (T. 26.61.20 et 21); centre médical Dron (T. 76.46.97 et 76.78.01); service de réanimation médicale (T. 76.46.97); police-secours (T. 17); pompiers (T. 18); gendarmerie (T. 26.42.18.); service municipal d'électricité (T. 26.76.10.); Gaz de France (T. 26.26.26.).
En cas de difficulté pour établir la liaison téléphonique avec l'un des services de garde, prière d'appeler le commissariat central de police, tél. 26.76.00 ou les sapeurs-pompiers, tél. 26.78.70, près desquels il sera possible de s'assurer de l'exactitude du numéro demandé.

Nord-Eclair

1 What should you do if you need a doctor during the night?
2 How do you find out who the duty chemist is?
3 Is this information also available by telephone?
4 What document should you have with you?
5 Which of the following emergency telephone numbers are given?
   fire brigade
   anti-poison centre
   drug-treatment centre
   hospital
   resuscitation unit
   Automobile-Club breakdown service
6 What should you do if you cannot get through to a duty doctor or chemist and want to check the telephone number?
7 For which area of France is this particular information given?

Jean-Luc est malade

Raconte ce qui s'est passé hier soir chez les Giroud.

Quel est ce document?

Conversation

Qu'est-ce que tu aimes faire quand tu es libre?

Sport

Es-tu sportif/sportive?
Quels sports est-ce que tu fais:
   de l'athlétisme?
   de la gymnastique?
   du footing?
   du patin (à roulettes)?
   du ping-pong?
   du judo ou du karaté?
   de la natation?
Tu es membre d'une équipe? Laquelle?
Quel sport préfères-tu pratiquer?
Pourquoi?
Tu aimes les activités en plein air?
Tu fais du cheval, par exemple?
   de la planche à voile?
   des randonnées?
Tu aimes faire du cyclisme?
Où vas-tu?
Tu pratiques le golf?
Tu fais du canoë, du delta plane ou du cross?
Tu préfères les activités moins énergiques peut-
   être, par exemple la pêche en mer ou en rivière?
Tu aimes jouer au billard ou aux fléchettes?
Tu fais de l'aéromodélisme?
Est-ce que tu aimes regarder les courses de moto,
   de chevaux, de voitures ou de stock-car? et les
   matchs de tennis, de rugby et de football?
Tu es supporter de quelle équipe?

Excursions

Est-ce que tu sors souvent?
Tu vas visiter des monuments, des châteaux, des
   zoos ou des musées?
Tu fais des promenades à la campagne?
Quand tu vas en ville, tu aimes faire des achats ou
   faire du lèche-vitrine?
Es-tu amateur de cinéma ou de théâtre?
Vas-tu à un club de jeunes?
Aimes-tu aller en boîte/dans une discothèque?
Aimes-tu être seul(e) ou préfères-tu sortir avec tes
   amis ou ta famille?
Vas-tu quelquefois bavarder dans des cafés?
Aimes-tu les conversations sérieuses?

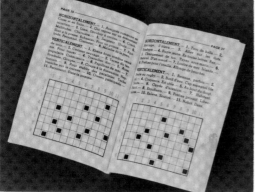

Musique

Quel genre de musique préfères-tu, la musique
  pop, le folk, le jazz ou la musique classique?
Quel est ton groupe favori?
Qui est ton chanteur préféré/ta chanteuse préférée?
Es-tu musicien/musicienne?
Tu joues d'un instrument?
Depuis combien de temps?
Tu vas souvent à des concerts?
Tu chantes dans une chorale ou dans le chœur à
  l'église?
Tu as combien de disques et de cassettes?
Tu t'intéresses aux chaînes hi-fi?
Tu as un magnétophone ou une radio-cassette?
Tu joues dans un orchestre, un orchestre de
  chambre, un quatuor, une fanfare, une
  harmonie, un groupe de jazz ou un groupe
  folklorique?

A la maison

Quels animaux as-tu à la maison?
Tu élèves des poissons exotiques?
Tu aimes regarder la télé et écouter la radio et des
  disques?
De quoi fais-tu collection:
  de timbres, de cartes postales, de dessous de
  bocks de bière, de posters, de soldats de plomb,
  de poupées en costume régional?
Tu aimes coudre ou tricoter?
Qu'est-ce que tu confectionnes?
Tu aimes cuisiner?
Qu'est-ce que tu cuisines le plus souvent?
Tu aimes bricoler ou faire des maquettes ou
  entretenir ta bicyclette ou des autos?
Tu joues souvent aux cartes ou au Monopoly?
Es-tu colombophile?
Aimes-tu faire de la photographie?
Tu aimes les jeux électroniques?
Aimes-tu dessiner au crayon ou peindre?
Tu aimes la lecture?
Qu'est-ce que tu aimes lire:
  les journaux?
  les bandes dessinées?
  les livres d'horreur?
  les romans policiers?
  les livres humoristiques?
  les biographies?
  les livres d'aventures?
  les magazines?
Quel genre de magazine préfères-tu?
Es-tu amateur de mots croisés ou de devinettes?
Est-ce que tu aimes tout simplement te reposer?

17

On se lie d'amitié

How would you ask a French friend the following questions, in French?

1 What do you like doing in your spare time?
2 Do you do a lot of sport?
3 Do you play in a team?
4 What sort of music do you prefer?
5 Do you play a musical instrument?
6 What sort of books do you like reading?
7 Do you go out often?
8 Where do you go and with whom?
9 Which is your favourite group?
10 Do you have a lot of free time?

Mots croisés

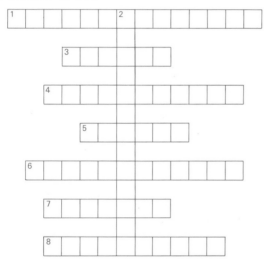

Horizontalement

1 On peut les collectionner ou les envoyer. (6,8)
3 Un sport japonais. (6)
4 En ce moment, je suis en train de faire une espèce de . . . (4,7)
5 Quand on fait de l'équitation, on se promène à . . . (6)
6 Quand je fais ceci, je n'achète pas beaucoup! (5,7)
7 On se sert de ses pieds quand on fait ceci. (7)
8 Je n'aime pas rester enfermé; je préfère les activités . . . (2,5,3)

Verticalement

2 Pour faire ce sport, il faut du bois, de l'eau et du vent! (7,1,5)

Solution à la page 206.

Listening comprehension

Première partie

Marie-Pierre, Jérôme et Virginie

Marie-Pierre *Jérôme* *Virginie*

1 What are the hobbies of Marie-Pierre, Jérôme, and Virginie?
2 How does Jérôme decide on what he will read?
3 How often does Marie-Pierre go swimming?
4 What is the disadvantage of wind-surfing mentioned by Jérôme?
5 What do Virginie and her friends do in Dijon?

Deuxième partie

Valérie, Laurent et Laurence

Valérie *Laurent* *Laurence*

1 How much of July did Valérie spend at home?
2 What did she do in August?
3 What did she and her friends do in September?
4 Where did Laurent go with his family?
5 What did Laurence do when she went to Annecy?
6 Where did she help with the harvest?
7 How long did she stay at the sea-side?

A toi!

Sans trop hésiter, parle pendant une minute de ce que tu as fait cet été.

ᵉ perfect tense

This tense is used to state *what happened*. It is not used for describing what *was happening*—that is the imperfect tense. In French, the perfect is also known as the passé composé, because it is composed of two parts, the auxiliary and the past participle.

For most verbs, the auxiliary is **avoir**, and for many of the most frequently used verbs the past participle is irregular. For example:

Elle a **écrit** une longue lettre.
J'ai **fait** mes devoirs.
Tu as **mis** la table?
Il a **pris** le train.
On a **dû** évacuer la ville.
Nous avons **reçu** la lettre.
Vous avez **ouvert** la boîte de pâté?
Ils ont **eu** des problèmes.
Elles ont **lu** l'article.

Refer to the verb tables on pp. 200–205 in order to check irregular forms.

For the following fourteen verbs, plus all reflexive verbs, the auxiliary is **être**:

aller	venir
entrer	sortir
monter	descendre
naître	mourir
arriver	partir
retourner	rentrer
tomber	rester

Note the following irregular past participles:
venir: **venu**
naître: **né**
mourir: **mort**

Remember that the past participle agrees with the subject or, in the case of reflexive verbs, with the direct object pronoun.

Examples:
aller
je suis allé(e)
tu es allé(e)
il est allé
elle est allée
nous sommes allé(e)s
vous êtes allé(e)(s)
ils sont allés
elles sont allées

se lever
je me suis levé(e)
tu t'es levé(e)
il s'est levé
elle s'est levée
nous nous sommes levé(e)s
vous vous êtes levé(e)(s)
ils se sont levés
elles se sont levées

Note A: If the object pronoun is **indirect**, there is no agreement of the past participle.
Examples:
Ils se sont écrit pendant plusieurs années.
Nous nous sommes parlé au téléphone.
Elle s'est acheté une jupe.
Vous vous êtes brossé les dents, les enfants?
Ma sœur s'est lavé les cheveux.

Note B: Some of the verbs which are usually conjugated with **être** are conjugated with **avoir** if there is a direct object.
Examples:
Je suis montée dans la chambre.
J'ai monté les valises dans la chambre.

Il est descendu dans la cuisine.
Il a descendu l'escalier quatre à quatre.

Elle est sortie du cinéma.
Elle a sorti l'argent de sa poche.

Nous sommes rentrés à minuit.
Nous avons rentré l'auto dans le garage.

Also **passer**:
Il est passé devant la poste.
Il a passé le pain à son père.

Places

Learn the following phrases which demonstrate how certain prepositions are used.

Pendant les vacances, je suis allé(e) . . .

Countries and areas:
en Ecosse, **en** Irlande, **en** France, **en** Suisse, **en** Allemagne, **en** Belgique, **en** Italie, **en** Espagne, **en** Grèce, BUT **au** Pays de Galles, **au** Portugal, **au** Danemark, **au** Pays des Lacs

Towns:
à Torquay, à Scarborough, à Edimbourg, à Londres, à Douvres, etc.

Counties:
dans le Devon, **dans le** Kent, **dans le** Staffordshire, etc., BUT **aux** Cornouailles.

Complète: (*avoir* ou *être?*)

1 Nous .~~sommes~~. entrés dans la boulangerie.
2 .~~avez~~.-vous acheté des pêches?
3 Elle .~~est~~. sortie de la pharmacie.
4 Je .~~suis~~. né à Londres.
5 Il .~~est~~. tombé dans le lac.

Jour de congé inattendu!

Choisis dans la liste le participe passé nécessaire:

Les deux sœurs Laurence et Sophie se sont ~~levées~~ vers sept heures; elles ont .~~pris~~. le petit déjeuner au galop et elles ont .~~mis~~. leurs affaires d'école dans leur cartable. Puis elles ont .~~quitté~~.la maison vers sept heures et demie et elles sont ~~arrivées~~ à l'arrêt d'autobus où elles ont .~~dit~~. leurs amis. Elles sont ~~arrivées~~ au collège à huit heures moins cinq et elles ont ~~annoncé~~, comme tout le monde, dans la cour. A huit heures, quelqu'un a ....:
—Pas de cours aujourd'hui!
—Pourquoi ça? a ~~demandé~~ Sophie.
—Les profs sont en grève!
—Alors, on peut rentrer à la maison?
—Oui, bien sûr.
—Chic alors, a ~~annoncé~~ Sophie. Allons-y!

allées	~~dit~~	~~demandé~~
~~mis~~	~~pris~~	~~arrivées~~
~~attendu~~	annoncé	rencontré
~~quitté~~	levées	

Mets au pluriel

1 Il est venu me voir.
2 J'ai invité des amis.
3 Il a envoyé une carte de Paris.
4 Je suis descendu en ville.
5 Elle est arrivée jeudi dernier.

Complète les réponses

Utilise le même verbe que celui que tu vois dans la question, mais au passé composé.

Exemple: Tu vas en ville aujourd'hui?
Non; je **suis allé** en ville deux fois hier.
Ça suffit!

1 Vous allez au bord de la mer cette année?
Oui; nous ~~sommes~~ à Cannes l'an dernier et nous y retournons.
2 Isabelle travaille toujours chez le kinésithérapeute?
Non, elle ...... chez lui seulement pendant les vacances.
3 Alors, les Dijonnais partent demain?
Mais non! Ils ...... hier matin!
4 Vous faites le voyage en car?
Oui; l'an dernier nous ...... le voyage par avion, mais c'était très cher.
5 Tu écris à Isabelle?
Non! J'...... la semaine dernière; j'attends une réponse!

Fais ton choix!

Choisis le participe passé nécessaire:

1 Elle s'est (cassé/cassée) la jambe.
2 Nous nous sommes (couché/couchés) très tard.
3 Florence et Michel se sont (marié/mariés) à Montpellier.
4 Les enfants se sont (lavé/lavés) les mains avant de manger.
5 Mes parents se sont (acheté/achetés) une belle cafetière.

Unit 2

Describing the amenities of a town or city
Life at school
Asking the way
Arranging to go out

Notre ville : accueillante, historique

Sports et loisirs

un terrain de golf 18 trous
un complexe sportif
un champ de courses
une patinoire

espaces réservés aux
    sports et à la détente
jardins et parcs
5 étangs naturels

Pour les touristes

Office du Tourisme
    (hôtesses trilingues!)
hôtels, pensions et
    restaurants
auberge de jeunesse

Vie culturelle

cinémas
théâtres
salle de spectacles

Musée des Beaux-Arts
Musée Archéologique
monuments historiques:
    château
    cathédrale
vieux quartiers et rues piétonnes
université
Bibliothèque Municipale

Commerce

Ses industries:
    les voitures de sport
    le chocolat
    le tourisme
Ses spécialités:
    la liqueur de sapin
    les chocolats fins

marché hebdomadaire
centre commercial
parcs industriels et
ensembles de bureau

grands magasins
et
boutiques variées

*Notre ville bénéficie de voies
de communication routières,
autoroutières, ferroviaires et
aériennes.*

Venez nous voir !

Now it's your turn!

Choose a town or city you know well and design a leaflet (in French) similar to the one
above, for the use of French tourists.

L'ISLE D'ABEAU

ville nouvelle

Habitat, espaces verts, développement économique, emplois, communications, animation: un programme d'urbanisation équilibré, sauvegardant les valeurs traditionnelles et la qualité de la vie.
An 2000 : 250.000 habitants

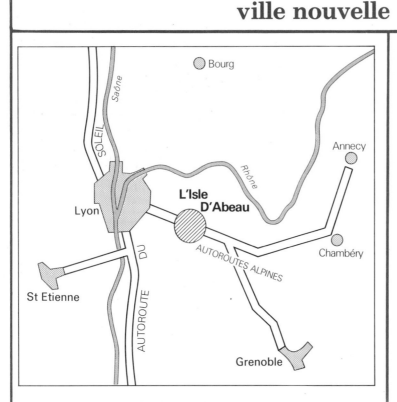

Située dans l'Isère, proche de Lyon, Saint-Etienne et Grenoble, L'Isle d'Abeau s'intègre dans le développement économique du sud-est français. Elle bénéficie d'une bonne implantation géographique près de la Suisse et de l'Italie du Nord.

Il faut enrayer le développement anarchique de la région! La croissance ininterrompue d'une grande agglomération urbaine engendre des maux bien connus souvent difficiles à maîtriser: ségrégation sociale entre les quartiers résidentiels et les quartiers industriels, hausse excessive des prix des terrains, circulation toujours en avance sur des travaux coûteux, augmentation du bruit, des dangers, des temps de transport, de la pollution, de la fatigue, pour les habitants. Les espaces verts diminuent et l'accès à la nature devient difficile.

La ville nouvelle de L'Isle d'Abeau s'inscrit dans un cadre aéré: 50 mètres carrés d'espaces verts publics par habitant (1 à 2m² dans les villes anciennes!). 50% de maisons individuelles, 50% d'appartements dans de petits immeubles en location ou en accession à la propriété; ces logements sont groupés, grâce à un réseau très dense de chemins réservés aux piétons, autour d'équipements scolaires, sociaux, commerciaux et sportifs.

Le cadre naturel est préservé et protégé. La ville nouvelle offre à ses habitants un paysage urbain à l'échelle humaine.

l'agglomération (f) built-up area
anarchique chaotic
augmenter to increase
le cadre setting
carré square
coûteux costly
la croissance growth
devenir to become
diminuer to lessen
l'échelle (f) scale
engendrer to give rise to
enrayer to put a stop to
grâce à thanks to
la hausse rise
la location rent
s'inscrire to be placed
maîtriser to master, overcome
le mal (pl. **maux**) evil
le paysage landscape
la propriété ownership
protéger to protect
le quartier district
le réseau network
le terrain building-plot
le travail work
  des travaux roadworks
vivre to live

Answer in English

1 In which area of France is L'Isle d'Abeau?
2 Why is its geographical situation particularly good?
3 What three evils does unplanned urban growth give rise to?
4 In unplanned urban expansion, what usually increases and what decreases?
5 How much open space per inhabitant is there in the new town of L'Isle d'Abeau?
6 How does this figure compare with that for older cities?
7 In what proportion are houses and flats being constructed?
8 Are the properties available for rent only?
9 How are the dwellings placed in relation to the schools, shops and social centres?
10 What has been the principal intention of the planners of this new town?

'Une Fédération de Bourgades'

L'Isle d'Abeau is composed of several 'bourgades', or villages, each of which comprises different districts, as shown in the diagram on the right.
How many separate housing areas are there in each 'bourgade'?
What amenities are provided at the centre of each 'bourgade'?

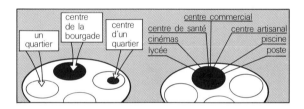

La ville où tu habites

Pourrais-tu me décrire ta ville?
    Combien d'habitants a-t-elle?
    Est-ce une ville industrielle?
    Quelles sont ses industries?
    Où est-elle située?
    Comment est son cadre?
    A quelle distance se trouve l'autoroute?
    Où est l'aéroport le plus proche?
    Quelles activités est-ce qu'il y a dans ta ville?
    Quelles sont ses spécialités?

L'emploi du temps

Voici l'emploi du temps de Nadine Héliot, une élève de seconde:

	8h à 9h	9h à 10h	10h à 11h	11h à 12h	12h à 14h	14h à 15h	15h à 16h	16h à 17h
LUNDI	histoire géographie	dessin	maths	musique	REPAS	espagnol	anglais	✕
MARDI	maths	français	E. P. S	E. P. S	REPAS	histoire	E. M. T	E. M. T
MERCREDI	✕	✕	✕	✕	✕	✕	✕	✕
JEUDI	✕	~~histoire~~ français	histoire	maths	REPAS	français	anglais	espagnol
VENDREDI	biologie (1 fois tous les 15 jours)	anglais	espagnol	biologie	REPAS	physique	physique	maths
SAMEDI	français	français	E. P. S	✕	✕	✕	✕	✕

RÉCRÉATIONS: Le matin de ~~10h~~ à 9h50 à 10h5   L'après midi de 3h50 à 4h5

Réponds en français

1 Combien de cours d'anglais est-ce que Nadine a par semaine?
2 Quelle autre langue étrangère est-ce qu'elle apprend?
3 Est-ce qu'elle étudie la biologie? la chimie? l'allemand? le latin? le dessin?
4 Combien de cours d'éducation manuelle et technique a-t-elle par semaine?
5 Est-ce qu'elle fait de l'éducation physique et sportive le vendredi?
6 Quelle est la durée de la récréation le matin et l'après-midi?
7 Combien de temps dure chaque cours?
8 Quels jours Nadine ne va-t-elle pas au collège?
9 Combien d'heures de libre a-t-elle à midi?
10 Est-ce que ses cours commencent toujours à la même heure le matin?

Ton emploi du temps

1 Quelles matières est-ce que tu étudies?
2 A quelle heure est-ce que les cours commencent le matin?
3 A quelle heure est la récréation le matin?
4 Est-ce qu'il y a récréation l'après-midi?
5 A quelle heure est-ce que les cours finissent l'après-midi?
6 Combien de minutes dure chaque cours?
7 Combien de temps de libre as-tu à midi?
8 Quels jours ne vas-tu pas à l'école?

Conversation

Et maintenant, parle-moi du système scolaire en Angleterre!

Combien de cours a-t-on par jour, en général?
Quels jours va-t-on au collège?
Les vacances sont-elles de même durée qu'en France
    à Noël?
    à Pâques?
    en été?
A-t-on souvent des congés, à mi-trimestre, par exemple?
Est-ce qu'on doit changer de lycée pour entrer en seconde?
Si on a de mauvais résultats, doit-on redoubler ou est-ce qu'on passe automatiquement dans la classe supérieure?
Doit-on porter un uniforme?
Est-ce qu'il y a des surveillants (pions)?
Est-ce qu'il y a beaucoup de demi-pensionnaires?
En général, est-ce que tous les élèves rentrent chez eux en fin de journée ou y a-t-il des internes?
Doit-on acheter ses fournitures scolaires—livres de classe, cahiers, feuilles, etc.?
Est-ce qu'il existe de très grands établissements en Angleterre?

Et toi personnellement

En quelles matières es-tu fort(e)?
En quelles matières es-tu faible?
Es-tu même nul(le) en certaines matières?
Tu te fais du souci?
As-tu de bonnes notes en général?
Quelle est ta matière préférée?
Es-tu quelquefois en retenue (colle)?
Combien d'heures de devoirs fais-tu chaque soir?
Vas-tu dans un lycée mixte?
Combien de professeurs y a-t-il?
Combien d'élèves y a-t-il?
Ils ont quel âge?
Es-tu externe ou interne?
Y a-t-il un internat à ton collège?
A quelle heure est-ce que tu te mets en route pour l'école le matin?
Est-ce que tu prends un car de ramassage?
A midi, est-ce que tu rentres à la maison ou manges-tu à la cantine?
A quelle heure arrives-tu au collège le matin?
A quelle heure le quittes-tu le soir?

Jean-Yves écrit à Christopher

Dijon le 10.09.

Cher Christophe.

Je suis ton correspondant français. Je m'appelle Jean-Yves.
Comme tu dois le savoir, j'habite à Dijon dans une belle
maison. J'ai une sœur de vingt et un ans et un frère
de vingt ans ; Ils continuent tous les deux leurs études.
Mes parents travaillent. Ma mère est institutrice dans une
école maternelle, et mon père est professeur d'histoire
et géographique.
Je te présente un peu Dijon, qui est une très vieille
ville, réputée pour sa moutarde, son cassis et son
pain d'épices.

Tu habites, je pense, une très belle ville et elle a aussi
des spécialités. Quelles sont-elles ? Habites-tu dans une
maison ou un appartement ? Pour ma part, je
continue mes études. Je suis en classe de seconde,
depuis quelques jours seulement. En effet, la rentrée
est passée. C'est un jour angoissant pour tous les
élèves car nous apprenons notre emploi du temps, qui
est souvent chargé, et le nom de nos professeurs.
Mon emploi du temps est très chargé ; J'ai des
cours tous les jours jusqu'à 17 heures.
Le lundi, j'ai 9 heures de cours. C'est très long et
très fatigant.
Comment s'est passée ta rentrée ? Bien, je l'espère.
Pourras-tu me parler du système scolaire en
Angleterre ? Je ne connais pas beaucoup de choses
à ce sujet et cela m'intéresse beaucoup.

Je te quitte - Amicalement

Jean-Yves

---

angoissant worrying	**l'instituteur** (m) ⎫ primary school
apprendre to learn	**l'institutrice** (f) ⎭ teacher
le cassis blackcurrant [liqueur]	**la moutarde** mustard
chargé heavy	**le pain d'épice** gingerbread
connaître to know, be acquainted with	**part: pour ma part** as for me
le cours lesson	**la rentrée** the return to school in September
les études (f) studies	**réputé** famed
étudier to study	**savoir** to know (of facts)
fatigant tiring	

Vrai ou faux?

1 Jean-Yves habite dans un immeuble.
2 Il est fils unique.
3 Sa mère travaille dans une école maternelle.
4 Son père travaille pour 'Amora', l'usine de moutarde.
5 Jean-Yves redouble son année de seconde.
6 Il trouve la vie au collège plutôt fatigante.
7 Il ne connaît pas grand'chose au système scolaire en Angleterre.

Réponds en français

1 Est-ce que Jean-Yves habite un appartement ou une maison?
2 Est-il l'aîné ou le cadet de la famille?
3 Combien d'enfants y a-t-il?
4 Que font les parents de Jean-Yves?
5 Quelles sont les spécialités de Dijon?
6 Dans quelle classe est Jean-Yves?
7 Depuis combien de temps y est-il?
8 Comment trouve-t-il la rentrée?
9 Pourquoi?
10 A quelle heure est-ce que les cours finissent pour Jean-Yves?

A toi!

Maintenant, écris ta réponse à la lettre de Jean-Yves. N'oublie pas de répondre à toutes les questions qu'il pose!

Une lettre de Sandrine

Voici un extrait d'une lettre écrite par Sandrine:

...Avant tout, il faut que je te présente ma famille, qui est bien petite: je suis fille unique. Mon père travaille dans les pétroles: la British Petroleum, ma mère dans une banque. A l'école, je suis interne; ce n'est pas très gai car dès que l'on arrive le lundi matin, on pense immédiatement au retour du vendredi soir.

Cet été, je suis allée en vacances au bord de la Méditerranée: la Riviéra. Il y a fait très chaud et j'en suis revenue très bronzée et heureuse de mon séjour. L'hôtel dans lequel je me trouvais était près de Cannes, une ville très jolie et très connue pour son festival de cinéma. Nice n'est pas très loin; là-bas il y a beaucoup de palmiers et des plages de sable fin magnifiques. Pour occuper le temps des vacances, je passe mon temps à collectionner les timbres, les cartes postales, les tickets d'entrée de musées, de châteaux... J'adore faire la cuisine, et plus particulièrement faire de la pâtisserie (surtout pour les manger). Je tricote pour moi-même et pour les autres.

A l'école, j'ai choisi de faire une section scientifique; je suis bonne en mathématiques et en physique. Ce sont des matières essentielles, mais il ne faut pas délaisser les matières littéraires: français et langues étrangères...

Réponds en français

1 Est-ce que Sandrine a des frères et des sœurs?
2 Que fait son père dans la vie?
3 Que fait sa mère dans la vie?
4 Comment sait-on que Sandrine n'aime pas beaucoup la vie d'interne?
5 Est-elle restée chez elle pendant toutes les vacances?
6 Quelle ville est très célèbre pour son festival de cinéma?
7 Comment sont les plages à Nice?
8 Quels sont les passe-temps de Sandrine?
9 En quelles matières est-elle forte?
10 A-t-elle abandonné les langues étrangères?

Asking the way

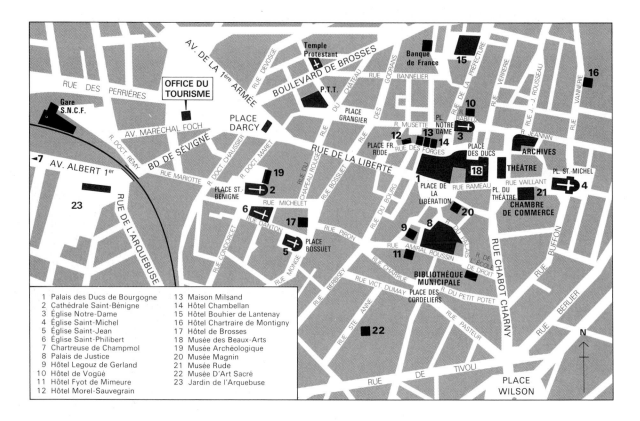

1 Palais des Ducs de Bourgogne
2 Cathédrale Saint-Bénigne
3 Église Notre-Dame
4 Église Saint-Michel
5 Église Saint-Jean
6 Église Saint-Philibert
7 Chartreuse de Champmol
8 Palais de Justice
9 Hôtel Legouz de Gerland
10 Hôtel de Vogüe
11 Hôtel Fyot de Mimeure
12 Hôtel Morel-Sauvegrain
13 Maison Milsand
14 Hôtel Chambellan
15 Hôtel Bouhier de Lantenay
16 Hôtel Chartraire de Montigny
17 Hôtel de Brosses
18 Musée des Beaux-Arts
19 Musée Archéologique
20 Musée Magnin
21 Musée Rude
22 Musée D'Art Sacré
23 Jardin de l'Arquebuse

Phrases essentielles

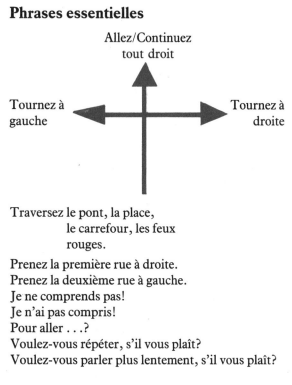

Allez/Continuez tout droit

Tournez à gauche

Tournez à droite

Traversez le pont, la place,
      le carrefour, les feux
      rouges.

Prenez la première rue à droite.
Prenez la deuxième rue à gauche.
Je ne comprends pas!
Je n'ai pas compris!
Pour aller . . .?
Voulez-vous répéter, s'il vous plaît?
Voulez-vous parler plus lentement, s'il vous plaît?

A toi!

Read the sample conversation given below. Then, using the plan of Dijon and the phrases given, make up three varied conversations, with at least four speeches in each, as follows:

1 A tourist stops a passer-by outside the Hôtel Bouhier de Lanteney and asks where the nearest bank is.

2 A tourist stops a passer-by on the Place Darcy and asks the way to the Jardin de l'Arquebuse.

3 Two tourists have just visited the Palais des Ducs de Bourgogne. They emerge onto the Place de la Libération and ask the way to the post office.

Dans la rue

Touriste: Pardon, monsieur! Où se trouve le parking le plus proche, s'il vous plaît?
Dijonnais: Là-bas, après la Place des Cordeliers mais avant la rue Chabot Charny.
Touriste: C'est loin?
Dijonnais: Non, c'est tout près.

⊙ Dialogues

A la gare SNCF à Dijon

Touriste: Pardon, monsieur! Pour aller au Syndicat d'Initiative, s'il vous plaît?

Passant: Prenez à gauche là-bas, puis allez tout droit—c'est l'Avenue Maréchal Foch. L'Office du Tourisme se trouve sur la gauche, avant la Place Darcy.

Touriste: Ouf, c'est compliqué! Voulez-vous répéter, s'il vous plaît?

Passant: Oui, bien sûr: prenez à gauche là-bas, et vous trouverez l'Office du Tourisme sur votre gauche. Mais attendez! Entre midi et deux heures, c'est fermé—et il est midi dix.

Touriste: Zut alors, je n'ai pas de chance! Euh . . . c'est où, le centre ville?

Passant: Dans la même direction. Traversez la Place Darcy et descendez la Rue de la Liberté. Vous cherchez un restaurant, peut-être?

Touriste: Oui, c'est ça.

Passant: Ben, vous en verrez beaucoup, dans les petites rues.

Touriste: Merci bien, monsieur.

Passant: De rien!

Sur la Place François Rude

Touriste: Pardon, madame! Pour aller au Musée Archéologique, s'il vous plaît?

Passante: Tournez à droite et montez la rue de la Liberté; prenez la troisième rue à gauche—c'est la rue Docteur Maret. Vous verrez le musée à côté de l'église Saint-Bénigne.

Touriste: C'est loin?

Passante: Non, c'est assez près: dix minutes à pied.

Touriste: Merci bien. Et est-ce qu'il y a une banque près d'ici?

Passante: Oh oui. Vous en avez plusieurs en montant la rue de la Liberté.

Touriste: Et elles sont ouvertes?

Passante: Oui, en principe elles sont ouvertes aujourd'hui jusqu'à cinq heures.

Touriste: Merci, madame. Au revoir!

Chez la correspondante: au petit déjeuner

Hélène: Dépêche-toi, Catherine! Il faut partir dans cinq minutes!

Catherine: Mais il est seulement huit heures moins vingt!

Hélène: Oui, mais les cours commencent à huit heures.

Catherine: Ça alors! C'est tôt! Qu'est-ce que tu as en premier cours aujourd'hui?

Hélène: Alors, aujourd'hui on est lundi; ça fait qu'on a histoire et puis maths.

Catherine: Moi, je suis nulle en histoire et je déteste les maths!

Hélène: Après, il y a récréation, et puis dessin.

Catherine: Chic alors! J'adore le dessin. Passe-moi encore un croissant, s'il te plaît.

Hélène: Voilà—mais dépêche-toi! Je vais me préparer . . .

Catherine: Ne t'affole pas! Moi, je suis déjà prête. Mmmm . . . Ils sont bons, ces croissants!

Samedi après-midi

Il est cinq heures. Le téléphone sonne.
Catherine: Allô! Oui?
  Marie: C'est Hélène?
Catherine: Non, c'est moi, Catherine.
  Marie: Ah, l'Anglaise! Je peux parler à Hélène? C'est Marie à l'appareil.
Catherine: Non, je regrette; elle est sous la douche. Tu veux laisser un message, peut-être?
  Marie: Non, ça va. Ecoute, vous êtes libres ce soir, toutes les deux?
Catherine: Oui, je pense bien. Pourquoi?
  Marie: J'ai pris des billets au balcon pour le film au Cinéclub.
Catherine: Formid.! Qu'est-ce qu'on joue?
  Marie: Un film d'épouvante.
Catherine: Je ne comprends pas!
  Marie: Un film d'é—pou—van—te! 'Dracula'!
Catherine: Ah, j'ai compris! Ça commence à quelle heure?
  Marie: A neuf heures et demie.
Catherine: Alors, où est-ce qu'on se retrouve?
  Marie: Oh, on passera vous prendre en auto.
Catherine: C'est gentil! A ce soir!
  Marie: Oui, à tout à l'heure! Au revoir!

As-tu compris?

A la gare SNCF

1 Where does the tourist want to go to first?
2 Why will she not go there immediately?
3 Why does she want to go to the centre of Dijon?

Sur la Place François Rude

1 In which street is the museum?
2 What building is next to it?
3 How long will it take to walk there?
4 What time do the banks close, in theory?

Au petit déjeuner

1 Why is Catherine told to hurry up?
2 What day of the week is it?
3 What lessons does Hélène have that morning?

Samedi après-midi

1 Why can Hélène not come to the 'phone?
2 Why has Marie telephoned?
3 What time does the film begin?
4 What are the arrangements for getting to the cinema?

Role-play

Asking the way

Stop a passer-by.
—Oui, monsieur/mademoiselle?
Ask how to get to the post office.
—Traversez la Place du Marché; allez tout droit; devant l'Hôtel de Ville, tournez à gauche. C'est en face du Casino.
Say that you haven't understood and ask the person to repeat, more slowly.
—Allez là-bas, jusqu'à l'Hôtel de Ville, puis tournez à gauche.
Ask if it is far.
—Euh . . . 500 mètres environ.
Ask if there are any toilets nearby.
—Oui, à côté de l'Hôtel de Ville.
Say thank you and goodbye.

At your penfriend's

It is Thursday evening.
Ask at what time lessons begin tomorrow morning.
—A huit heures. Il faut se lever tôt!
Ask at what time exactly.
—A sept heures moins le quart. Le bus part à sept heures et demie.
Ask what lessons your penfriend has on a Friday.
—J'ai espagnol, anglais, maths, puis dessin, et dans l'après-midi, français suivi de deux cours de physique.
Ask if you will eat in the canteen.
—Non, le jeudi je mange toujours chez ma grand'mère. Tu viendras avec moi.

Arranging to go out

—Alors, j'ai deux billets pour le Ciné-Rex demain soir. Tu veux venir? Tu es libre?
Say that you are free, and accept the invitation. Ask what film is being shown.
—Psychose 2!
Ask if it is the English version or if it is dubbed.
—C'est la version française.
Ask at what time it begins.
—A 21 heures 30. On se rencontre devant le ciné à neuf heures et quart?
Say that you agree to this and thank the person very much.

At the cinema

—Alors, on entre?

Say yes, and ask if the seats are in the balcony or the stalls.

—A l'orchestre. Zut! Il faut donner un pourboire à l'ouvreuse. Tu as de la monnaie? Je n'en ai pas, moi.

Say that you have five francs and ask if that is enough.

—Oui, ça ira. Tu sais qu'il est interdit de fumer dans les cinémas en France?

Say that you know that is so, but in any case you don't smoke.

VO Version originale

VF Version française
(dubbed)

■ **PSYCHOSE II**
VO – Forum Cinémas, 3, rue de l'Arc-en-Ciel (297.53.74). Saint-Germain Studio, 53, rue de la Harpe (633.63.20). Gaumont Ambassade, 50, av. des Champs-Elysées (359.19.08). Sept Parnassiens, 98, bd du Montparnasse (329.83.11). 14-Juillet Beaugrenelle, 16, rue de Linois (575.79.79).
VF – Gaumont Richelieu, 27, bd Poissonnière (233.56.70). Français Pathé, 38, bd des Italiens (770.33.88). Nation, 133, bd Diderot (343.04.67). Fauvette, 58, av. des Gobelins (331.56.86). Gaumont Sud, 73, av. du Gal-Leclerc (327.84.50). Montparnos, 16-18, rue d'Odessa (327.52.37). Pathé Clichy, 8, av. de Clichy (522.46.01).

INTERDIT AUX MOINS DE 13 ANS

Une soirée agréable

Raconte ce que Jean a fait samedi dernier.

On se lie d'amitié

How would you ask a French friend the following questions in French?

1 What subjects do you do at school?
2 Which subject do you prefer?
3 How many lessons do you have per day?
4 Do you have to wear a uniform?
5 What is your school called?
6 Is it mixed?
7 How many pupils are there?
8 Are you a boarder?
9 Do you have a lot of homework?
10 Are you good at English?

Tu te rappelles?
Jeu des définitions

Qu'est-ce que c'est? Ecris tes réponses:

1 Un bâtiment où les jeunes peuvent loger.
2 Une personne qui est en ville à pied.
3 La langue du pays au sud des Pyrénées.
4 Une période où on est obligé de rester à l'école après la fin des cours.
5 Quelqu'un qui enseigne dans une école primaire.
6 L'industrie d'une ville qui reçoit beaucoup de visiteurs.
7 Le département où se trouve l'Isle d'Abeau.
8 Un manque d'énergie.

Prends (dans l'ordre) la première lettre de chaque mot que tu as trouvé. Cela épelle le nom de quelque chose. On le lit, on le mange ou on le boit?

Solution à la page 206.

Listening comprehension

Première partie

Jérôme et Laurence

Laurence   *Jérôme*

1 Why does Laurence mention Marcel Pardé and the Rue Condorcet?
2 What is 'Le Brevet'?
3 What happens if a pupil gets bad marks?
4 How many pupils are there at the Lycée Montchapet?
5 For which age-group does it cater?
6 When will Jérôme complete his 'Baccalauréat' (le 'Bac')?
7 What does he say about the atmosphere
  (a) in the school
  (b) in the classes?
8 When he says 'C'est trop!', what is he referring to?
9 How big are the classes at his 'lycée'?
10 Are they larger or smaller than the classes at Laurence's 'collège'?

Deuxième partie

Marie-Pierre et Bertrand

Marie-Pierre   *Bertrand*

1 What is the population of Dijon, according to Bertrand?
2 What does he say there is to see and to do at Dijon?
3 What is his verdict on Dijon? Quote his words in French.
4 What products of Dijon does he mention?
5 Where is Ahuy?
6 How big is it?
7 What are its important buildings?

Grammar section

The construction with 'depuis'

Normally, the construction involving **depuis** uses only the *present* or *imperfect* tenses. *Examples:*

Mon père travaille pour British Rail depuis six ans.

My father has been working for British Rail for six years.

—The *present tense* is used because father is still working for British Rail.

Mes cousins habitaient Londres depuis deux ans quand leur premier enfant est né.

My cousins had been living in London for two years when their first child was born.

—The *imperfect tense* is used because the people were still living in London when the first child was born.

Note: This does *not* apply in negative sentences, e.g. Je n'ai pas vu Paul depuis un an.

Traduis en anglais

1 J'habite Silverdale depuis trois ans.
2 Elle habitait Cambridge depuis deux ans quand elle s'est mariée.
3 Nous nous connaissons depuis dix ans.
4 Je viens à ce collège depuis quatre ans.
5 Elle faisait du piano depuis sept ans quand elle a abandonné.
6 Mon frère est à l'armée depuis quatre mois et demi.
7 Ma sœur aînée était en chômage depuis deux ans quand elle a trouvé du travail à l'usine de chocolat.

Réponds en français (Invente une réponse, si nécessaire)

1 Depuis combien de temps Jean-Yves est-il en seconde?
2 Depuis combien de temps es-tu en seconde?
3 Depuis combien de temps habites-tu ta maison actuelle?
4 Depuis quand est-ce que tu apprends le français?
5 Est-ce que ta mère/ton père sait conduire? Depuis quand?
6 Est-ce que tu sais nager? Depuis quel âge?
7 Est-ce que tu joues d'un instrument de musique? Depuis combien d'années?
8 Depuis quand viens-tu à ce lycée?
9 As-tu un(e) correspondant(e) français(e) ou allemand(e)? Depuis combien de temps est-ce que vous vous écrivez?
10 Où habites-tu? Depuis quand?
11 Tu fais collection de quelque chose? Depuis combien de temps?
12 As-tu une bicyclette, une montre et une calculatrice? Depuis quand?

Il est professeur depuis longtemps!

The definite article with 'à'

Je suis allé	à la piscine/à l'école (f)	
	au laboratoire/à l'hôtel (m)	*singular*
	aux magasins	*all plurals*

Complète avec le(s) mot(s) nécessaire(s):

1 Où vas-tu? Je vais _____ poste
_____ marché
_____ Tour Eiffel
_____ entrée
_____ plage
_____ Etats-Unis
_____ Office du Tourisme
_____ bibliothèque
_____ musée
_____ tabac

2 Te voilà enfin! Je t'attends depuis un quart d'heure! Où as-tu été?
Excuse-moi! Je suis resté longtemps
parler _____ guide
_____ employé au guichet
_____ hôtesse trilingue!

3 Tu as beaucoup de passe-temps?
Oh oui! Je m'intéresse _____ églises historiques
_____ géographie et
_____ sport

4 Tu sais, je te trouve assez rêveur!
Ah oui? Pourquoi?
Parce que tu penses souvent _____ vacances et très rarement _____ examens!

Unit 3

Describing people and places
Talking about when you were younger
Initial meeting with another teenager
Deciding how to spend the day
At the lost property office
Enquiring about buses

Une rue animée

La Rue des Archives, à Paris

Cette photo a été prise au mois d'octobre.
Regarde-la bien pendant une minute!

Tu as bien regardé?
Bon! On tourne la page . . .

Rue des Archives:
qu'est-ce qui se passait?

Ne regarde plus la photo à la page 35, et réponds
aux questions. Ne triche pas!

1 Est-ce qu'il pleuvait? Comment le sais-tu?
2 La rue en face (La Rue des Archives) était-elle à
deux sens ou à sens unique?
3 Combien de véhicules y avait-il en tout?
4 Comment s'appelait le grand café à droite sur la
photo?
5 Y avait-il des gens assis sur la terrasse?
6 Est-ce que les piétons traversaient la rue ou est-
ce qu'ils attendaient sur le trottoir?
7 Il y avait un monsieur chauve sur la photo. Où
était-il?

8 Décris l'autre monsieur qui, lui aussi, sortait du
café.
9 Que faisait madame l'agent de police?
10 De quelle couleur étaient ses gants?
11 Qu'est-ce qu'il y avait juste derrière elle?
12 Combien de pharmacies voyais-tu?
13 Est-ce que les numéros d'immatriculation des
voitures étaient lisibles?
14 Où était le monsieur qui lisait son journal?
15 Y avait-il des arbres sur la photo?

Souvenirs d'enfance

J'approchais de mes six ans, et j'allais à l'école dans la classe
enfantine que dirigeait Mlle Guimard. Mlle Guimard était très
grande, avec une jolie petite moustache brune, et quand elle
parlait, son nez remuait; pourtant je la trouvais laide, parce
qu'elle était jaune comme un Chinois, et qu'elle avait de gros
yeux bombés. Elle apprenait patiemment leurs lettres à mes petits
camarades, mais elle ne s'occupait pas de moi, parce que je lisais
couramment, ce qu'elle considérait comme une inconvenance
préméditée de la part de mon père. En revanche, pendant les
leçons de chant, elle disait, devant toute la classe, que je chantais
faux, et qu'il valait mieux me taire, ce que je faisais volontiers. Le
jeudi et le dimanche, ma tante Rose, qui était la sœur aînée de ma
mère, et qui était aussi jolie qu'elle, venait déjeuner à la maison,
et me conduisait ensuite au moyen d'un tramway, jusqu'au Parc
Borély. On y trouvait des allées ombragées par d'antiques
platanes, des bosquets sauvages, des pelouses qui vous invitaient
à vous rouler dans l'herbe, des gardiens pour vous le défendre, et
des étangs où naviguaient des flottilles de canards.

On y trouvait aussi, à cette époque, un certain nombre de gens
qui apprenaient à gouverner des bicyclettes: le regard fixe, les
mâchoires serrées, ils échappaient soudain au professeur,
traversaient l'allée, disparaissaient dans un fourré, et
reparaissaient leur machine autour du cou. Ce spectacle ne
manquait pas d'intérêt, et j'en riais aux larmes. Mais ma tante ne
me laissait pas longtemps dans cette zone dangereuse: elle
m'entraînait—la tête tournée en arrière—vers un coin tranquille,
au bord de l'étang.

Marcel Pagnol: *La Gloire de Mon Père*

aussi . . . que as . . . as	**entraîner** to drag away	**la mâchoire** jaw	**serré** clenched
bombé bulging, protruding	**l'étang** (m) pond	**manquer** to be lacking	**se taire** to shut up, remain silent
le bosquet spinney	**faux** out of tune	**le moyen** means	**valoir mieux** to be better to
chanter to sing	**le fourré** thicket	**ombragé** shaded	**il valait mieux** it was better to
conduire to take	**les gens** (m or f) people	**le platane** plane-tree	**volontiers** willingly
couramment fluently	**l'inconvenance** (f) impropriety	**pourtant** however	
diriger to direct	**laid** ugly	**remuer** to move	
ensuite afterwards	**la larme** tear (in the eye)	**en revanche** in return	
		sauvage wild	

A toi!

Read 'Souvenirs d'Enfance' and then match up each first half of a sentence (given on the left) with its second half (given in the box on the right):

1 Les élèves dans la classe de Mlle Guimard
2 Mlle Guimard n'était pas
3 Son nez remuait
4 Marcel n'aimait pas beaucoup
5 Il savait déjà
6 La tante Rose passait la plupart du dimanche
7 Au Parc Borély, il était interdit
8 Marcel trouvait très amusant
9 Les gens tombaient parce que
10 On ne restait pas longtemps regarder les cyclistes

les leçons de chant.
parce que la tante trouvait que c'était trop dangereux.
avaient six ans à peu près.
lire.
très jolie.
de rouler dans l'herbe.
chaque fois qu'elle parlait.
la bicyclette était, à cette époque, une invention toute récente.
avec la famille de Marcel.
de regarder les gens tomber de leurs bicyclettes.

Réponds en français

1 Quel âge avait Marcel quand il allait dans la classe enfantine?
2 Comment s'appelait son institutrice?
3 Est-ce qu'elle était belle?
4 Etait-elle de petite taille?
5 En quel aspect ressemblait-elle à un Chinois?
6 Comment étaient ses yeux?
7 Qu'est-ce que les petits élèves apprenaient à faire?
8 Pourquoi est-ce que Mlle Guimard ne s'occupait pas de Marcel?
9 Quels jours n'allait-il pas à l'école?
10 Qui l'amenait au Parc Borély?
11 Comment était-elle?
12 Comment arrivaient-ils au parc?
13 Est-ce qu'il était permis aux gens de marcher sur la pelouse?
14 Quel spectacle amusait beaucoup Marcel?
15 Quel endroit est-ce que sa tante préférait?
16 Est-ce que tu sais qui a inventé la bicyclette, et en quelle année?

Quand tu avais dix ans . . .

Réponds aux questions

Est-ce que tu habitais la même maison que maintenant?
Est-ce que tu habitais avec tes grands-parents?
Comment s'appelait ton école?
Etait-elle loin de chez toi?
Comment y allais-tu?

Où mangeais-tu à midi?
Combien d'élèves y avait-il dans ta classe?
Comment s'appelait ton instituteur/institutrice?
Comment était-il/elle?
Avec qui jouais-tu, et où?
Que faisais-tu le soir?

Pour faire le portrait d'une personne

Peux-tu décrire ces quatre personnes?

Le Docteur Rieux

On a déjà lu la description de Mlle Guimard, institutrice. Voici maintenant la description d'un médecin, le Docteur Rieux, faite par un journaliste et notée sur son cahier:

'Paraît trente-cinq ans. Taille moyenne. Les épaules fortes. Visage presque rectangulaire. Les yeux sombres et droits, mais les mâchoires saillantes. Le nez fort est régulier. Cheveux noirs coupés très courts. La bouche est arquée avec des lèvres pleines et presque toujours serrées . . . Il marche vite. Il descend les trottoirs sans changer son allure, mais deux fois sur trois remonte sur le trottoir opposé en faisant un léger saut. Il est distrait au volant de son auto . . . Toujours nu-tête. L'air renseigné . . .'

Albert Camus: *La Peste*

Find the French for

1 medium build
2 broad-shouldered
3 dark, steady eyes
4 full lips, almost always tightly closed
5 bare-headed
6 looks knowledgeable

Maintenant, à toi!

On va faire la description d'une personne—son apparence et sa personnalité. D'abord, il faut choisir celui/celle que tu vas décrire: un(e) ami(e), un homme, une femme, de ta connaissance ou imaginaire, comme tu veux. Tu as choisi? Bien! Allons-y!

Son apparence

Est-il grand ou petit?
Mince ou gros?
De quelle couleur sont ses yeux?
Et ses cheveux?
Comment est son visage?
A-t-il les cheveux longs ou courts ou moyens, frisés ou plats?
A-t-il des taches de rousseur?
Porte-t-il des lunettes?
Est-ce qu'il porte des vêtements élégants?
Est-il riche?
Est-ce qu'il fume?

Sa personnalité

Est-il honnête?
A-t-il le sens de l'humour?
Est-il très poli ou plutôt impoli?
Est-il très intelligent?
Est-il gâté?
Est-il expansif ou plutôt timide?
Impulsif ou prudent?
Assez flegmatique ou dynamique?
Triste ou gai?
Est-il solitaire ou a-t-il beaucoup d'amis?
Est-il silencieux ou bavard?
Patient ou impatient?
Est-il égoïste ou pense-t-il aux autres?
Est-il rêveur ou a-t-il les pieds sur terre?
Est-il travailleur ou paresseux?
Est-ce qu'il est vantard ou modeste?
De quoi a-t-il horreur?
Qu'est-ce qu'il trouve génial?
Est-il sympathique, à ton avis?

Conversation

Ta famille

Combien de personnes y a-t-il dans ta famille?
Es-tu fils/fille unique?
Combien de frères et de sœurs as-tu?
Qui est l'aîné(e)?
Qui est le cadet/la cadette?
Quel âge as-tu?
Et tes frères et sœurs?
C'est quand, ton anniversaire?

Tes frères et sœurs, ont-ils déjà quitté l'école?
Que font-ils dans la vie?
As-tu des nièces ou des neveux?
Est-ce que tes parents sont séparés ou divorcés?
Est-ce que ta mère est veuve?
Ton père, est-il veuf?
Où travaillent tes parents?
Est-ce que ton père/ta mère est chômeur/chômeuse (en chômage)?

Peux-tu faire la description (assez courte) de
    ta mère (ou belle-mère)
    ton père (ou beau-père)
    ton frère
    ta sœur
et la description (assez détaillée) de toi-même?

Où tu habites

Où habites-tu exactement, en pleine ville, en banlieue ou dans un village?
Depuis combien de temps?
A quelle distance du collège se trouve ta maison?
As-tu déménagé récemment?
Pourquoi?
Où habitais-tu avant?
Tu habites une maison individuelle ou jumelle ou un appartement?
A quel étage est l'appartement?
Qu'est-ce qu'il y a près de chez toi?

La maison et le jardin

Ta maison, est-elle grande, petite ou moyenne?
Combien de pièces y a-t-il au rez-de-chaussée et au premier étage?
Y a-t-il un grenier et une cave?
As-tu une chambre à toi ou est-ce que tu partages?
Avec qui?
Ta chambre donne sur la rue?
Qu'est-ce qu'il y a dans ta chambre?
Avez-vous le chauffage central à la maison?

Qui s'occupe du jardin?
Qu'est-ce qu'on y cultive?
Y a-t-il une pelouse, un jardin potager, une serre, des arbres fruitiers, un petit bassin, des parterres?

Régine écrit à Gail

Le 28 Septembre

Chère Gail,

J'ai bien reçu ta lettre qui m'a fait énormément plaisir.
Je suis tout à fait d'accord pour correspondre avec toi. Maintenant
c'est à moi de me présenter: je m'appelle Régine, j'ai 16 ans, je suis
rousse et, depuis toujours je porte les cheveux courts. Je suis très grande:
je mesure 1,78 cm et je suis assez mince. Je suis fille unique et mes
parents me gâtent beaucoup. L'été, je vais en vacances sur la Côte d'Azur
à Fréjus dans une villa que mes parents possèdent et le reste de l'année,
j'habite à Limoges (bien connue pour sa porcelaine). Mon père est cadre
supérieur et ma mère est directrice d'une crèche d'enfants.

Une nouvelle année scolaire vient de recommencer. Les premiers
jours ont été très durs. Je viens d'entrer en 2nde (littéraire). Je ne connaissais pas du tout le lycée et je n'arrive à me repérer que depuis
à peu près une semaine. Je suis interne et j'avoue que cela a été assez
dur avant de m'y sentir vraiment à mon aise. Maintenant, je suis
assez habituée et les semaines semblent moins longues.

J'ai à la maison, une vie assez indépendante. Mes parents sont
très libéraux et me laissent faire pratiquement tout ce que je veux
car, de plus ils ont confiance en moi.

Bon, je te quitte sur ces quelques mots en espérant recevoir
bientôt une réponse.

Je t'embrasse

A bientôt

d'accord agreed	**car** for	**libéral** (pl. **libéraux**) easy-going	**se repérer** to get one's bearings
l'aise (f) ease	**la crèche** day-nursery	**mince** thin	**roux** (f. **rousse**) red-head
avouer to admit	**dur** hard	**de plus** moreover	**se sentir** to feel
cadre supérieur in management	**gâter** to spoil	**posséder** to own	**tout à fait** completely
	habitué used to		**la vie** life

Answer in English

1 How old is Régine?
2 Has she always had a short hair-style?
3 How tall is she?
4 What does she do in the summer?
5 What job does her father do?
6 And her mother?
7 Is Régine at the same school as last year?
8 Did she settle down well from the very beginning? Give details.
9 What is the attitude of her parents towards her?

Réponds en français

1 Quelle a été la réaction de Régine quand elle a reçu la première lettre de sa nouvelle correspondante anglaise, Gail?
2 De quelle couleur sont ses cheveux?
3 Depuis combien de temps est-ce qu'elle les porte courts?
4 Est-elle une enfant gâtée?
5 Où se trouve la villa que possèdent ses parents?
6 Pour quelle industrie est-ce que Limoges est célèbre?
7 Est-ce que les parents de Régine travaillent tous les deux?
8 Dans quelle classe et dans quelle section est-ce que Régine vient d'entrer?
9 Depuis combien de temps est-ce que Régine va à ce lycée à Auxerre?
10 Est-elle interne ou externe?
11 Pourquoi ne rentre-t-elle pas chez elle en fin de journée?
12 Comment a-t-elle trouvé les premiers jours du trimestre?
13 Est-ce que ça va mieux maintenant?
14 Est-ce que les parents de Régine sont très stricts?

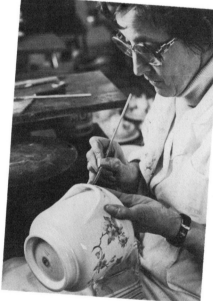

A toi!

Imagine que ton professeur de français vient de te remettre le nom et l'adresse d'un(e) correspondant(e) français(e). Choisis entre:

Geneviève NOËL   et   Edmond GIRAUD
42, Rue de la Gare,   125, Rue St. Martin,
76000 Rouen   01610 Arbent
France   France

C'est à toi d'écrire la première lettre. Vas-y! Il faudra naturellement te présenter: apparence et personnalité; famille; maison; passe-temps, si tu veux. N'oublie pas de dire qui tu es et pourquoi tu lui écris!

🌐 Dialogues

On fait connaissance

Au lycée, dans la cour de récréation

Régine: Bonjour! Tu t'appelles comment?

Sarah: Je m'appelle Sarah. Et toi?

Régine: Je m'appelle Régine. Tu es anglaise, n'est-ce pas?

Sarah: Oui, je participe à un échange. Je suis chez Chantal Bernard.

Régine: Tu viens d'où?

Sarah: D'un petit village, près de Redditch. Tu sais, la ville d'Auxerre est jumelée avec Redditch.

Régine: Ah oui? Je ne savais pas. Je viens de Limoges; je suis interne. Ce n'est pas très gai! Au début, j'ai trouvé ça très dur. Et toi, c'est la première fois que tu viens en France?

Sarah: Non, j'ai déjà fait l'échange l'an dernier. Je me plais ici!

Régine: Tu parles bien, tu sais!

Sarah: Merci! Et toi, es-tu jamais allée en Angleterre?

Régine: Non; je voudrais bien, pourtant.

Sarah: Peut-être que tu pourras faire l'échange l'an prochain?

Régine: C'est possible . . . On verra . . .
Dring!!!
Zut! Ça sonne déjà! Il faut rentrer. Au revoir! Bon séjour!

Sarah: Merci! Au revoir!

On fait des projets

Au Centre de Rencontres Internationales, à Dijon

Paul: Alors, qu'est-ce qu'on fait demain? On n'a rien prévu.

André: Il paraît qu'il va faire beau. On pourrait se balader en ville.

Paul: Moi, ça ne m'emballe pas! Il vaudrait mieux faire une promenade à la campagne.

André: Tu rigoles! Qu'est-ce qu'il y a à voir?

Paul: Plein de choses! Toute la côte où il y a les vignobles—ils sont très célèbres, tu sais.

André: Ah oui? Par exemple?

Paul: Bien, par exemple, le Clos de Vougeot. C'est la Côte d'Or! Oh, tu n'y connais rien, toi! C'est tout près de Dijon!

André: On peut visiter les caves, sans doute, déguster le vin du pays?

Paul: Voilà! Et puis il y a des combes, des petits villages à visiter, des petits cafés où on peut boire un pot . . .

André: Bon, on y va. Et puis, pour le soir, je viens de remarquer une affiche à la réception. Ça annonce une discothèque demain soir à la Maison des Jeunes.

Paul: Ah? C'est quel groupe qui va jouer?

André: Un groupe de jeunes Anglais: The Void. Ils font une tournée dans la région, paraît-il.

Paul: Ça a l'air intéressant. On pourra y aller.

Le lendemain matin: dans la rue

Paul: Pardon, madame! Où est l'arrêt d'autobus pour aller vers Beaune, s'il vous plaît?

La dame: Tournez à droite là-bas—c'est juste après les feux rouges.

Paul: Merci, madame!

Quelques instants plus tard:

Paul: Zut alors! Le bus vient de partir! Une demi-heure à attendre!

André: Ça ne fait rien! On peut aller à la gare routière acheter deux cartes 12 voyages. Comme ça, on fera des économies plus tard.

Paul: C'est une bonne idée. Allons-y!

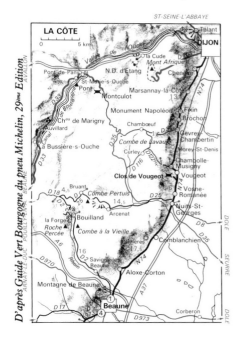

Objets trouvés

Au camping: à la réception

Gardienne: Bonjour! Vous cherchez?

Mark: Ma mère a perdu son sac à main, il y a une heure, à peu près.

Gardienne: Ah oui? Et elle ne parle pas français?

Mark: Non, c'est pour cela que je suis venu vous voir moi-même.

Gardienne: Alors, où était-elle quand elle s'est rendu compte que son sac manquait?

Mark: Dans la tente, tout à l'heure. On mangeait; on venait d'acheter au petit magasin des biftecks et des frites à emporter, et des boissons à la buvette tout près . . .

Gardienne: Vous êtes retournés au magasin et à la buvette?

Mark: Oui, le sac n'y est pas.

Gardienne: Alors, je vais noter les détails. De quelle couleur est ce sac?

Mark: Il est marron, en cuir.

Gardienne: Grand ou petit?

Mark: Euh . . . Comme ci comme ça . . . moyen, quoi. Avec deux fermetures éclair.

Gardienne: Et qu'est-ce qu'il y avait dedans?

Mark: Tout! Son passeport, la clef de la voiture, son permis de conduire, la carte verte, son carnet de chèques— tout!

Gardienne: De l'argent?

Mark: Non, pas d'argent.

Gardienne: Ben, il va falloir peut-être contacter le consulat britannique et aussi la banque. Oh là là! Bon, voyons: vous avez quel emplacement?

Mark: Euh . . . Là-bas, près des douches, vous voyez? Oh—et voilà ma mère, avec son sac à main! Je m'excuse de vous avoir dérangée, madame!

As-tu compris?

On fait connaissance

1 Where does Sarah come from?
2 Why is she visiting Auxerre?
3 How do you know that she likes staying in Auxerre?
4 What does Sarah suggest that Régine might do?
5 Find the French for:
 I'm here on exchange
 Auxerre is twinned with Redditch
 I like it here!

On fait des projets

1 Where will the boys go during the day?
2 What do they hope to visit?
3 What is the poster at the reception-desk?
4 Are 'The Void' giving only one concert?
5 Find the French for:
 We've nothing planned
 That doesn't sound very exciting!
 You must be joking!
 Lots of things
 You don't know anything!
 We can have a drink

Le lendemain matin

1 How are the boys going to get to the Côte d'Or?
2 How long do they have to wait?
3 How do they decide to take advantage of this delay?

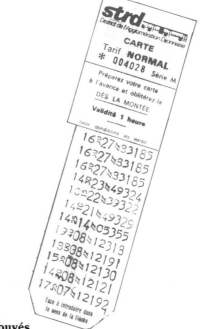

Objets trouvés

1 Why has Mark gone to the campsite office?
2 Why is his mother not dealing with the matter?
3 In which two places might the article have been left?
4 Give three details about the article.
5 Name the contents.
6 Who will probably have to be contacted?
7 Find the French for:
 about an hour ago
 so-so
 with two zip-fastenings
 I'm sorry to have troubled you!

Travail à deux

Avec un(e) partenaire, compose deux courts dialogues au bureau des objets trouvés.

J'ai perdu: mon appareil photo
ma montre
une bague
mon portefeuille
mes chèques de voyage
ma carte d'identité
ma valise
mes lunettes de soleil
mon manteau
mon billet
mon petit frère
ma petite sœur

Où et quand?
Donne une description!

Role-play

First conversation

You are talking (in England) to a French girl who is on exchange and who is so unsure of her English that you speak in French.

Ask what she is called.
—Je m'appelle Chantal Bernard. Et toi?
Tell her your name and ask how old she is.
—J'ai quatorze ans et demi.
Ask if it is her first visit to England.
—Non, je suis déjà venue en vacances avec mes parents.
Ask where she comes from.
—Je viens d'Auxerre.
Ask how long she is staying.
—Trois semaines, jusqu'au six août.
Ask if she would like to go, with her 'exchange', to a disco tomorrow with you and your friends.
—Je voudrais bien. Je demanderai à ma 'corres'.

At a campsite: in the reception office

—Bonjour! Je peux vous aider?
Say that you lost your watch this morning.
—Et comment est-elle?
Say that it is gold, quite small, and square.
—Où l'avez-vous perdue?
Say that you don't know where you left it—perhaps in the showers.
—Alors, vous avez de la chance! Quelqu'un a trouvé celle-ci dans les douches vers onze heures ce matin. Elle est à vous?
Say yes, it is yours.

At Nice bus station

Ask if there is a bus that goes to Monaco.
—Oui, il y en a trois par jour.
Ask when the next one leaves.
—Il part à 14 heures 30.
Ask what number it is.
—C'est le 12.
Ask where the bus stops exactly.
—Là-bas, où c'est marqué 'La Turbie—Monaco'.

On se lie d'amitié

How would you ask a French friend the following, in French?
1 Are you taking part in the exchange?
2 Where do you live exactly?
3 How many brothers and sisters have you?
4 Are they older or younger than you?
5 Where do your parents work?
6 What do they do?
7 Have you any pets?
8 Do you live in a house or flat?
9 Do you share your bedroom?
10 What is there in your bedroom?

Jeu de mémoire

Au contraire!

Quel est le contraire de:
poli	prudent
mince	dynamique
riche	bavard
expansif	travailleur

Leur première Coupe du Monde

Bruno BELLONE

(MONACO)

Né le 14-3-1962
1,74 m, 70 kg
Attaquant
5 sélections

Sorte de petit taureau qui joue encore un peu trop en puissance. Quant à son pied gauche, c'est de la foudre! On pourrait lui reprocher d'être un peu trop impulsif, mais lorsqu'il aura amélioré l'équilibre de son jeu et de son être, il sera dangereux pendant quatre-vingt-dix minutes.

Alain COURIOL

(MONACO)

Né le 24-10-1958
1,74 m, 65 kg
Attaquant
6 sélections

Très adroit et très habile, ce joueur a une grande aptitude à la course. Lorsqu'il pourra ajouter à cette rapidité une finition plus efficace, il deviendra certainement l'un des meilleurs ailiers de France et, peut-être, d'Europe.

Jean-Luc ETTORI

(MONACO)

Né le 29-7-1955
1,74 m, 73 kg
Gardien
2 sélections

C'est le style même du gardien dynamique qui possède beaucoup de décision dans tout ce qu'il fait, cette sorte de gardien français qu'on connait bien, bondissant, spectaculaire, très bon sur sa ligne, excellent dans ses sorties dans les pieds de ses adversaires.

Ouest-France

These three footballers were amongst those selected to be in the French World Cup squad in 1982.

Answer in English:
1 Which team did they all play for normally?
2 Which player weighed the heaviest?
3 Which was the tallest?
4 Which one had been selected most times previously?
5 Which one was a goalkeeper?
6 Whose left foot was said to be like lightning?
7 Which player was very decisive in all he did?
8 Which one had a remarkable turn of speed?
9 Which player was criticized for perhaps being too impulsive?
10 Which one was said to be extremely good at tackling?

◉ Listening comprehension

Première partie

Virginie et Laurence

1 Where is Virginie's house?
2 What is there in front of it and behind it?
3 What is there in the large courtyard?
4 Where does Laurence live?
5 What rooms are there?
6 Where is it possible to hang out the washing, or play?
7 What is 'Le Jardin de l'Arquebuse'?

Emeric et Virginie

1 How many sons and daughters have Virginie's parents had?
2 How do you know that Virginie is the youngest?
3 How old is Emeric's sister?
4 How long will his brother be in the army?
5 What three careers will be open to him when he is no longer a 'Chasseur Alpin'?
6 How does Emeric's father earn his living?
7 Find the French for:
   They are all married except for one sister.
   He has joined the army.
   We often see each other at the weekend.
   My father has retired.

Madame Coppeaux et Laurence

1 How many people are there in Laurence's family?
2 Where does her mother work?
3 What hours does she work?

Deuxième partie

Descriptions

What do Valérie, Bertrand, Marie-Pierre and Jérôme each have to say about their own height, build, hair, eyes, clothes, shoe-size, personality?

Grammar section

The imperfect tense

The imperfect is used for describing what *was happening*, or what *used to happen*.
Examples:
Quand j'avais quatre ans, j'habitais à Worcester.
Papa travaillait à l'usine de porcelaine.
Quand nous habitions un petit village, j'allais à l'école en autobus.
Maman se levait toujours la première à l'époque où Papa était en chômage.
The endings for this tense are:

-ais   -ions
-ais   -iez
-ait   -aient

The stem (with one notable exception—see below) is the first person plural of the present tense, with the **-ons** removed. Thus:

finir: nous finiss(ons) →

je finissais
tu finissais
il finissait
nous finissions } le repas quand le
vous finissiez } téléphone a sonné.
ils finissaient

Note that, as in this example, the verb in the imperfect describes an action which was interrupted. The perfect is used to state the event which suddenly occurred.
Exception to the general rule: **être**. The stem is **ét-**.
Examples:
J'étais devant la gare.
Tu étais fatigué?
Il était huit heures.
Elle était sous l'arbre.
On était cinq dans le groupe.
Nous étions en retard.
Vous étiez fâchés?
Ils étaient en pleine campagne.
Elles étaient très contentes.

A toi!

Avant de prendre sa retraite, le Docteur Malpartout menait une vie très mouvementée. Voici ce qu'il faisait chaque vendredi:

8h–8h30	petit déjeuner
9h–10h30	consultations sur rendez-vous chez lui
11h–12h	visites à domicile
12h–14h	repos; déjeuner chez lui
14h–16h	partie de golf avec un collègue
17h–18h	examens au centre de santé
19h30	dîner au restaurant avec sa femme
21h	concert hebdomadaire avec sa femme, à la Salle Pleyel

Maintenant, réponds! Le vendredi, où était le Docteur Malpartout et que faisait-il à ces heures-ci?
8h10; 9h30; 11h15; 13h; 14h20; 17h30; 19h45; 21h30.

C'est la vie!

Beaucoup de gens font les mêmes choses aux mêmes heures chaque jour, pendant la semaine. Que faisait-on hier après-midi? C'était mercredi.
Exemple: Chaque après-midi dans la semaine, M. Jourdain fait la sieste.
Donc, hier après-midi, il faisait la sieste.
Continue:
1 Mme Lenoir se promène avec ses chiens.

2 Marianne travaille dans le jardin.
3 Les enfants jouent dans le parc.
4 Valérie écrit des lettres à la machine.
5 Ma mère donne des leçons particulières.
6 Panisse et ses amis bavardent au café.
7 César, le patron du café, lave les verres.
8 Mme Leroy garde ses petits enfants.

Venir de

The construction with **venir de** is always followed by an infinitive, and means *have just* or *had just*. Only the present and imperfect tenses are used.

Present (*have just*)

je viens de	nous venons de
tu viens de	vous venez de
il vient de	ils viennent de

Imperfect (*had just*)

je venais de	nous venions de
tu venais de	vous veniez de
il venait de	ils venaient de

A toi!

Use a group of words from those given in the box below, in order to complete the following:

Part A

1 —Ah non!
   —Qu'est-ce qui s'est passé?
   —Je viens de casser ....
2 —Dépêche-toi! ...... vient de commencer!
3 —Tu connais ......?
   —Oui, c'est la fiancée de mon frère.
4 —Tu veux parler avec qui?
   —......
   —Non, il vient de partir en ville.
5 —Tiens! Regarde! ...... Je ne comprends pas!
6 —Ne marche pas sur ce plancher! ...... et il est encore tout mouillé.
7 —Où est le vin? Il faut le servir frappé.
   —Oui, je sais. ......

> la jeune femme qui vient d'entrer
> encore un verre
> avec Philippe; il est là?
> je viens de le mettre au frigo
> le programme
> je viens de le nettoyer
> on vient de recevoir cette facture

Part B

1 Je venais de sortir, évidemment, quand le télégramme est arrivé. ......
2 ...... mais quand je suis arrivé, tout essoufflé, à la gare, le train venait de partir.
3 Elle voulait rendre ses livres à la bibliothèque municipale, mais en y arrivant, elle a vu que ....
4 ...... en route pour Paris quand nous sommes tombés en panne.
5 La lettre qu'il venait de recevoir ne lui apportait pas ....
6 Alain venait de se mettre à son travail quand on a ....
7 Quand nous sommes arrivés au théâtre, ...

> les portes venaient de fermer
> la pièce venait de commencer
> je me suis dépêché
> de bonnes nouvelles
> nous venions de quitter Calais
> je l'ai trouvé en rentrant
> frappé à la porte

Irregular adjectives

If you are unfamiliar with any of the following, learn them NOW!

Masculine	Feminine	
un **beau** parc	une **belle** ville	*beautiful, fine*
un **bel** animal		
de **beaux** monuments	de **belles** fleurs	
un **nouveau** professeur	une **nouvelle** vie	*new*
un **nouvel** élève		
de **nouveaux** livres	de **nouvelles** plantes	
un **vieux** monsieur	une **vieille** dame	*old*
un **vieil** arbre		
de **vieux** cahiers	de **vieilles** histoires	
tu es **fou**!	tu es **folle**!	*mad*
du papier **blanc**	une feuille **blanche**	*white*
l'air **frais**	de la crème **fraîche**	*fresh*
Cher Monsieur Duclos	**Chère** Madame Duclos	*dear*
un pantalon **neuf**	une jupe **neuve**	*brand new*
d'un ton **doux**	d'une voix **douce**	*gentle*
un **faux** passeport	une **fausse** adresse	*false*
un **long** chemin	une **longue** histoire	*long*
un garçon **heureux**	une fille **heureuse**	*happy*
le magasin **principal**	l'idée **principale**	*principal*
les magasins **principaux**	les idées **principales**	

Unit 4

Family events
Helping at home
Preparing for a party
Active holidays
At the Tourist Office

Un faire-part de mariage

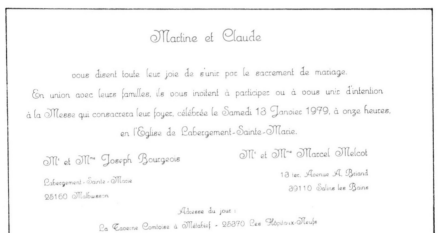

Martine et Claude

vous disent toute leur joie de s'unir par le sacrement de mariage.
En union avec leurs familles, ils vous invitent à participer ou à vous unir d'intention
à la Messe qui consacrera leur foyer, célébrée le Samedi 13 Janvier 1979, à onze heures,
en l'Eglise de Labergement-Sainte-Marie.

M. et Mme Joseph Bourgeois   M. et Mme Marcel Melcot

Labergement-Sainte-Marie   13 ter, Avenue A. Briand
25160 Malbuisson   39110 Salins les Bains

Adresse du jour :
La Taverne Comtoise à Métabief - 25370 Les Hôpitaux-Neufs

Le mariage de Martine et Claude

1 Comment s'appelait la mariée?
2 Martine et Claude habitaient chez leurs parents
  respectifs avant de se marier. Où habitait
  Martine exactement? Et Claude?
3 Est-ce que Malbuisson et Salins les Bains se
  trouvent dans le même département?
4 Quand Claude et Martine se sont-ils mariés?
5 Où est-ce que la messe de mariage a eu lieu?
6 Où est-ce que le repas de noces a eu lieu?

Un faire-part de naissance

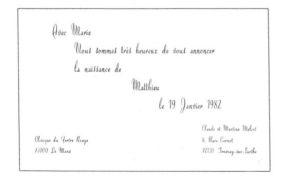

Avec Marie
Nous sommes très heureux de vous annoncer
la naissance de
Matthieu
le 19 Janvier 1982

Claude et Martine Melcot
8, Place Carnot
72130 Fresnay-sur-Sarthe

Clinique du Centre Rouge
72000 Le Mans

La naissance de Matthieu

1 Depuis combien de temps Martine et Claude
  étaient-ils mariés quand leur fils est né?
2 Etait-il le premier enfant?
3 Où est-il né?
4 Où habitait sa famille à ce moment-là?
5 Est-ce que Fresnay-sur-Sarthe se trouve dans le
  même département que Le Mans?
6 Pourquoi Le Mans est-il célèbre?

48

Un faire-part de décès

Vous êtes prié d'assister aux Obsèques de

Mademoiselle Blanche LEFORT

décédée pieusement le 16 Août 1982, dans sa 91me année, en son domicile 275, rue d'Ercault à MONTMAGNY (95).

Qui se feront le Vendredi **20 Août 1982 à** 11 heures précises, en l'Eglise Sainte-Thérèse de Montmagny, sa paroisse

Priez pour Elle!

On se réunira à l'Eglise (rue d'Epinay)

De la part de:

Monsieur Gaston LEFORT,
Monsieur et Madame Francis PETIT,
Monsieur et Madame Cyrille LEFORT,
ses frères, sœur, beau-frère et belle-sœur;

Monsieur et Madame Gustave MELIN,
ses neveu et nièce;

Des familles LEBELLE, ARNAULT, LAGARDE, BIJART, CARTET, MAYER et TAISNE,
ses cousins et cousines;

**Selon la volonté de la Défunte, ni fleurs, ni couronnes,
les remplacer par des Messes et Prières.**

**L'Inhumation aura lieu au Cimetière Nouveau de Montmagny
dans le Caveau de Famille**

La mort de Mademoiselle Lefort

1 Quand Blanche Lefort est-elle morte?
2 Quel âge avait-elle?
3 Où habitait-elle?
4 Etait-elle veuve ou célibataire?
5 Combien de frères et de sœurs avait-elle?

6 Où est-elle morte?
7 Quand est-ce que les obsèques ont eu lieu?
8 Où est-ce que l'enterrement a eu lieu?
9 Est-ce que la défunte avait voulu qu'on apporte des fleurs et des couronnes?

Une carte de visite

The personal visiting card, printed with the sender's name and address, is still commonly used in France.
What does the note on this one say about the occasions on which visiting cards are sent?

PIERRE QUINTALLET

On peut également faire figurer
M. et Mme. Pierre Quintallet, avec
la même disposition. Très utilisées pour
condoléances, félicitations (mariage,
naissance), pour accompagner l'envoi
d'un cadeau ou de fleurs, pour vœux de
Nouvel An ...

3 · IMPASSE DU PAVÉ · 21100 DIJON

Très fatigués, mais vivants

Les trois spéléos de la grotte de La Diau s'étaient réfugiés sur une niche de 9 m²

RETROUVÉS VIVANTS samedi matin dans la « **Galerie des Grenoblois** » de la grotte de La Diau, sur le plateau des Glières (Haute-Savoie), les trois spéléologues mosellans bloqués par les eaux ont retrouvé le jour dimanche, vers 13 h 30. Très fatigués, mais portant eux-mêmes leur matériel, ils ont été accueillis par une soixantaine de sauveteurs au camp de base improvisé au pied de la grotte depuis le début des recherches. Ils ont ensuite gagné l'hôpital d'Annecy pour une série d'examens de contrôle.

Toute la grotte de La Diau avait été explorée. Il ne restait plus samedi matin, suprême espoir, qu'un diverticule à visiter dans la « **Galerie des Grenoblois** ». C'est là qu'une équipe de secours a retrouvé, très affaiblis mais vivants, les trois jeunes spéléologues, Didier Faust (22 ans), Pierre Kemps (30 ans) et Didier Beizerguer (27 ans), bloqués depuis près de six jours dans le froid, l'humidité et le vacarme des eaux tombant en cascade.

Ils ont trouvé refuge dans une niche surplombant la rivière, d'une superficie de 9 m² environ.

« **On dormait trois heures par nuit en chien de fusil et toujours sur la roche dure, en essayant le reste du temps de manger le moins possible et de boire le plus possible** », a raconté l'un d'eux.

« **Nous avons essayé de passer à plusieurs reprises**, a expliqué un autre, **mais sans succès. Alors, on a patiemment attendu les secours sans jamais désespérer, mais ça commençait tout de même à devenir long** ».

Ouest-France

---

accueillir to welcome	**faible** weak	**le sauveteur** rescuer	**le spéléologue** caver, potholer
le diverticule passageway	**la grotte** cave	**la niche** recess	
dormir en chien de fusil to sleep curled up	**le matériel** equipment	**à plusieurs reprises** several times	**la superficie** surface area
	mosellan from the Moselle		**surplomber** to overhang
l'équipe (f) **de secours** rescue-team	**il ne restait plus que** there remained only	**le secours** help	**tout de même** all the same
l'espoir (m) hope		**la spéléologie** caving, pot-holing	**le vacarme** noise
l'examen (m) **de contrôle** check-up		**vivant** alive	

True or false?

1 'La Diau' is a cave in the 'département' of Haute Savoie.
2 The three pot-holers emerged from the cave on Saturday afternoon.
3 All their caving gear had to be abandoned in the 'Galerie des Grenoblois'.
4 After their ordeal, they all had a medical check-up.
5 All three men came from Haute Savoie.
6 They had taken refuge on a ledge where it was warm and dry.
7 They were constantly deafened by the noise of a waterfall.
8 They were obliged to sleep curled up because of the lack of space.
9 They tried to eat and drink as little as possible.
10 By the sixth day, they had concluded that the rescuers would never find them.

Réponds en français

1 Quand est-ce que les trois spéléos ont retrouvé le jour?
2 Depuis combien de temps étaient-ils dans la caverne quand l'équipe de secours les a trouvés?
3 Où s'étaient-ils réfugiés?
4 Est-ce que tout était sec et silencieux à cet endroit?
5 Est-ce qu'il restait aux sauveteurs d'autres couloirs à explorer?
6 Combien d'heures par nuit est-ce que les spéléos avaient dormi?
7 Pourquoi avaient-ils essayé de manger le moins possible?
8 Avaient-ils désespéré?
9 Quand ils sont enfin sortis, sains et saufs, de la grotte de La Diau, où se sont-ils rendus?
10 Comment sait-on qu'ils n'étaient pas à bout de forces?
11 Combien de sauveteurs y avait-il en tout?
12 Où avaient-ils établi leur camp de base?

Sain et sauf!

A toi!

Raconte un incident (réel ou imaginaire) où tu t'es trouvé(e) dans une situation difficile, voire dangereuse, et comment tu t'en es tiré(e).
C'était en quelle année?
Et en quelle saison?
Où étais-tu?
Quel âge avais-tu?
Avec qui étais-tu?
Qu'est-ce que tu avais fait?

A quel moment est-ce que tu t'es rendu compte que tu étais en danger?
Qu'est-ce que tu as fait ensuite?
As-tu crié 'Au secours'?
As-tu désespéré?
Combien de sauveteurs sont arrivés, ou est-ce que tu as réussi à échapper au danger sans aide?
Est-ce que tes parents se sont inquiétés, ou ne savaient-ils pas que tu avais été en danger?
Etais-tu blessé(e) ou en es-tu sorti(e) indemne?

Belles et vivifiantes vacances!

TOURISME EQUESTRE

◆M. Maurice Munsch - 7, rue Creuse - Jungholtz 68500 Guebwiller
Tél. (89) 76.94.35
Accès: S.N.C.F. direction Guebwiller (à 2 km). 15 chevaux.

Accompagnateur: 2 agents brevet accompagnateur. Promenades toute l'année dans le vignoble et le massif vosgien - Randonnées de plusieurs jours dans le massif vosgien ou la plaine d'Alsace (Sundgau). Possibilités d'hébergement dans le village, proximité de tennis, piscine, pêche.

TOURISME PEDESTRE

Séjours pédestres

Il existe des possibilités de séjours pédestres grâce aux nombreux chalets-refuges implantés sur le Massif.
Ces chalets-refuges ne sont ouverts d'ordinaire que les samedis et dimanches et sont réservés en principe aux membres du club.
Cependant les membres d'autres sections ou des touristes y sont également admis suivant les possibilités. Pour y rester la nuit ou y passer quelques jours, il est absolument nécessaire de se mettre auparavant en relation avec le responsable du chalet. Il existe entre autres deux sentiers de grande randonnée qui traversent la région.
Le G.R. 5 (Méditerranée-Hollande) Schirmeck - Le Hohwald - Barr - Haut-Koenigsbourg - Ribeauvillé.
Le G.R. 53 (prolongation du G.R. 5) Le Donon - Urmatt - Dabo - Saverne - La Petite-Pierre - Wimmenau - Lichtenberg - Niederbronn - Obersteinbach - Climbach - Wissembourg.
Le G.R. 7 au départ du Ballon d'Alsace pour aller sur les Pyrénées.

Réponds en français

1 Où se trouvent les Vosges?
2 Où est-ce qu'on peut se promener à cheval toute l'année?
3 Est-ce qu'on peut faire des randonnées équestres plus longues?
4 Est-ce que les touristes pédestres sont admis dans les chalets-refuges implantés sur le massif?
5 Est-ce que ces chalets-refuges sont ouverts tous les jours?
6 Où va le sentier de grande randonnée 5? et le GR 7?

LOISIRS EN FRANCHE-COMTÉ

Le lac Saint-Point

7 km de long sur 1 km de large, le lac Saint-Point ou de Malbuisson est le plus grand des lacs du massif français jurassien.

Situé dans le Haut-Doubs, il en constitue un des plus remarquables sites.

Magnifique plan d'eau, sillonné l'été par de nombreux voiliers, il devient, certains hivers, la plus vaste patinoire de France.

Sa ceinture de sapins et d'épicéas lui confère un caractère de rusticité qui enchante les amis de la nature.

Certains voyageurs l'ont comparé par son site, sa faune et sa flore aux lacs canadiens.

Une promenade attrayante autour du lac est facilitée par la route qui le côtoie sur tout son pourtour.

PONTARLIER Altitude 837 m

Capitale du gruyère de montagne
Jumelée avec Villingen-Schwenningen

Bureau S.I. : Hôtel de Ville B.P. 187 25300 Pontarlier — Tél : 46.48.33
Hôtesses Trilingues en été
Ouvert de 9h à 12h et de 14h à 18h
En saison: Dimanche de 10h à 12h et de 17h à 19h
Semaine de 9h à 12h et de 14h à 19h
Karting. Canoë-Kayak
Pêche, tennis, piscine de plein air, piscine couverte et chauffée, patinoire naturelle
LARMONT (Alt. 1200 m) : 5 téléskis
Pistes de ski de fond — Piste de luge
École de ski (fond et alpin) — Tél : 39.10.29 et 46.57.58
Châlets — Restaurants
Promenades pédestres
LA MALMAISON (alt. 1028 m) Pistes de ski de fond

MALBUISSON   Altitude 900 m **Station verte**

343 habitants — Sur R.D. 437 (rive droite du lac de Saint-Point)
Cars : Pontarlier-Malbuisson-Mouthe ; en été, Malbuisson-Lausanne. Gare SNCF à Pontarlier — PTT — Meublés — Médecin — Culte catholique — Centre de villégiature, station d'altitude moyenne — Forêts de sapins — Piscine chauffée — Plages — Natation Canotage — Voile — Sports nautiques — Location de barques et pédalos — Pêche — Tennis — Sports d'hiver : 1 téléski, pistes et sentiers balisés.
Excursions : Forêt de la Fuvelle, Fort de Saint-Antoine, Source Bleue
Bureau S.I. : Tél (81) 89.31.21 ouvert en saisons
Campings: Les Fuvettes **Camping 270 places
caravaneige Airotel 100 places — Tél : 69.31.50 ou 69.31.44
La Poste Camping 50 places (M. Chapouilly) Tél : 69.32.76

Answer in English

1 With which town is Pontarlier twinned?
2 Is the Tourist Office open on Sundays in the holiday season?
3 What type of skating-rink is there at Pontarlier?
4 What two kinds of skiing can you learn at Larmont?
5 Where is there a toboggan slope?
6 The Lac Saint-Point sometimes becomes the largest ice-rink in France. How large is it and at what height is it?
7 What two species of tree compose the forests of the Jura Mountains?
8 Is Malbuisson at the same altitude as Larmont?
9 Where is the nearest railway station?
10 How has the lake been exploited as a tourist attraction?
11 What winter sports facilities exist?
12 Which is the largest campsite at Malbuisson?

Découverte de la Franche-Comté souterraine

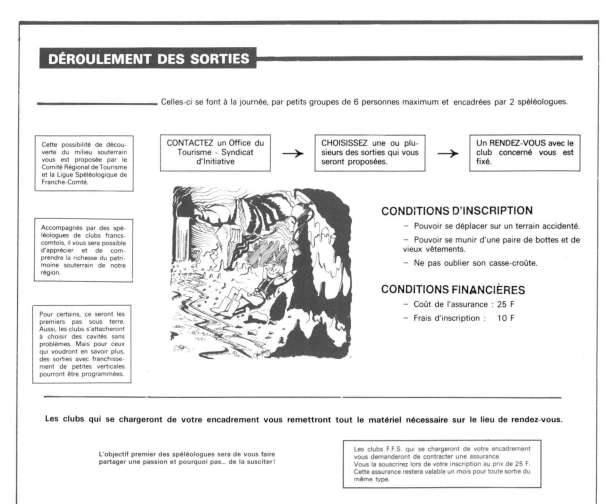

DÉROULEMENT DES SORTIES

Celles-ci se font à la journée, par petits groupes de 6 personnes maximum et encadrées par 2 spéléologues.

Cette possibilité de découverte du milieu souterrain vous est proposée par le Comité Régional de Tourisme et la Ligue Spéléologique de Franche-Comté.

CONTACTEZ un Office du Tourisme - Syndicat d'Initiative → CHOISISSEZ une ou plusieurs des sorties qui vous seront proposées. → Un RENDEZ-VOUS avec le club concerné vous est fixé.

Accompagnés par des spéléologues de clubs francs-comtois, il vous sera possible d'apprécier et de comprendre la richesse du patrimoine souterrain de notre région.

CONDITIONS D'INSCRIPTION
- Pouvoir se déplacer sur un terrain accidenté.
- Pouvoir se munir d'une paire de bottes et de vieux vêtements.
- Ne pas oublier son casse-croûte.

CONDITIONS FINANCIÈRES
- Coût de l'assurance : 25 F
- Frais d'inscription :   10 F

Pour certains, ce seront les premiers pas sous terre. Aussi, les clubs s'attacheront à choisir des cavités sans problèmes. Mais pour ceux qui voudront en savoir plus, des sorties avec franchissement de petites verticales pourront être programmées.

Les clubs qui se chargeront de votre encadrement vous remettront tout le matériel nécessaire sur le lieu de rendez-vous.

L'objectif premier des spéléologues sera de vous faire partager une passion et pourquoi pas... de la susciter !

Les clubs F.F.S. qui se chargeront de votre encadrement vous demanderont de contracter une assurance.
Vous la souscrirez lors de votre inscription au prix de 25 F.
Cette assurance restera valable un mois pour toute sortie du même type.

---

1 What sort of caves will the local caving clubs choose and why?
2 What aspect of caving can be included for those who want to know more about the sport?
3 What two aims do the pot-holers have in organizing these outings?
4 What insurance has to be paid and how long is it valid?
5 How many speleologists accompany each group?
6 What should you do if you want to join one of these underground trips?
7 What are the three conditions which a potential caver must be able to fulfil?

Mieux connaître la Bretagne

ROULOTTES

L'Espace d'un week-end,
L'Espace d'une semaine,
Tout oublier pour tout retrouver.

Au Centre des Roulottes, dans l'ancienne gare de Locmaria-Berrien (6 km d'Huelgoat), **Cheval-Bretagne** vous propose différents circuits : les bords de l'Aulne par le chemin de hallage, les Monts d'Arrée, le Parc Régional d'Armorique. Ouverture de la saison en fin Mars et fermeture au 11 Novembre. En dehors, nous consulter.

Possibilités de stages : Découverte de la Nature et du Cheval, les Métiers du Cheval, Photographie, Vannerie, Attelage à 1, 2 ou 4 chevaux. Pension complète - Randonnées équestres en liberté.

Pour les groupes constitués, formules de séjours avec Restauration et animation.

VEDETTES FLUVIALES

Retrouvez la détente, le calme et la nature à bord des vedettes fluviales entièrement équipées :

— pour vos fins de semaines,
     vos loisirs d'une semaine ou 15 jours

sur l'Aulne, l'Hyères et le canal de Nantes à Brest

— dans le centre Finistère —

MAISONS DE VACANCES

Connaître une Bretagne authentique
        Choisir sa maison de vacances

• Une sélection de maisons de vacances dans les zones les plus pittoresques de la Bretagne-Sud
• Des maisons visitées par nos représentants et présentées en détail dans notre brochure
• Des conditions très avantageuses pour les vacances de printemps et d'automne : jusqu'à 50 % de réduction.

1 Quels sont les trois circuits proposés par 'Cheval-Bretagne'?
2 Est-il possible de louer une roulotte en dehors de la saison?
3 Qu'est-ce qu'on retrouve en louant une vedette fluviale?
4 Quel avantage peut-il y avoir à louer une maison de vacances au printemps ou en automne?

Stages—Séjours—Loisirs

En toutes saisons, découvrez un Finistère original et insolite à l'occasion des séjours que nous vous proposons!

LE FINISTÈRE une région pittoresque et accueillante.

Penn Ar Bed. "La fin de la terre". C'est ainsi que l'on nommait autrefois l'extrême pointe de la Bretagne. Un pays à double visage, avec l'Armor — le pays de la mer, et l'Argoat — le pays des bois. Un pays où l'âme celte est encore présente : Le Finistère.

Son paysage est incomparable. Toute la côte, déchiquetée et dentelée, n'est qu'une succession de plages, de caps, d'anses, de criques, d'abers et d'îles avec çà et là de petits ports. L'ensemble représente plus de 600 kilomètres de côtes pour 200 plages de sable fin !

Le patrimoine historique et artistique du Finistère est riche, quant à lui, de menhirs et dolmens — à Brennilis, Camaret, Commana, Plouezoc'h, etc., et de nombreuses églises, chapelles, calvaires, fontaines et enclos paroissiaux — dont Guimiliau, Pleyben, Saint-Thégonnec et Sizun sont les plus renommés. Toute la région propose bien entendu de nombreuses activités sportives ou non : le yachting — avec une quarantaine d'Écoles de Voile et le fameux Centre Nautique des Glénans, le ski nautique, la pêche — en rivière, en mer et sous-marine, le golf — deux parcours : Fouesnant, 9 trous et le Golf d'Iroise, près de Brest, 18 trous, l'équitation — 16 clubs, le tennis, le ball-trap, le tir à l'arc, le canoë kayak, le char à voile, de nombreux circuits en voiture, en car, en bateau (mer, rivière et canaux bretons), des promenades avec le sentier de grande randonnée GR 34 "Tro Breiz" et enfin l'artisanat — initiation et nombreux stages de tissage, vannerie, sculpture, peinture sur soie, mosaïque, etc.

1 Quel était l'ancien nom de l'extrême pointe de la Bretagne?
2 Comment s'appelle cette région maintenant?
3 Comment est la côte bretonne?
4 Quels monuments préhistoriques trouve-t-on en grand nombre dans le Finistère?
5 Combien d'écoles de voile y a-t-il?
6 Quels genres de pêche peut-on pratiquer?
7 Qu'est-ce que c'est, le 'Tro Breiz'?
8 Quels stages d'artisanat sont cités dans cette brochure?

On écrit à un Syndicat d'Initiative

Write to the Syndicat d'Initiative at one of the following addresses:

74000 Annecy France	73000 Aix-les-Bains France
68000 Colmar France	74000 Chamonix France
25300 Pontarlier France	74000 Thonon-les-Bains France

Ask for a plan of the town, lists of hotels, guesthouses and 'gîtes', or campsites if you prefer. Then ask for information about what there is to see and do in the town and in the region. Ask about specific activities if you wish. Begin your letter with:

Monsieur/Madame,
    Je vous serais très reconnaissant(e) de bien vouloir m'envoyer . . .

End your letter with this equivalent of 'Yours faithfully':

Je vous prie d'agréer, monsieur/madame, l'expression de mes sentiments distingués.
                    Signature:

Don't forget to put *your* address and the date at the top right-hand side of the page, and the name and address of the particular Syndicat d'Initiative you are writing to at the top left-hand side of the page. You should receive the information you have requested, together with a covering note perhaps like this one which came from the Syndicat d'Initiative at Rouen:

1 What is the name of the building which houses the Office de Tourisme in Rouen?
2 How long did it take to build it?
3 Who was responsible for restoring it after 1952?
4 In the printed message, what hope is expressed?
5 What offer of further help is given?

LE «BUREAU DES FINANCES» ou «Hôtel des Généraux» a été construit de 1509 à 1540 sur l'ordre de Thomas Bohier, général des Finances de Normandie, par Roulland-le-Roux, architecte du grand portail de la cathédrale.
C'est le plus ancien monument de la Renaissance subsistant à Rouen.
Vendu comme bien national en 1793, il fut racheté en 1952 par la Ville de Rouen qui l'a fait restaurer pour y installer l'Office de Tourisme - Syndicat d'Initiative.

Madame
Nous sommes heureux de vous adresser ci-joint une documentation dans laquelle, nous l'espérons, vous trouverez les renseignements que vous recherchez.
Au cas où vous souhaiteriez des précisions complémentaires, nous sommes toujours à votre disposition, n'hésitez pas à nous les demander.
Veuillez agréer l'expression de nos sentiments distingués.

OFFICE DE TOURISME - SYNDICAT D'INITIATIVE
DE ROUEN ET DE SA REGION
25, place de la Cathédrale - 76000 ROUEN
B. P. 666 - 76008 ROUEN CEDEX
Tél. : (35) 71.41.77 - Telex : 770.940

Editions Rouen Offset - Fernandez

Au Syndicat d'Initiative à Pontarlier

Employée: Bonjour, monsieur. Je peux vous aider?

Touriste: Je viens d'arriver et je voudrais des dépliants, s'il vous plaît.

Employée: Alors, voilà: un dépliant sur les monuments et un autre sur les sites intéressants de la région.

Touriste: Vous avez une liste des campings?

Employée: Oui, en français, anglais ou allemand?

Touriste: En français, s'il vous plaît. Le Château de Joux est ouvert cet après-midi?

Employée: Oui, à partir de 14 heures.

Touriste: Et ça ferme à quelle heure?

Employée: A 18 heures 30.

Au Syndicat d'Initiative à Malbuisson

Touriste: Bonjour, monsieur. Je voudrais savoir si on peut pratiquer la planche à voile dans la région, et aussi l'équitation.

Employé: Mais oui; vous avez le Lac Saint-Point où il y a aussi une école de voile. Et dans les forêts il y a possibilité de faire des randonnées pédestres et à cheval. Il y a de nombreux sentiers balisés.

Touriste: Ça a l'air intéressant. Et est-ce qu'on peut faire de l'alpinisme ou de la spéléologie?

Employé: Les deux. Mais il faut avoir une assurance spéciale. Tenez, je vais vous donner nos brochures gratuites. Voilà: là vous trouverez tous les renseignements que vous cherchez, je pense.

Touriste: Merci bien, monsieur. Au revoir!

Bonne fête!

C'est l'anniversaire de mariage des parents. On vient de terminer le petit déjeuner.

Maman: Ecoute, chéri: il est déjà neuf heures, tu sais!

Papa: Oui, je pars tout de suite. Au revoir tout le monde!

Maman: Au revoir! N'oublie pas de passer à la boucherie et à la pâtisserie!

Pascal: Alors, qu'est-ce qu'il faut faire pour t'aider, maman?

Maman: Bien, d'abord, je vais m'occuper de la vaisselle. Tu veux essuyer, peut-être?

Pascal: Non, ce n'est pas la peine. J'aimerais mieux faire le salon. Qu'est-ce qu'il faut que je fasse?

Maman: Tu peux passer l'aspirateur, si tu veux, ranger un peu, épousseter; c'est tout.

Rachel: Et qu'est-ce que je peux faire, moi?

Maman: Tu peux aller chercher tous les draps et les mettre dans la machine à laver, puis les essorer.

Rachel: Et après? Je peux donner un coup de balai ici, peut-être, dans la cuisine?

Maman: Oui, c'est une bonne idée. Plus tard, je ferai le repassage . . . Mais il faut surtout penser au repas du soir. Vous m'aiderez tous les deux à faire la cuisine cet après-midi?

Pascal: Mais oui, bien sûr!

Rachel: Mmmm! J'adore la cuisine française! Qu'est-ce qu'on va manger?

Pascal: Tu verras!

Une boum

Michel fête son anniversaire; il fait des préparatifs avec sa sœur Thérèse.

Michel: Alors, tu es sûre que tu as invité Isabelle?

Thérèse: Mais oui! Elle a bien reçu l'invitation et elle m'a dit qu'elle venait, alors, ne t'inquiète pas!

Michel: Bon, on se met au travail? J'ai déjà préparé le salon, alors je peux t'aider.

Thérèse: Tu as préparé les disques et les cassettes? Et la stéréo marche bien?

Michel: Mais oui! . . . Il faut des boissons et des fromages, et des noix. Je vais en ville d'abord, d'accord? Tu n'as pas besoin de moi?

Thérèse: Non, pas pour le moment. Achète aussi des olives, veux-tu?

Michel: Et qu'est-ce que tu vas faire?

Thérèse: Je voudrais préparer des pizzas, une grande quiche lorraine, des petits gâteaux et une grande tarte aux pommes. Il faut aussi de la salade . . .

Michel: Je m'occuperai de la vinaigrette, si tu veux, et je ferai les pizzas.

Thérèse: D'accord. Je me demande si les parents passent de bonnes vacances?

Michel: Mais oui, bien sûr. Zut! Il faut penser aux assiettes et aux couteaux et fourchettes . . .

Thérèse: Et aux verres aussi. Il y a beaucoup à faire!

As-tu compris?

A Pontarlier

1 Has the tourist been in Pontarlier long?
2 What leaflets is he given?
3 What are the opening hours of the Château de Joux that afternoon?

A Malbuisson

1 What sports does the tourist ask about?
2 Are there bridle paths through the forests or only footpaths?
3 What is the tourist given?

Bonne Fête!

1 Which two shops will father be calling at during the day?
2 What part of the preparations does Pascal undertake to do?
3 What is Rachel told she can do to help?
4 What else does she suggest she might do to help?
5 What will everyone help with in the afternoon?

Une boum

1 What is Michel anxious about?
2 What will he buy in town?
3 What cooking does Thérèse intend to do?
4 What two items does Michel volunteer to prepare?
5 What else has to be thought about?

Pour préparer une salade à la vinaigrette

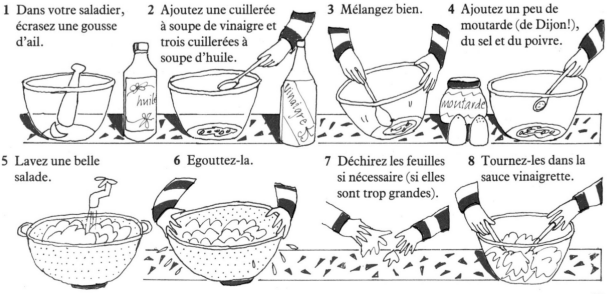

1 Dans votre saladier, écrasez une gousse d'ail.

2 Ajoutez une cuillerée à soupe de vinaigre et trois cuillerées à soupe d'huile.

3 Mélangez bien.

4 Ajoutez un peu de moutarde (de Dijon!), du sel et du poivre.

5 Lavez une belle salade.

6 Egouttez-la.

7 Déchirez les feuilles si nécessaire (si elles sont trop grandes).

8 Tournez-les dans la sauce vinaigrette.

Role-play

At the Tourist Office

—Bonjour, monsieur/mademoiselle. Je peux vous aider?

Say that you have just arrived here and would like a plan of the town.

—Voilà. Je peux vous donner un dépliant aussi, mais en français. Vous auriez peut-être préféré en anglais?

Say no; that doesn't matter.

—Alors, voilà. C'est tout?

Say no, and ask for some information on long-distance footpaths in the area, and on coach excursions.

—Bien, voilà une carte de tous les sentiers balisés dans la région; et pour les excursions en car, il faut aller au bureau des cars Amco.

Ask where that office is.

—C'est en face de la gare routière.

Say thank you and goodbye.

Preparing for a picnic

—Tu as vu? Il fait un temps splendide!

Ask what you are going to do today.

—On va faire un pique-nique.

Say that you like picnics very much. Ask where you are going to.

—On va au Glacier des Bossons. C'est au pied du Mont Blanc.

Offer to help with the preparations.

—Oui, bien sûr. Tu peux préparer les sandwiches, si tu veux.

Say yes, you will. Ask what must be prepared in the way of drinks.

—Rien. C'est déjà fait.

Ask if you are taking some fruit as well.

—Oui, on prend des cerises et des abricots. Tu aimes les abricots?

Say that you don't know but will try them.

Preparing for guests

—Les Lyonnais arrivent vers cinq heures. Alors, au travail!

Ask what must be done.

—Beaucoup de choses! Tu peux ranger le salon, si tu veux.

Say that you will do so, and ask if you can put on a record.

—Mais oui! Fais comme chez toi!

Ask if you can lay the table afterwards.

—C'est gentil! Oui—tu prends la vaisselle et les verres dans le grand placard.

Ask if the family from Lyon often call in like this.

—Oh oui, surtout depuis la mort de mon oncle. Ma tante aime beaucoup venir nous voir avec mes cousins.

Ask when the uncle died.

—Il y a deux ans . . . Zut! J'ai oublié de sortir les pizzas du congélateur! Que je suis bête!

Conversation

Qu'est-ce que tu fais pour aider à la maison?

Tu aimes faire le ménage?
Tu ranges ta chambre, le salon et la salle à manger?
Est-ce que tu mets la table?
Tu la débarrasses?
Tu fais la cuisine?
Qu'est-ce que tu aimes cuisiner?
Qu'est-ce que tu as préparé récemment?

Tu fais la vaisselle?
Tu préfères laver ou essuyer?
Tu passes l'aspirateur?
Tu époussettes?
Tu balaies?
Tu récures?
Tu nettoies les vitres?
Tu fais les lits?
Tu fais la lessive?
Avez-vous une machine à laver à la maison?
Avez-vous une essoreuse, un frigidaire et un congélateur?
Tu fais le repassage?
Tu épluches les légumes?

Tu travailles dans le jardin?
Tu tonds la pelouse?
Tu arraches les mauvaises herbes?
Tu laves la voiture?
Tu cires les chaussures?

Quand tu organises une boum chez toi:

Qui est-ce que tu invites?
Tu leur téléphones pour les inviter?
Qu'est-ce que tu achètes à manger et à boire?
Qu'est-ce que tu cuisines?
Qui t'aide à faire les préparatifs?
Est-ce que tu as des disques et des cassettes?
As-tu une stéréo?
Est-ce que tes amis apportent des disques?
Vous dansez sur des disques ou sur de la musique à la radio?
Que font tes parents pendant la boum?
A quelle heure est-ce que tes invités arrivent et partent?
Est-ce que tu organises souvent une boum chez toi?

As-tu jamais été à un mariage?

Où est-ce que la cérémonie a eu lieu?
C'était en quelle année?
Quel âge avais-tu?
Combien de demoiselles d'honneur y avait-il?
Qu'est-ce qu'elles portaient?
Fais la description de la mariée et de son mari.
A-t-on pris des photos?
Y avait-il un photographe officiel?
Est-ce qu'il y a eu un repas de noces après?
Est-ce qu'on a dansé? Jusqu'à quelle heure?
Où est-ce que le couple est allé pour son voyage de noces/sa lune de miel?

Jeu de mémoire

Tu te rappelles?

Explique en français si possible, autrement en anglais, la différence entre:
    un épicéa et un épicier
    une roulotte et une roulette
    un stage et un étage
    un poisson et une boisson
    une niche et une quiche
    une noix et une voix
    une salade et un malade
    équestre et pédestre
    essayer et essorer
    une chaussure et une chaussette

On se lie d'amitié

How would you ask a French friend the following, in French?

1 Do you often have a party at home?
2 What do your parents do during the party?
3 What do you eat and drink?
4 Have you got a stereo?
5 How many records and cassettes have you got?
6 Have you got a girlfriend/boyfriend?
7 What is he/she like?
8 What do you do to help at home?
9 Do you like English cooking?
10 Where were you born?

Attentat!

Anne-Lise, terroriste extraordinaire

L'interrogatoire

En silence, j'ai suivi le directeur du CES* jusqu'à son bureau, où un agent de police m'attendait. Je l'avais vu traverser la cour lorsque j'avais jeté un regard par la fenêtre. J'avais cru qu'il était venu à cause d'un élève qui aurait volé quelque chose. Qu'il était venu pour m'interroger, moi, Anne-Lise, à Saint-Pol-de-Léon depuis quelques semaines seulement comme surveillante, ne m'était pas venu à l'idée!
— Mademoiselle, a dit le gendarme d'un air très sérieux, vous avez sans doute lu dans le journal qu'il y a eu un attentat dimanche dernier au bâtiment de l'EDF* à côté de cette école. On vous a vue vers deux heures du matin près de l'endroit où on avait mis la bombe. Pouvez-vous me dire exactement ce que vous faisiez?
Ah bon! On croyait que j'étais terroriste! Je n'osais pas rire devant l'agent de police, mais ce qu'il suggérait était franchement ridicule ...

Avec des copines

Samedi soir, j'étais sortie avec une copine à moi qui s'appelle Gwenn et qui habite Saint-Pol-de-Léon. Nous étions allées à Morlaix avec une autre amie qui avait une voiture. A Morlaix, une ville à une trentaine de kilomètres de Saint-Pol, nous avions passé la soirée en boîte, où nous avions dansé, bavardé et bu un peu de vin. Vers deux heures du matin, nous étions rentrées à Saint-Pol. Il avait fallu passer au CES où j'habitais et travaillais, pour me permettre de chercher mes affaires pour la nuit, puisqu'on avait décidé de passer la nuit chez Gwenn, dont l'appartement était en pleine ville, au-dessus d'une poissonnerie. J'avais enjambé la grille fermée à clé du CES; j'avais couru (parce qu'il faisait nuit et que j'avais peur) jusqu'à la porte de ma chambre. Pendant ce temps-là, mes copines m'attendaient dans la voiture. Après avoir trouvé tout ce dont j'avais besoin: chemise de nuit, brosse à dents, etc., j'avais rejoint mes copines dans la voiture, et on était parti passer la nuit chez Gwenn.

Un voisin soupçonneux

Quand j'ai fini de raconter tout ça à l'agent de police, il m'a expliqué qu'un voisin avait été réveillé par le bruit d'une voiture, qu'il avait vu quelqu'un enjamber la grille du CES et entrer dans un bâtiment quelconque, ce qu'il avait trouvé très bizarre. Soupçonneux, il avait noté le numéro d'immatriculation de la voiture. Lundi soir, il avait lu l'article dans le journal sur l'attentat près du CES et il s'était dit qu'il avait peut-être vu les terroristes. Il avait donc contacté la police!

*CES: Collège d'Enseignement Secondaire
*EDF: Electricité de France

Find the French for

I had looked through the window.
That he had come to question *me* had not occurred to me!
There was a terrorist attack last Sunday.
I didn't dare to laugh.
a friend of mine
right in the middle of town, over a fish shop
I had climbed over the locked gate.
everything that I needed
some building or other
very odd
the registration number

Répondez en français

L'interrogatoire

1 Depuis combien de temps est-ce qu'Anne-Lise était à Saint-Pol quand cet incident a eu lieu?
2 Où est-ce que l'agent de police l'a interrogée?
3 Pourquoi voulait-il l'interroger? Que croyait-il?
4 Quel bâtiment se trouve à côté du CES?
5 Qu'est-ce qu'on avait mis près de ce bâtiment?

Avec des copines

1 Où étaient-elles allées samedi soir, Anne-Lise et ses copines?
2 Quelle est la distance entre Morlaix et Saint-Pol?
3 Comment étaient-elles arrivées à Morlaix?
4 Qu'est-ce qu'elles y avaient fait?

5 Pourquoi est-ce qu'Anne-Lise avait enjambé la grille du CES?
6 Pourquoi avait-elle *couru* à sa chambre?

Un voisin soupçonneux

1 Pourquoi le voisin s'était-il réveillé dans la nuit de samedi à dimanche?
2 Est-ce qu'il trouvait normal de voir une jeune fille enjamber la grille et entrer dans le CES?
3 Pourquoi avait-il noté le numéro d'immatriculation de la voiture?
4 Quel article avait-il lu, lundi soir?
5 Qu'est-ce qu'il en avait conclu?
6 Avait-il raison?

Un vol

Raconte ce qui s'est passé jeudi dernier, l'anniversaire de Marius.

Listening comprehension

Première partie

Monsieur Quintallet et Marie-Pierre

1 How long ago did Marie-Pierre go to her cousin's wedding?
2 Which took place first, the ceremony at the Town Hall or the one at the church?
3 What had been organized for the reception?
4 How many guests were there?
5 Where did the couple go for their honeymoon?
6 What was the bride's wedding dress like?
7 Find the French for: numerous guests
                            honeymoon
                            a blue suit

Deuxième partie

1 What does Emeric do to help at home?
2 What does Bertrand do to help in the house?
3 He says that they have 'un tas de machines'. Which ones does he name?
4 Why does he have to mow the lawn?
5 What does Virginie have to do to help at home?
6 What does she say that indicates that she expects to have to help?

Grammar section

The pluperfect tense

This tense states what *had* happened. Like the perfect, it is made up of two parts, the past participle and the auxiliary verb. For the pluperfect, the auxiliary verb is in the *imperfect* tense.

Examples:

j'avais fini	nous avions fini
tu avais fini	vous aviez fini
il avait fini	ils avaient fini

j'étais parti(e)	nous étions parti(e)s
tu étais parti(e)	vous étiez parti(e)(s)
il était parti	ils étaient partis
elle était partie	elles étaient parties

je m'étais levé(e)	nous nous étions levé(e)s
tu t'étais levé(e)	vous vous étiez levé(e)(s)
il s'était levé	ils s'étaient levés
elle s'était levée	elles s'étaient levées

Examples of the pluperfect in use:

Quand je suis descendu dans la cuisine ce matin, mon frère était déjà parti.
Le cours avait déjà commencé quand Liliane est arrivée.
Nous nous étions dépêchés, mais le train était déjà parti.
Ils avaient décidé de partir tôt le lendemain matin.
Vous aviez prévu de passer la nuit au Mans?

Qu'est-ce qui s'était déjà passé?

1 Chaque jour, papa se lève à 7h 30; mon frère part pour son travail à 7h 50; et le facteur passe vers 8h.
Alors, ce matin, quand je me suis levé à 8h 15, papa . . .
mon frère . . .
le facteur . . .
2 Chaque soir, on regarde la télé pendant au moins deux heures; ma grand'mère téléphone vers 9h; je fais mes devoirs, et mon frère rentre vers 10h.
Alors, lundi soir, quand je me suis couché à 11h, on . . .
ma grand'mère . . .
j' . . .
mon frère . . .
3 Samedi dernier, on a fêté les fiançailles de ma sœur aînée avec Bruno. Voici ce qu'il avait fallu faire comme préparatifs:
     laver et repasser la belle nappe
     préparer beaucoup de choses à manger
     acheter du champagne
     ranger le salon
     mettre la table
Qu'est-ce qu'on avait fait donc, avant l'arrivée des invités?
4 Imagine que toi aussi, tu es venu(e) à la fête chez nous. Qu'est-ce que tu avais fait avant de quitter ta maison?

Special negatives

ne . . . aucun(e)	none whatsoever
ne . . . guère	hardly
ne . . . jamais	never
ne . . . ni . . . ni	neither . . . nor
ne . . . personne	nobody
ne . . . plus	no more, no longer
ne . . . point	not (emphatic)
ne . . . que	only
ne . . . rien	nothing

A toi!

For each sentence, match up the first part with its
second part (given in the box below):

Je n'aime point les araignées!
Sans mes lunettes,
Nos cousins sont allés vivre dans le Midi,
Je peux te téléphoner, si tu veux?
Je ne suis jamais allé
Je n'ai rencontré
Il ne me reste que
Les billets ne seront
Pourquoi n'est-il pas venu à la boum?

> ni échangés ni remboursés.
> Je les déteste!
> Oh, ce n'est guère la peine.
> alors, on ne les voit plus.
> personne.
> Je n'ai aucune idée!
> en Norvège.
> je ne vois rien!
> cinq francs.

The passive

How to recognize it

The passive states the action 'suffered' by the
subject of the verb. You will recognize a complete
tense of the verb **être** followed by a past participle,
which agrees like an adjective.
Examples:
Cette lettre **a été** *écrite* par une femme.
Anne-Lise **a été** *appelée* au bureau du directeur.
La jeune fille **sera** *opérée* demain matin.
Les soldats **avaient été** *tués* au début de la bataille.
Le voisin **avait été** *réveillé* à deux heures du matin.
Les spéléologues **ont été** *accueillis* par leurs
camarades.
Les maisons **seront** *inondées* s'il continue à pleuvoir
comme ça.

Avoidance of the passive

The passive is frequently avoided by changing the
whole construction and using '**on**'.
Examples:
On vend le pain à la boulangerie.
On a conquis la Belgique, puis la France.
On avait vite oublié le désastre.
On attaquera la ville à minuit.
On ne fait pas cela!

Less frequently, the passive is avoided by using a
reflexive verb.
Examples:
Les gâteaux se vendent à la pâtisserie.
Les portes se fermeront à onze heures.
Ces choses-là ne se font pas!
Cela ne se fait pas!
Les meilleurs vins rouges se trouvent en
Bourgogne.
Les pommes se cueillent en automne.
Ça se voit, que tu es fatigué!
Pierre est amoureux de toi? Ça se peut!

Are you intrepid?

If so, try this short exercise!
Change the construction of the following sentences
from passive to active by using '**on**':

1 La bombe avait été mise au pied du mur.
2 Les repas sont préparés au sous-sol.
3 La maison sera vendue l'an prochain.
4 Les invitations ont été envoyées il y a quinze
   jours.
5 Cette comédienne était beaucoup admirée.
6 Le petit déjeuner est servi dans les chambres.

Unit 5

The Christmas holidays
Beginning and ending a letter to a
   French friend
At the post office
At the bank

Sonia écrit à Lesley

Salut Lesley,

Je te remercie pour ta lettre, qui m'a fait très plaisir. Je suis très heureuse que tu sois en bonne santé ainsi que ta famille. Pour moi tout va bien, car les vacances se font proches et Noël arrive. Je ne sais pas si Noël en Angleterre se déroule comme en France. Ici, nous préparons la veillée du 24 décembre, c'est-à-dire que nous préparons le repas. Le repas typique est :
- foie gras ou queue de langoustes
- escargot
- salade
- huitres
- fromage
- dinde aux marrons
- bûche de Noël
- jardinière de légume

La veillée se passe souvent en famille (oncles, grands-parents...) dans la joie et la bonne humeur. Minuit passé, les plus petits vont se coucher et les cadeaux sont distribués. Pour les grands, le repas continue tard dans la matinée en dansant, chantant, racontant des histoires ou leurs souvenirs. Ceci dure jusqu'au matin du 25 décembre. Le midi, on se retrouve encore en famille et la fête continue toute la journée. Le matin, les petits vont chercher leurs cadeaux et leurs chocolats sous le sapin de Noël.

Nos vacances de Noël durent 15 jours. Et toi? Comment se déroule Noël en Angleterre? Pendant le reste des vacances, j'irai au ski dans les Alpes avec un groupe de jeunes. Est-ce qu'il y a des stations de ski en Angleterre? Que feras-tu le reste des vacances?

À part cela, le premier trimestre à l'école a été bon. J'espère que pour toi il en est de même.

Je te quitte car je vais à Dijon pour des achats de Noël et des préparatifs.

Grosses Bises,

Sonia.

la bûche log	se faire proche to get near	la jardinière de	la queue tail
c'est-à-dire that's to say	le foie gras goose liver	légumes mixed	le souvenir memory
se dérouler to happen	paté	vegetables	le trimestre term
la dinde turkey	l'huître (f) oyster	la langouste lobster	la veillée all-night
l'escargot (m) snail	l'humeur (f) mood	le marron chestnut	festivities

Vrai ou faux?

1 Les vacances de Noël ont déjà commencé pour Sonia.
2 En France, on mange très tard le soir du 24 décembre.
3 Le menu typique est très long.
4 Tout le monde se couche vers minuit et demi.
5 La fête continue toute la journée du 25.
6 Les enfants trouvent leurs cadeaux au chevet du lit.
7 Sonia ne rentre à l'école que le 15 janvier.
8 Après Noël, elle va faire du ski avec un groupe de jeunes.
9 Elle est contente de son premier trimestre à l'école.
10 A la fin de sa lettre, elle souhaite un joyeux Noël à Lesley.

Réponds en français

1 Pourquoi est-ce que Sonia est contente?
2 Qu'est-ce que sa famille est en train de préparer?
3 Qu'est-ce qu'ils mangeront, le soir du 24 décembre?
4 Qui sera là?
5 Est-ce que l'ambiance sera froide?
6 A quelle heure est-ce les enfants se coucheront?
7 Que feront les plus grands après?
8 A quel moment est-ce que les petits iront chercher leurs cadeaux?
9 Où est-ce qu'on met les cadeaux des enfants, en général, en France?
   Et en Angleterre?
10 Combien de vacances Sonia aura-t-elle?
11 Que fera-t-elle après Noël?
12 Qu'est-ce que Sonia fera, après avoir écrit sa lettre?

Le Christ est né

Voici un extrait de la Bible, l'Evangile selon Saint Luc, chapitre ii:

10 Mais l'ange leur dit: Ne craignez point: car je vous annonce une bonne nouvelle, qui sera pour tout le peuple le sujet d'une grande joie:
11 c'est qu'aujourd'hui, dans la ville de David, il vous est né un Sauveur, qui est le Christ, le Seigneur.
12 Et voici à quel signe vous le reconnaîtrez: vous trouverez un enfant emmaillotté et couché dans une crèche.
13 Et soudain il se joignit à l'ange une multitude de l'armée céleste, louant Dieu et disant:
14 Gloire à Dieu au plus haut des cieux, et paix sur la terre aux hommes qu'il aime.

Find the French for

Do not be afraid!
A deliverer has been born to you
You will find a baby all wrapped up and lying in a manger
Glory to God
Peace on earth

Conversation

Comment se déroule Noël chez toi?

Quels préparatifs fais-tu pour cette fête?
Est-ce que, chez toi, il y a un sapin décoré de bougies, de guirlandes argentées et de babioles?
Est-ce qu'on met des guirlandes d'ampoules?
Où est-ce que tu mets des objets décoratifs: au mur, sur la cheminée, suspendus au plafond?
Est-ce que tu prépares une bûche de Noël?
Est-ce qu'il y a une crèche avec des santons chez toi?
Est-ce qu'on met du houx et du gui un peu partout chez toi?

Est-ce que tu reçois beaucoup de cartes de Noël, en général?
Tu reçois beaucoup de cadeaux?
Est-ce que tu reçois toujours des jouets?
A qui est-ce que tu offres un cadeau?
Tu mets beaucoup de temps à emballer les cadeaux que tu offres?

Que fais-tu le soir de Noël?
Vas-tu à l'église, à la Messe de Minuit?
Est-ce que tu manges un grand repas vers minuit?
As-tu un petit frère ou une petite sœur qui croit toujours que le Père Noël vient la nuit, par la cheminée?
A quelle heure est-ce que tu te lèves le matin du Jour de Noël?
Que fais-tu pendant la matinée?
Où passes-tu le Jour de Noël, en général?
Que manges-tu à midi?
Qu'est-ce que tu bois?
Est-ce que tes grands-parents, oncles, tantes, cousins et cousines sont tous invités?

Est-ce que vous avez des papillotes à pétard?
Que fais-tu l'après-midi et le soir?
L'ambiance est froide ou chaleureuse?
Vous faites des jeux?

Que feras-tu le reste des vacances?

Resteras-tu à la maison?
Feras-tu des révisions?
Tu dormiras beaucoup?
Feras-tu des promenades dans la neige?
Est-ce que tu feras de la luge, du ski ou du patinage?
A la Saint-Sylvestre, tu feras le réveillon?
A minuit, chez toi, qu'est-ce qui se passera?
Vous vous embrasserez?
Vous vous souhaiterez 'Bonne Année'?
Vous mangerez et boirez?
Vous danserez?
Vous tirerez des feux d'artifice dans le jardin, comme on fait en Alsace?
Que feras-tu le Jour de l'An?
Quel jour retourneras-tu au collège?

Ta réponse à Sonia

Maintenant, écris ta réponse à la lettre de Sonia. N'oublie pas de répondre à toutes les questions qu'elle pose! Dis-lui:
    combien de vacances tu as à Noël
    comment se déroule Noël en Angleterre
    s'il y a des stations de ski en Angleterre
    ce que tu feras pendant le reste des vacances
Termine ta lettre en lui souhaitant 'Joyeux Noël'.

J'écris à mon ami(e)

Zut! Qu'est-ce que je peux mettre?

Voici des phrases tirées de lettres écrites par des jeunes français:

Pour commencer:

Je profite d'une après-midi libre pour te répondre. Ta dernière lettre m'a réellement fait plaisir. Je m'excuse de ne pas t'avoir écrit avant, mais

Je te remercie beaucoup de ta lettre. C'est très gentil de ta part de m'avoir répondu si rapidement.
J'ai reçu ce matin ta gentille lettre qui m'a fait très plaisir.
Je profite d'un instant de repos pour t'envoyer cette lettre.
Tout d'abord, je tiens à te remercier pour le cadeau que tu m'as envoyé.
J'ai été heureux de recevoir de tes nouvelles et j'espère que tu vas bien.
Je profite d'une après-midi de libre pour te répondre.
J'ai reçu ta lettre avec plaisir et j'espère qu'on correspondra longtemps ensemble.
J'ai eu l'agréable surprise de trouver ta carte dans ma boîte aux lettres ce matin.
Je te remercie de ta lettre reçue il y a deux jours.
Je t'écris avec un peu de retard. J'espère que tu m'excuseras.

Which beginning mentions:

1 taking advantage of a breathing-space?
2 the hope that the correspondence will last a long while?
3 thanks for a present?
4 appreciation of a particularly quick reply?
5 a pleasant surprise on receiving a card?
6 delay in writing?

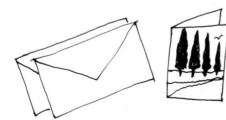

Pour terminer:

*Bon voilà, je te laisse
Au revoir, à bientôt*

Nadine

Je te quitte en te souhaitant un joyeux Noël.
Je te quitte en espérant avoir bientôt une réponse.
Ne voyant plus rien à te dire, je termine ma lettre.
En pensant à toute la famille.
Voilà. En attendant de tes nouvelles, je t'adresse mes sincères amitiés, ainsi qu'à tes parents.

Amitiés! Ecris-moi vite. J'attends ta réponse avec impatience.
Je te laisse. Amitiés à ta famille, Amicalement.
Donne le bonjour de ma part à toute la famille.
Je te quitte et espère avoir bientôt de tes nouvelles.
J'espère que toute la famille va bien. Grosses bises.
Je te quitte car je dois aller me coucher.
Il faut que je te laisse maintenant parce que j'ai beaucoup de travail à faire.
Je vais maintenant te quitter—je dois terminer mes devoirs.
Je te souhaite de bonnes vacances. Salut!

Identify the present participle in each of the first five endings.
In the other nine endings, find the French for:

1 Best wishes.
2 Give my greetings to all the family.
3 I'll leave you now—I must finish my homework.
4 I hope that everyone is well.
5 Write quickly!
6 Love and kisses.
7 I hope to hear from you soon.

Note that
(i) you should sign off your letter with your first name, without including a translation of the word 'from'.
(ii) the safest and briefest ending to use is 'Amitiés'.

🌐 Dialogues

Chez le correspondant

C'est le troisième jour du séjour, vers midi.
François: Hé! Michael! Où es-tu?
Michael: Je suis en haut, dans ma chambre.
François: Descends vite!
Michael: Pourquoi? C'est très confortable ici. Je suis bien! J'écris des lettres!
François: Justement! Le facteur vient de passer—il y a du courrier pour toi!
Michael: Ah bon, j'arrive . . . Trois lettres! Pas possible!
François: Tu vois, tu manques à ta famille! Tiens, maman dit que tu peux prendre un bain tout de suite, si tu veux.
Michael: Oui, je veux bien, mais ma serviette est toute mouillée. Je peux en emprunter une?
François: Mais oui, bien sûr. Je vais la chercher.
Michael: Cet après-midi, je voudrais bien aller en ville; j'ai besoin de timbres. Il faut que j'aille à la banque aussi. On peut y aller?
François: Oui; on peut prendre le car de deux heures.

A la poste

Michael: Bonjour, madame. C'est combien, une lettre pour l'Angleterre?
Employée: 2 francs 50.
Michael: Alors, donnez-moi six timbres à 2 francs 50, s'il vous plaît.
Employée: Voilà: ça fait 15 francs en tout.
Michael: Voilà un billet de 50.
Employée: Merci. Et voilà 35 francs.
Michael: Vous vous êtes trompée, madame. Vous m'avez rendu seulement 30 francs. Il me manque 5 francs.
Employée: Oh, excusez-moi! Vous avez raison.

A la banque

Michael: Monsieur, je voudrais changer 20 livres sterling en argent français.
Employé: Des billets de banque?
Michael: Non, un chèque de voyage.
Employé: Et vous avez votre passeport?
Michael: Oui, le voilà.
Employé: Merci . . . Signez là, s'il vous plaît . . .
Michael: Quel est le cours du change aujourd'hui?
Employé: Aujourd'hui, la livre est à 11 francs. Voulez-vous passer à la caisse à gauche.

As-tu compris?

Chez le correspondant

1 Where is Michael?
2 Why is he reluctant to go downstairs?
3 According to François, who is missing Michael?
4 What does Michael ask to borrow?
5 Why does he need to go to town?
6 How will the boys get there?

A la poste

1 What does Michael ask?
2 How much does he pay in all?
3 How much change does he receive at first?
4 What does he point out to the counter-assistant?
5 Does she agree with him?

A la banque

1 What does Michael want to change?
2 What is the rate of exchange?
3 Where is the cash desk?

Role-play

En famille

Ask if you can go to town this afternoon.
—Mais oui! Qu'est-ce que tu veux faire?
Say that you need some stamps and some envelopes.
—Oh! Les magasins sont fermés cet après-midi. On pourra y aller demain matin. Ça ira?
Say that that will be all right as you still have three letters and two postcards to write.

At the post office

Ask how much it is to send a letter to England.
—2 francs 50.
Say that it is very expensive and ask how much it is for a postcard.
—2 francs 10.
Ask to be given four stamps at 2 francs 50 and ten at 2 francs 10.
—Voilà: ça fait 31 francs en tout.
Ask if a 100-franc note is acceptable.
—Mais oui, bien sûr. Voilà: 69 francs.
Say that you think there are 10 francs missing from your change.
—Attendez: 31, 33, 35, 40, 50, et 50 font 100.
   Non, c'est bien ça.
Offer your apologies!

At the bank

Say that you would like to change some English money, and ask what the exchange rate is.
—Aujourd'hui, la livre est à 11 francs 20.
Say that you would like to change one £10 traveller's cheque.
—Vous avez votre passeport?
Say that you have forgotten it; offer to fetch it and return in half an hour.
—Malheureusement, la banque ferme dans dix minutes.
Say that, in that case, you will come back tomorrow.

Noël en Bretagne

Voici un extrait d'une lettre de Roseline:

...Cette année encore, je vais passer le réveillon chez mon oncle et ma tante. J'apprécie beaucoup les vacances de Noël chez eux; l'ambiance y est très chaleureuse et je m'y amuse beaucoup.

   Hier, je suis allée chercher ma mère à son bureau; nous sommes allées en ville faire des petites courses. Il faisait presque nuit et les vitrines de chaque magasin étaient illuminées de guirlandes et de plusieurs objets décoratifs. Derrière la vitrine d'une boutique, un clown articulé jonglait; devant gisaient un gros nounours et une belle poupée en robe de dentelles. C'était très amusant; on aurait facilement imaginé que tous ces personnages s'animeraient le soir lorsque le magasin serait fermé, comme dans les contes de fées. Sur la grand'place était élevé un grand sapin, illuminé de guirlandes. Le ciel aussi était illuminé; en effet, des guirlandes d'ampoules éclairaient les rues. C'était très beau. Ce que j'aime en période de Noël, c'est cette ambiance chaude. Le soir de Noël, c'est surtout le repas que j'apprécie.

Réponds en français

1 Où est-ce que Roseline passe les vacances de Noël en général?
2 Pourquoi est-elle contente d'être chez eux?
3 Comment sait-on que la mère de Roseline travaille?
4 Où sont-elles allées hier, toutes les deux?
5 Est-ce qu'elles y sont allées à midi?
6 Quels jouets voyait-on dans la vitrine que décrit Roseline?
7 Dans quel genre d'histoires est-ce que les jouets s'animent lorsque les êtres humains sont couchés?
8 Qu'est-ce qu'il y avait sur la place principale?
9 Qu'est-ce qui illuminait le ciel et les rues?
10 Qu'est-ce que Roseline aime bien à Noël, à part l'ambiance chaude?

On se lie d'amitié

How would you ask a French friend the following, in French:

1 What happens at Christmas at your house?
2 Do you go to Midnight Mass?
3 What do you eat?
4 What time do you get up on Christmas morning?
5 Where do you spend Christmas Day?
6 What happens on New Year's Eve at your house?
7 What do you do on New Year's Day?
8 How much holiday do you have at Christmas?
9 Do you do any winter sports?
10 Are there many ski resorts in France?

🌐 Listening comprehension

Première partie

Madame Coppeaux et Laurent

1 What do Laurent and his family do during the day on Christmas Eve?
2 What do they do in the evening?
3 When do they unwrap their presents?
4 What do they do on Christmas morning?
5 What do they eat and drink at midday?

Deuxième partie

Madame Coppeaux et Virginie

1 Who is invited to the family Christmas at Virginie's house?
2 Why does Madame Coppeaux say: 'J'admire ta maman!'?
3 What does the family do during Christmas night at these times:
   about nine or ten o'clock
   about eleven o'clock
   towards midnight
   just after 2 a.m.
4 Who usually gets up first and why?
5 What does the family eat for Christmas dinner?
6 Find the French for:
   Uncles and aunts, you mean?
   How many people does that make in the house?
   The same thing as Laurent?
   And nobody is ill after all that?!

Mots croisés

Joyeux Noël!

Horizontalement

1 Un objet décoratif (7)
2 Bien enveloppé de vêtements (11)
3 D'où les Rois Mages sont venus (6)
4 On la mange avec des marrons (5)
5 Celui qui descend par la cheminée (4,4)
6 On la mange comme dessert (5,2,4)
7 L'arbre traditionnel (5,2,4)
8 Elle est blanche et douce (5)
9 Elle a lieu très tard à l'église (5,2,6)
10 Un cordon ornemental (9)
11 On en mange à Noël et à Pâques aussi (8)
12 On en donne et on en reçoit à Noël (7)
13 Petit lit pour un bébé (6)

Verticalement

Ce qu'a dit l'armée céleste (6,1,4,2,4,3,2,5)

Solution à la page 206.

Les Neiges

Richesses de France: La Haute-Savoie

Le plus beau cadeau de la Haute-Savoie à ses visiteurs, je crois bien que ce sont ses neiges, ce no man's land . . . A partir d'octobre, cette tache lunaire s'élargit peu à peu, avale successivement les hauts alpages, les torrents, les forêts, les hameaux, se glisse enfin insidieusement jusqu'au fond des vallées. Rien ne résiste à cette marée de silence et de douce lumière.

Jadis, cette arrivée de la neige, c'était comme une espèce de malédiction saisonnière. Bien sûr, on savait qu'elle avait son utilité, qu'elle protégeait les plantes et les bêtes contre les rigueurs de l'hiver. Mais elle apportait aussi avec elle obstacle, gêne, parfois la misère et la mort; et les bonnes gens ne l'aimaient pas.

C'était un temps dur où, pendant des mois, les montagnards demeuraient pratiquement isolés de tout le reste du monde. On se déplaçait à peine. On soignait les bêtes. On regardait tomber la neige. On prenait patience . . . On disait: voilà le soleil qui recommence à tourner le coin . . . Ce matin la source est dégelée . . . Bientôt ça va fondre en bas. Et après, c'est notre tour. Ainsi des siècles, une longue file de siècles.

Puis, soudain, coup de baguette magique! Des 'Messieurs' apportent du Nord des instruments bizarres que les vieux regardent avec méfiance. Ce sont des skis. C'était le don d'une bonne fée. Des skis! Voilà que le facteur allait faire sa tournée à moindre fatigue, que le médecin pourrait monter jusqu'au plus haut pour visiter les malades, qu'on pourrait bouger, rire, qu'on n'était plus des enlisés pendant cinq mois.

Aussi, voilà les gens d'en-bas, les gens des villes, qui commençaient à venir en pleine 'mauvaise saison'! Ce qui ne s'était jamais vu, de mémoire d'homme. Pas nombreux d'abord, deux, trois, des passionnés, avec d'énormes sacs. Tout le village s'assemblait pour les voir chausser leurs skis; et les vieux hochaient la tête derrière les rideaux. Mais déjà les gamins se fabriquaient secrètement des 'planches', et déjà, dans la pente derrière l'école, de futurs champions essayaient leur premier 'christiania'.

Samivel: *Richesses de France*

Answer in English

1 What parts of the landscape are successively swallowed up as the snow extends down into the valleys each winter?
2 People always realized that the snows had advantages. What were those advantages?
3 What difficulties had the snow always brought too?
4 What sort of life did the mountain folk live, isolated by the snow?
5 What were the first signs of the end of winter?
6 What 'wave of a magic wand' happened to alter the centuries-old winter way of life?
7 Who were the 'Messieurs du Nord', do you think? (Which language does 'ski' come from?)
8 What immediate practical results did the introduction of skis have?
9 How did the 'mauvaise saison' gradually change and the development towards commercial exploitation of the snow begin?
10 How did the older generation react? And the youngsters?

En Savoie

Tourisme Estival et Hivernal: Le Val d'Arly

EQUIPEMENT TOURISTIQUE

La succession de vallons, plateaux et combes a fait naître un habitat dispersé, émaillant de chalets la montagne de moyenne altitude et lui donnant un aspect riant et accueillant dans un cadre contrasté de prairies, forêts, alpages, rocs et rivières, couronnés par la chaîne du Mont-Blanc.

En hiver, un micro-climat assure au Val d'Arly un enneigement abondant de début Décembre à fin Avril : plus de 1.000 hectares du domaine skiable sont équipés, entre 1.000 et 2.000 d'altitude : 3 télésièges (hiver et été), et 30 téléskis, 70 moniteurs. Le Val d'Arly dispose de 2 patinoires naturelles, courts de tennis, golfs miniatures, terrains de jeux et de sports. A Ugine, une piscine et un centre de plein air.

L'hébergement compte 7.000 lits dont 2.000 en hôtels et 5.000 en meublés, répartis en deux stations classées : Flumet jumelé avec Praz-sur-Arly et St-Nicolas-la-Chapelle, et l'ensemble N.-D. de Bellecombe - Crest-Voland.

3 centres de villégiature et de ski : La Giettaz, Le Cernix (Cohennoz) et Héry-sur-Ugine.

Situé au confluent de l'Arly, de l'Arondine et du Nant Rouge, torrents poissonneux, régulièrement alevinés, le Val d'Arly offre de multiples parcours aux pêcheurs, promenades en alpages et ascensions dans la chaîne des Aravis.

Eté comme Hiver, des concours et tournois, sports ou jeux, sont organisés.

Read the extract from the tourist brochure given above, and answer in English:

1 What are the contrasting elements in the landscape?
2 For how many months is there abundant snow in this valley?
3 What is the height-range of the ski-slopes?
4 What winter sports facilities are mentioned?
5 Where is there an outdoor pursuits centre?
6 What types of accommodation are available in this area?
7 Why is the Val d'Arly a good holiday area for:
  (a) fishermen
  (b) walkers
  (c) mountaineers?
8 How many present participles are there in the first paragraph, and what do they mean?

LE PASSEPORT UNIQUE : SKIPASS MONT - BLANC

Du 19 décembre 82 au 12 avril 83, cette carte personnelle plastifiée délivrée (avec photo) par les Offices du Tourisme de 12 stations de la région du Mt-Blanc, vous permet de skier en toute liberté sur la totalité de leur domaine skiable (soit 140 remontées mécaniques), d'utiliser les cars réguliers de liaisons entre les stations et les cars-navettes dans chaque station qui en est équipée.

Pour 7 jours consécutifs . . . . 510 FF
Pour 4 jours consécutifs . . . . 340 FF

SKIPASS mont blanc 6665 CX

CHAMONIX, Argentière, Les Houches, Vallorcine, MEGEVE, Combloux, Cordon, Sallanches, St-GERVAIS, Les Contamines, St-Nicolas de Véroce

LAVALLÉE Blanche
valable du 19.03.83
au 25 MARS 1983

By whom is the ski-pass issued?
Where does it enable the holder to ski?
How many ski-lifts have been installed?
What other forms of transport is the holder of the ski-pass entitled to use?

Grammar section

The future tense

The stem of the future tense is usually the infinitive (without the final **e** in the case of **-re** verbs) and the endings are:

-ai	-ons
-as	-ez
-a	-ont

Examples:

Je finirai ce travail avant huit heures.
Les vacances dureront quinze jours.
Nous descendrons en ville demain matin.
Papa achètera le sapin de Noël.
The following common verbs are irregular in the future tense. Learn them!

aller	j'irai
être	je serai
avoir	j'aurai
faire	je ferai
savoir	je saurai
courir	je courrai
envoyer	j'enverrai
pouvoir	je pourrai
voir	je verrai
devoir	je devrai
recevoir	je recevrai
falloir	il faudra
tenir	je tiendrai
venir	je viendrai
devenir	je deviendrai
vouloir	je voudrai
valoir	il vaudra (mieux)

A toi!

Exemple:

Il a l'intention d'aller à la poste? (oui; demain)
—Oui, il ira à la poste demain.

Continue:

1 Elle a l'intention d'être à Paris avant le 24 décembre? (oui; le 20 décembre)
2 Tu as l'intention de faire cet exercice au plus vite? (oui; ce soir)
3 Vous avez l'intention d'envoyer ces cartes aujourd'hui? (oui; cet après-midi)
4 M. et Mme Morteau ont l'intention de partir le plus tôt possible? (oui; avant six heures)
5 Michel a l'intention de répondre à cette lettre? (oui; pendant le weekend)

6 Tu as l'intention d'acheter une calculatrice? (oui; samedi prochain)
7 Paul a l'intention de vendre sa moto? (oui; au printemps)
8 Tu as l'intention de venir nous voir? (oui; ce soir)
9 Les Lakanal ont l'intention d'aller à l'étranger cette année? (oui; en Grèce, au mois d'août)
10 Vous avez l'intention d'apprendre à nager? (oui; pendant les vacances)

Sequence of tenses

When thinking of the future, the sequence of tenses with **si** and **quand** needs some care. When **si** is involved, the tenses are the same as in English, i.e. one present and one future.
Examples:

Si elle gagne assez d'argent, elle pourra aller en France l'an prochain.
Je ferai une promenade ce soir, s'il fait beau.
When **quand** is involved, the tenses must match, i.e. they must both be future.
Examples:

Quand ils arriveront à Londres, ils iront d'abord au Palais de Buckingham.
Il visitera les Etats-Unis quand il aura assez d'argent.

A toi!

Choisis le mot qui convient:

1 Quand tu (arrives/arriveras) à la gare, tu me téléphoneras, n'est-ce pas?
2 J'irai au bord de la mer demain si le soleil (brille/brillera).
3 S'ils (passent/passeront) à Paris, ils nous enverront une carte postale.
4 Quand (j'ai/j'aurai) un électrophone, je pourrai écouter de la musique toute la journée.
5 Quand elles (voient/verront) les nuages, elles refuseront de sortir, j'en suis sûr.
6 Si tout (va/ira) bien, j'achèterai une guitare le weekend prochain.
7 Je retournerai chez moi quand je (suis/serai) à court d'argent.
8 Vous prendrez le train quand vous (allez/irez) en Allemagne?

Asking questions

Method 1

Place **Est-ce que** at the beginning of any statement.
Examples:
Ils rentrent demain.
—Est-ce qu'ils rentrent demain?
Paul préfère le café.
—Est-ce que Paul préfère le café?

Method 2

Invert the subject and verb.
Examples:
Il est arrivé avant minuit.
—Est-il arrivé avant minuit? (Note that the past
   participle stays last.)
Vous aimez Brahms.
—Aimez-vous Brahms?
Tu pourras venir avec moi.
—Pourras-tu venir avec moi?

Note:

This method only works if the subject is a pronoun.
If it is a noun, the pronoun must be supplied.
Examples:
Le professeur entre dans la salle.
—Le professeur entre-t-il dans la salle?
Les magasins sont ouverts aujourd'hui.
—Les magasins sont-ils ouverts aujourd'hui?
Ta sœur sort ce soir.
—Ta sœur sort-elle ce soir?
Tes parents sont allés au cinéma.
—Tes parents sont-ils allés au cinéma?

Oui, mes parents sont allés au cinéma!

If in doubt, use **est-ce que**.
Remember that it is increasingly acceptable to use
rising intonation, leaving the word-order exactly as
it is in the statement. In written work, however, do
not forget the question mark at the end!

A toi!

Voici des réponses. Quelles étaient les questions?
1 Elle habite à Orléans, je crois.
2 Non, j'ai oublié de le faire.
3 Je pense qu'ils arriveront vers huit heures.
4 Elle en joue depuis cinq ans.
5 Oui, mais nous y allons très rarement.
6 Non, je les déteste.
7 Si! J'y pense de temps en temps.
8 C'est ça, elle est déjà partie lundi dernier.

The present participle

The present participle, ending in **-ant**, is used far
less in French than in English. As with the
imperfect tense, the stem is the first person plural
of the present tense, with the **-ons** removed.
Examples:
retournant; mangeant; finissant; descendant;
prenant; écrivant; faisant.
Exceptions:
être → étant   avoir → ayant   savoir → sachant

Use of the present participle

As a verb, the present participle is invariable.
Examples:
Il était dans le salon, regardant la télévision.
Elle était dans la salle d'attente, lisant un magazine.
Courant à toutes jambes, il est tombé.
La dame, tenant un parapluie à la main, est sortie
du magasin.

It is often preceded by **en** (but by no other word),
meaning *by*, *whilst* or *on*.
Examples:
En prenant un taxi, vous arriverez avant moi.
Je suis tombé en descendant l'échelle.
Il s'est cassé la jambe en jouant au foot.
Le vétérinaire nous a rassurés en nous disant que le
chat n'était pas en danger.
J'ai trouvé la lettre hier en rentrant de l'école.

As an adjective, the present participle must agree.
Examples:
Les Allemands sont très accueillants.
Ce travail est très fatigant.
Les filles Pasquier sont charmantes.
Elles ont une mère très exigeante.
La route était glissante.

A toi!

In each of the following examples, combine the two clauses by using a present participle in order to make one sentence:

1 Il est sorti à toute vitesse; il n'a pas vu l'obstacle.
2 Il traversait le boulevard; il est tombé de tout son long.
3 Elle est tombée; elle montait l'échelle.
4 Elle est arrivée au dernier moment; elle courait.
5 Etienne écoutait sa mère; il lisait le journal.
6 Je travaillais dans le jardin; je me suis coupé.
7 Elle faisait semblant de faire ses devoirs; elle écrivait une lettre.
8 Les invités étaient au salon; ils racontaient leurs souvenirs.
9 Il ne savait que faire; il est allé au commissariat de police.
10 Je n'avais plus d'argent; j'ai dû faire de l'auto-stop.

Read this short article

L'aube de l'humanité

Les documents les plus importants et les plus anciens sur la préhistoire en Europe sont pour la première fois exposés au Musée de l'Homme tout l'été. Les visiteurs pourront découvrir deux cabanes préhistoriques reconstituées, l'une datant de 380 000 ans, correspondant à l'époque où l'homme européen commence à éclairer et à chauffer ses habitats en y allumant des feux, l'autre vieille de 130 000 ans, qui montre un aménagement correspondant à une vie sociale plus organisée. On expose aussi les premiers outils de pierre taillée, des restes humains fossiles accompagnés de nombreux textes et de photos expliquant les conditions de leur découverte.

Le Figaro

True or false?

1 The exhibition is about prehistoric man in Europe and Africa.
2 Two prehistoric dwellings have been reconstructed.
3 Prehistoric man in Europe began to light and heat his dwellings 130,000 years ago.
4 The exhibition includes examples of the earliest hand axes.
5 There are also photographs and information explaining how the fossil human remains were discovered.
6 There are three present participles used in the article.

Unit 6

Pros and cons of going on an exchange
Ideal life-style and dream house
Your career
Television viewing
On exchange: arrival and departure
Making an unexpected visitor welcome

Paul écrit à Stephen

Cher Stephen,   Roscoff le 9.01.

Je te remercie pour ta merveilleuse carte de Noël que
tu m'as écrite, j'ai passé de très bonnes fêtes de
fin d'année avec ma famille ; nous avons réveillonné
et à minuit, mes parents m'ont offert le cadeau que
j'attendais depuis si longtemps avec beaucoup d'impatience,
c'est à dire, une guitare, et mes frères et ma sœur ont eu
leurs cadeaux.
Nous avons bien ri et sommes allés nous coucher car il
était très tard.
Et toi, comment as-tu passé les fêtes ? Bien je l'espère.
As-tu reçu le cadeau que tu désirais ?
Ma mère m'a dit que tu pourrais venir en France pendant
les vacances de Pâques. Es-tu d'accord ? Si tu viens, nous
pourrons visiter non seulement Roscoff, mais aussi la
région, c'est à dire, l'île de Batz, Morlaix, Brest,
St Paul de Léon, le Pays d'Armorique, les Monts d'Arée...
A Roscoff nous pourrons aller à la plage et pique-niquer,
mais ce n'est pas encore les vacances et en attendant il faut
travailler à l'école, ce qui n'est pas tous les jours facile, mais
heureusement pendant les loisirs, je peux me promener à pied
ou à bicyclette, me baigner, écouter de la musique.
Mais toi, as-tu obtenu de bons résultats à tes examens ?
Je dois maintenant te quitter en espérant recevoir bientôt
une lettre de toi me disant que tu peux venir en France
(ça me fera très plaisir de te revoir).
                Alors à bientôt.
                        Paul
P.S : Je t'expédie une photo de toute la famille lors du réveillon de
Noël.

expédier to send	**offrir un cadeau** to give a present
les loisirs (m) leisure	
lors de during	**le résultat** result
obtenir to obtain	**réveillonner** to stay up late

Answer in English

1 What has Paul received from Stephen?
2 Who was given a guitar for Christmas?
3 At what time did the family exchange gifts?
4 When could Stephen go to Roscoff?
5 What will he and Paul be able to do during the holidays?
6 Does Paul find the work at school easy or difficult?
7 Have the two boys already met? How do you know?
8 When was the photograph of the family taken?

Réponds en français

1 Où habite Paul?
2 Est-il fils unique?
3 Avec qui a-t-il fêté Noël?
4 Quel cadeau a-t-il reçu de ses parents?
5 Depuis combien de temps attendait-il ce cadeau?
6 Qu'est-ce qu'il invite Stephen à faire?
7 Si Stephen accepte l'invitation, est-ce qu'il restera tout le temps à Roscoff?
8 Qu'est-ce qu'il faut faire en attendant les vacances?
9 Que fait Paul quand il a du temps libre?
10 Qu'est-ce qu'il joint à sa lettre?

Mets-toi à la place de Stephen

Si tu acceptais l'invitation de Paul, quels seraient les avantages et les inconvénients?

Si j'acceptais l'invitation de Paul,
—je ferais un long voyage tout(e) seul(e);
—je traverserais la Manche pour la première fois de ma vie;
—je pourrais passer les vacances de Pâques dans une famille française et découvrir le mode de vie française;
—je pourrais faire mieux connaissance avec la France;
—je verrais si les gens y sont accueillants et sympathiques;
—ça me permettrait de perfectionner mon français;
—je verrais un peu le système scolaire en France;

—je goûterais à la cuisine française et aux spécialités de la région;
—je boirais du vin;
—on me ferait visiter toute la Bretagne;
—j'irais peut-être camper;
—je bronzerais, peut-être;
—j'essayerais de faire de la planche à voile;
—je me baignerais dans la mer.

—cela me coûterait assez cher, mais d'ici là, je pourrais faire des économies;
—je ne ferais pas beaucoup de révision;
—mais cela me changerait tout à fait d'horizon et je reviendrais chez moi bien reposé(e).

Il est évident que ça vaudrait le coup. J'irai!

Cher Paul

Maintenant, écris ta réponse à Paul.
Dis-lui ce que tu as fait pendant les vacances de Noël, et comment se sont passées les fêtes de Noël et du Nouvel An chez toi; puis, si tu es sur le point de passer, ou si tu viens de passer, des examens. Si tu connais déjà tes résultats, dis-lui s'ils sont bons, moyens ou mauvais.
Après, dis-lui que tu acceptes sa gentille invitation avec plaisir.
Donne-lui des renseignements sur ton voyage:
à quelle date tu feras le voyage;
si tu le feras par le bateau de Plymouth à Roscoff, ou par Douvres/Calais et puis par le train en passant par Paris;
à quelle heure tu comptes arriver à Roscoff;
à quelle date tu repartiras;
ce que tu porteras en arrivant et ce que tu auras comme bagages, pour qu'il te reconnaisse facilement.
Demande-lui ce qu'il faut apporter comme vêtements.

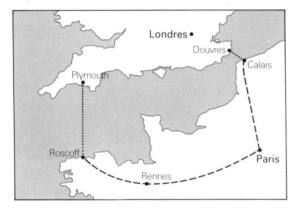

🌐 Dialogues

On arrive

Susan arrive à la gare de Rennes.
Nadine: Salut! Je suis Nadine. Tu es Susan, n'est-ce pas?
Susan: Oui! Salut!
Nadine: Alors, ça va? Tu as fait bon voyage?
Susan: Oui, merci. La mer était calme—je n'ai pas été malade.
Nadine: Et à Paris, tout s'est bien passé? Tu ne t'es pas trompée de gare?
Susan: Non, au contraire, je me suis bien débrouillée! J'ai changé de gare sans aucune difficulté.

Nadine: Viens! Mes parents attendent dans l'auto. Je prends ta valise . . . Voilà. Susan, je te présente mes parents.
Susan: Enchantée, madame, monsieur.
Elle leur serre la main.
Maman: Bienvenue à Rennes, Susan! Nous sommes très contents de te voir.
Nadine: Je mets ta valise dans le coffre. Monte devant, à côté de papa.
Susan: Merci.

On part

Le jour du départ—à la gare.
Susan: Oh, c'est dommage! Je n'ai pas envie de rentrer en Angleterre!
Nadine: Mais tu pourras revenir l'an prochain, si tu veux.
Susan: Je voudrais bien, tu sais. Je suis très contente de mon séjour.
Nadine: Tu es sûre que tu as tout? Ton passeport? Tous les cadeaux que tu as achetés? Où as-tu mis la bouteille de champagne que papa t'a donnée?
Susan: Au fond de la valise, bien enveloppée de serviettes.
Le haut-parleur annonce:
'Attention au départ, quai numéro 5! Le train de 10 heures 52 en partance pour Paris va partir! Fermez les portières, s'il vous plaît! Attention au départ, quai numéro 5!'
Nadine: Ça y est! Tu pars!
On s'embrasse sur les deux joues.
Susan: A bientôt, quand tu viendras chez moi en été!
Nadine: Oui, à bientôt! Bon voyage! Le bonjour à tes parents!
Susan: Merci encore pour mon séjour! Au revoir! Je t'écrirai!

Chez Christophe

On frappe à la porte.
John: Zut alors!
Il va ouvrir.
Pierre: Salut, John! Christophe est là?
John: Non, il est allé chez le dentiste. Je suis seul à la maison. Tu veux entrer?
Pierre: Oui. Quand est-ce qu'il rentre?
John: En principe, vers quatre heures. Tu veux boire quelque chose?
Pierre: Oui, je veux bien. Qu'est-ce que tu m'offres?

John: Une limonade, du cidre, un jus de fruits.
Pierre: Un jus de fruits, s'il te plaît.
John: Tu veux écouter un disque, peut-être?
Pierre: Oui—Christophe a le dernier disque des 'Anonymes'. Je voudrais bien l'écouter.
John: Eh bien, on va le mettre. Passe dans le salon et cherche-le . . .
Voilà: un jus de fruits et des petits gâteaux anglais que j'ai apportés de chez moi.
Pierre: Merci bien. Où est-ce qu'on branche cet électrophone?
John: Là, à côté de la petite bibliothèque.
Pierre: Ah oui, je vois. Tu connaissais déjà les 'Anonymes' avant de venir en France?
John: Non, pas du tout, mais j'aime bien.

As-tu compris?

On arrive

1 Did Susan cross the Channel by air or by sea?
2 Where did she have to change stations?
3 How will Susan and Nadine get to Nadine's house?
4 Where does Susan sit?
5 Find the French for:
I managed very well.
without any difficulty at all
Welcome to Rennes!

On part

1 Is Susan happy to be going home?
2 When will she be able to come back to Rennes?
3 How has she packed the bottle of champagne?
4 What time does her train leave Rennes?
5 What does she say she will do?

Chez Christophe

1 Where has Christophe gone?
2 When should he be back?
3 What drinks does John offer Pierre?
4 Which record does Pierre say he would like to hear?
5 Where is the socket for plugging in the record-player?
6 Find the French for:
Is Christophe in?
In theory . . .
Go through into the sitting room.
Where does one plug in this record-player?

Role-play

Arriving at your penfriend's

—Je te présente mes parents.
Say that you are pleased to meet them.
—Et voici Paul-André, mon frère.
Say hullo to Paul-André.
—Tu as fait bon voyage?
Say that the sea was rough and that you were seasick, but that otherwise you had a good journey.
—Tu as pu dormir dans le train?
Say that you had a couchette and slept well.

By yourself

You are alone in the house when Alain, a schoolfriend of your exchange partner Michel, arrives.
—Bonjour! Michel est là?
Say that you are alone in the house; Michel has gone to a neighbour's.
—Il rentre quand?
Say that in theory he will be back in five minutes.
Invite Alain to come in and ask if he would like one of the chocolates you brought from England.
—Oui, je veux bien!

Leaving the Carrez family

Say goodbye to Madame Carrez and thank her for your stay.
—Je t'en prie! Nous avons été très contents de te recevoir . . . Tu n'as rien oublié?
Say that you have packed the cheese and the raspberry liqueur at the bottom of your travelling bag.
—Et tes sandwiches?
Say that you have left them on the kitchen table!
—Je vais les chercher. Heureusement que j'y ai pensé!
Tell your exchange partner that you have enjoyed your stay very much.
—Moi aussi! C'est dommage que tu nous quittes!
Say that you will write in a few days' time.

Qu'est-ce qu'il y a à la télé?

TF 1 : Télévision Française 1
A 2 : Antenne 2
FR 3 : France Régions 3

TF 1 — LUNDI

10.45 LE TEMPS DE VIVRE, LE TEMPS D'AIMER
Feuilleton de Louis Grospierre.
Malthilde est de plus en plus nerveuse, elle a le sentiment que tout le monde prend le parti de Jean, y compris sa mère et son fils.
Avec : Jean-Claude Pascal (Jean), Pascale Roberts (Mathilde), Marguerite Cavadasky (Mme Duval), Perrette Pradier (Sylvie).

11.00 TENNIS
A Roland-Garros, les Internationaux de tennis avec les commentaires de Hervé Duthu, Jean Raynal, Alain Escoubé, Jean-Michel Leulliot, Christian Vella, Alain Teulère.

12.30 LES VISITEURS DU JOUR

13.00 TF 1 ACTUALITÉS

13.35 PORTES OUVERTES
Émission proposée de Claude Ruben et Bénédicte Laplace.
● Quête sur la voie publique.
● A ne pas négliger, fauteuils roulants électriques, responsabilité civile circulation.
● Un ingénieux système, comment doser la qualité d'insuline.

13.50 INTERNATIONAUX DE TENNIS
A Roland-Garros.

18.25 UN, RUE SÉSAME
Chansons de la rue (No 1).

18.45 QUOTIDIENNEMENT VOTRE
Tous en selle : à vélo !

18.50 LES PARIS DE TF 1
Avec Robert Castel.

19.05 A LA UNE
Émission de Maurice Bruzek et Sophie Rack.
● Le village dans les nuages.
Santé.

19.20 ACTUALITÉS RÉGIONALES

19.45 VOUS POUVEZ COMPTER SUR NOUS

20.00 TF 1 ACTUALITES

20.35 SANTÉ
Faut-il supprimer les hôpitaux psychiatriques ?
Émission proposée par Igor Barrère et Etienne Lalou, avec la participation à Paris des docteurs Pascal (chef de service à Clermont-de-l'Oise ; Bailly-Sallin, psychiatre ; Ayme, psychiatre ; Chouraki. A Ville-Evrard : des docteurs Bernadine Lecointre et Fremont. Dans le Gard, secteur 6 : Dr Jean-Luc Metge, Dr Dominique Mélard, M. Bousquet, infirmier ; Dr Félix et le Dr Bonnafe, psychiatre à la retraite.

21.35 L'ÉQUIPÉE SAUVAGE
Titre original : « The Wild One ». Un film de Laslo Benedek. Scénario : John Paxton. D'après une histoire de Frank Rooney. Musique : Leith Stevens.
Sous la conduite de Johnny, une quinzaine de jeunes gens « mordus » de motos, exécutent toutes sortes d'acrobaties sur leurs engins. Ils s'arrêtent dans une petite ville et envahissent un café. On boit, on danse, on casse tout et le shérif n'ose pas intervenir. Les habitants exaspérés cernent Johnny qui tombe de moto, tandis que sa machine continue son élan et tue un vieillard.

Avec : Marlon Brando (Johnny), Mary Murphy (Kathie), Robert Keith (Harry Bleeker), Lee Marvin (Chino), J.-C.-Flipen (le shérif Singer), Peggy Maley (Mildred), Hugh Sanders (Charlie Thomas).

22.50 INTERNATIONAUX DE TENNIS
(Résumé).

23.15 TF 1 ACTUALITÉS

A 2

12.05 PASSEZ DONC ME VOIR

12.30 J'AI LA MÉMOIRE QUI FLANCHE

12.45 ANTENNE 2 MIDI

13.35 CETTE SEMAINE SUR A2

13.45 LA VIE DES AUTRES
« La croix dans le cœur » (n° 1). D'après le roman de Roberte Roleine. Réalisation de Pierre Nicolas. Emmanuelle Favier annonce à Valéry son intention de rejoindre en Sicile son amie Tanaquil, qui lui a lancé un appel au secours.
Avec Virginie Pradal (Emmanuelle), Lyne Chardonnet (Tanaquil), Pierre Santini (Serge), Serge Bourrier (Valéry), Gilbert Robin (la concierge).

14.00 AUJOURD'HUI, LA VIE

15.00 PORTRAIT DU COMÉDIEN LOUIS SEIGNER

15.25 SPORTS

16.55 ITINÉRAIRES
● « Le Brésil de Villa-Lobos ». Reconnu comme le plus grand compositeur de l'Amérique latine, Villa-Lobos s'est passionné pour le folklore brésilien, celui des Indiens d'Amazonie, des Noirs et des Métis et celui de la tradition portugaise. Une musique pleine de rythmes et de couleurs, des témoignages et des interprètes tels que André Luis Musso (pianiste), Marie-Thérèse Ghirardi (guitariste), Suzanne Milbert (soprano).
● Résonances : « La chanson portugaise à Paris ». Avec Fernando Marques, chanteur portugais.

17.45 RÉCRÉ A 2
● Mariolino : « Mariolino et les étoiles ».
● Yok-Yok.
● Casper et ses amis.
● Le petit écho de la forêt : « Le chagrin de Boris ».
● « Tarzan et la cité engloutie ».

18.30 C'EST LA VIE ET JOURNAL

18.50 DES CHIFFRES ET DES LETTRES

19.10 D'ACCORD, PAS D'ACCORD

19.20 ACTUALITÉS RÉGIONALES

19.45 SPÉCIAL CANNES

20.00 JOURNAL DE L'A 2

20.35 EMMENEZ-MOI AU THÉÂTRE
Magic-Circus : « Le Bourgeois gentilhomme », de Molière. Mise en scène : Jérôme Savary. Réalisation : Dirk Sanders.

M. Jourdain, qui s'est acquis de la fortune en vendant du drap, brûle depuis longtemps de faire l'homme de qualité. Il engage donc à la fois un maître de musique, un maître à danser, un maître d'armes et un maître de philosophie. Restant sourd aux criailleries de sa femme, il s'entête, sans se rendre compte que sa maison devient un enfer. Tant et si bien qu'il se laisse escroquer par Dorante. Molière revu par Jérôme Savary.
Avec Jérôme Savary, Clémence Massart, Linda Katz.

00.00 RENDEZ-VOUS
Avec Nicole Cornuz-Langlois, Carlos Allende, Chantal Boiron et Henri Slotine.

23.15 ANTENNE 2 DERNIÈRE

FR 3

18.30 LASER
Magazine d'actualité.
18.55 TRIBUNE LIBRE
La Grande Loge de France.
19.10 SOIR 3
19.20 ACTUALITES REGIONALES
19.40 TELEVISION REGIONALE
19.55 IL ÉTAIT UNE FOIS L'HOMME
Les conquêtes de l'islam (2e).
20.00 LES JEUX DE 20 HEURES
Ce soir à Calais.
20.30 HIBERNATUS
Film d'Edouard Molinaro (1969). Durée TV : 78 mn. Scénario : Jacques Vilfrid, Jean-Bernard Luc, Louis de Funès et Jean Halain. Musique : Georges Delarue.
Après soixante-cinq ans de sommeil dans les glaces polaires, un homme est retrouvé en état d'hibernation naturelle par une expédition franco-danoise. Découverte passionnante pour la science, mais beaucoup moins passionnante pour Hubert, P.-D.G de la Société d'emballage et de conditionnement : en effet, l'hiberné se révèle être le grand-père de sa femme Edmée, ce qui ne serait rien s'il n'avait les traits d'un jeune homme de vingt-cinq ans, et si Edmée ne voulait l'installer au foyer conjugal.
21.50 SOIR 3
22.20 THALASSA
« Portrait du port de Bordeaux ». Reportage : Pierre Babey.
22.50 MUSI-CLUB
Emission de Charles Imbert, pour la première fois à la télévision.
Le docteur Miracle. Opéra bouffe en un acte de Bizet. Direction musicale : Jacques Pernoo.
Un jeune officier épris de la fille d'un magistrat, qui n'apprécie pas les militaires se fait engager comme cuisinier chez le père de la bien-aimée.
Danielle Bedard (Laurette) soprano, Jocelyne Sand (Véronique) soprano, Pierre Van Franchem (Le Podestat) baryton, Georges Liccioni (Silvain Pasquin) ténor, Pierre Bonnacet (le machiniste), et le Centre national de musique de chambre d'Aquitaine.

Answer in English

1 What is the name of the venue where the tennis championships are taking place?
2 What topics are being discussed on the 'Portes Ouvertes' programme?
3 At what time is there a programme about the actor Louis Seigner?
4 Which programme apparently features discussions?
5 What is the subject of the programme entitled 'Il était une fois l'Homme' (Once upon a time there was Man)?
6 Why is 'Hibernatus' a good choice of title for the film of that name?

Réponds en français

A quelle heure et sur quelle chaîne est-ce qu'on a pu regarder les émissions suivantes:

1 du tennis
2 un opéra de Bizet
3 les actualités
4 'Des chiffres et des lettres'
5 'Le Bourgeois Gentilhomme' de Molière
6 les actualités régionales
7 un film concernant des motocyclistes
8 le feuilleton
9 une émission sur un compositeur
10 une émission sur des hôpitaux

Mon futur métier

Voici ce que cinq élèves ont écrit au sujet du métier qu'ils voudraient exercer:

Mes projets d'avenir sont très limités. J'aimerais être institutrice. Les débouchés sont minces mais je vais essayer de parvenir à ce poste. J'aimerais apprendre à dessiner et à écrire à de jeunes élèves. C'est un métier très intéressant. Quels sont tes projets d'avenir? Quel métier voudrais-tu pratiquer?

Anne

Puisque ta scolarité est bientôt terminée, sais-tu le métier que tu aimerais exercer plus tard? Personnellement, j'aimerais être acteur de cinéma, ou comédien, pour faire du théâtre. Malheureusement, mes parents ne veulent pas, et disent que c'est un métier pas très sûr.

Christian

J'espère que la décision des professeurs rejoindra le voeu que j'ai fait. Je voudrais entreprendre des études de secrétariat et faire du droit pour devenir secrétaire juridique.

Véronique

Plus tard, j'aimerais devenir hôtesse de l'air, en gros faire du tourisme. De plus, comme les voyages en général m'attirent beaucoup ainsi que les contacts humains, je suis donc très attirée par ce métier. Et toi, as-tu une idée sur ton métier futur? Je trouve que c'est très difficile de faire un choix précis pour notre orientation quand on n'a pas au début d'idée très précise.

Florence

Qu'est-ce que tu comptes faire plus tard -comme métier? J'aurais bien aimé être prof. d'anglais mais je ne sais plus ce que je vais faire maintenant. Je pense quand même que ce sera un métier avec des langues vivantes: Anglais, Allemand: j'adore ça.

Alain

attirer to attract	**entreprendre** to enter upon	**le métier** job	**pratiquer** to do (trade or job)
l'avenir (m) future	**exercer** to pursue, carry on	**mince** few and far between	**rejoindre** coincide with
le débouché opening	**juridique** legal	**l'orientation** (f) vocation	**la scolarité** school years
le droit law		**parvenir à** to reach	**le vœu** wish
en gros broadly			

Find the French for

1 I would like to teach young pupils to draw and to write.
2 I would like to be an actor, to do drama.
3 secretarial studies
4 I don't know any more what I am going to do.
5 contact with people.

Réponds en français

1 Qui voudrait devenir institutrice?
2 Y a-t-il beaucoup de débouchés dans ce métier, en France?
3 Qu'est-ce que Véronique voudrait devenir?
4 Qu'est-ce qu'elle devra faire pour y parvenir?
5 Quel métier est-ce que Christian voudrait exercer?
6 Pourquoi ses parents ne sont-ils pas d'accord?
7 Qu'est-ce qui attire Florence?
8 Que pense-t-elle être plus tard?
9 Est-ce qu'elle trouve facile de décider de son orientation?
10 Pourquoi Alain espère-t-il trouver un métier avec des langues vivantes?

Conversation

Tes projets d'avenir

Que penses-tu faire lorsque tu auras terminé tes études?

Qu'est-ce que tu voudrais faire plus tard comme métier?

Qu'est-ce que tu aimerais devenir? Pourquoi?

Les contacts humains t'attirent?

Tu aimerais faire un métier qui met en contact avec les gens, avec les enfants?

Tu t'intéresses à quoi?

Est-ce que tes parents te laisseront faire ce que tu veux?

Est-ce qu'il te faudra continuer tes études après la seconde, ou espères-tu trouver un poste cet été?

Est-ce qu'il te faudra obtenir un diplôme ou une licence, faire un stage ou suivre des cours du soir?

Les études sont compliquées?

Resteras-tu au lycée ou iras-tu au collège?

Aimerais-tu aller en faculté?

Est-ce que les débouchés sont minces dans le métier que tu as choisi?

Peut-être que tu n'as pas encore fait de choix précis pour ton orientation, et que tu ne sais pas quel métier tu préférerais exercer?

Imagine-toi!

Comment serait la maison de tes rêves?

Serait-ce un grand château ou une petite chaumière ou entre les deux?

Serait-elle vieille ou moderne?

Serait-elle entourée d'un parc immense ou aurait-elle un petit jardin?

Qu'est-ce qu'il y aurait dans la maison et dans le jardin?

Y aurait-il un verger?

Où se trouverait cette maison idéale?

Aurais-tu des domestiques ou ferais-tu toi-même le ménage?

Et ta vie idéale:

Quelle vie mènerais-tu si tu pouvais faire exactement ce que tu voulais?

Ferais-tu la grasse matinée tous les jours?

Habiterais-tu dans le Royaume-Uni ou à l'étranger?

Où exactement, et pourquoi?

Aurais-tu un emploi?

Préférerais-tu vivre seul(e)?

Si non, avec qui voudrais-tu être?

Voudrais-tu être marié(e)?

Comment dépenserais-tu ton argent?

Où irais-tu en vacances?

Aurais-tu une auto?

Comment serait-elle?

Donne d'autres précisions pour bien décrire ta vie idéale.

La télévision

Est-ce que tu regardes la télé tous les soirs, souvent, assez souvent, de temps en temps, rarement ou jamais? Seulement en désespoir de cause?!

Est-ce que tes parents t'interdisent de regarder la télé pendant la semaine?

Quels genres d'émissions aimes-tu:

magazines d'actualités

variétés

dramatiques (théâtre)

feuilletons

journaux télévisés (actualités)

dessins animés

documentaires

comédies (films)

programmes politiques

jeux de questions

sport

émissions pour la jeunesse?

Quel programme regardes-tu le plus souvent?

Quel(s) programme(s) est-ce que tu détestes?

Combien d'heures regardes-tu la télé un jour de semaine?

Et le weekend?

La Fête des Rois

As-tu célébré la Fête des Rois cette année?

Voici la recette de la galette traditionnelle, fourrée de frangipane. Si le 6 janvier est passé, on peut quand même la préparer et la manger! C'est très bon!

Galette des rois fourrée

Si vous faites votre pâte vous-même, ne lui donnez que quatre tours. Mais vous pouvez l'acheter surgelée, ou fraîche chez votre pâtissier. □ Travaillez au fouet le beurre ramolli, les amandes en poudre, le sucre et le rhum. □ Lorsque le mélange est parfait, ajoutez les deux œufs entiers l'un après l'autre en remuant jusqu'à ce que le sucre soit fondu.

Divisez la pâte en deux. □ Rentrez les coins de chaque morceau pour former une boule bien ronde. □ Étendez-les au rouleau sur la table farinée en leur gardant leur forme ronde, sur un demi-centimètre d'épaisseur. □ Posez une première abaisse sur la tôle du four mouillée, tartinez-la de frangipane en épargnant 2 cm tout autour au bord. □ Badigeonnez ce bord de blanc d'œuf, appliquez l'autre abaisse. Appuyez sur les bords pour les coller. □ Cisaillez-les en oblique à la pointe du couteau. □ Tracez des losanges toujours avec la pointe du couteau et piquez à la verticale cinq ou six trous jusqu'au fond. □ Dorez au jaune d'œuf battu avec le reste du blanc, sans faire couler sur les bords. □ Mettez au four assez chaud, chauffé 20 minutes d'avance (6-7 au thermostat). N'ouvrez pas le four pendant 20 minutes. □ Dorez encore une fois avec le reste du jaune d'œuf, laissez cuire 45 minutes en surveillant la couleur.

La galette est cuite lorsque, en la soulevant de la tôle, elle ne plie plus.

100 fiches-cuisine de ELLE: *Pâtisseries et gâteaux*

1 kg de pâte feuilletée	3 œufs dont 1 pour dorer
Frangipane : 100 g de beurre	Préparation : 20 minutes
100 g de sucre semoule	à la pâte toute prête
100 g d'amandes en poudre	1 h 30 en faisant la pâte
1 petit verre de rhum	Cuisson : 50 mn environ

On se lie d'amitié

How would you ask a French friend the following, in French?

1 What sort of television programmes do you like?
2 Do you watch television during the week?
3 What job would you like to do later on?
4 Will your parents let you do what you want?
5 Will you have to obtain a diploma or a degree?
6 Will you have to do a special course?
7 Are the studies long and complicated?
8 At what age will you leave school?
9 Where would you like to live?
10 Would you like to get married?

How would you ask a French adult, for example, a person visiting your school, the following questions, in French?

1 What is your name?
2 Where do you come from?
3 Have you always lived there?
4 What job do you have?
5 Is it hard work?
6 What do you do exactly?
7 Are you married?
8 Do you have a car?
9 What are your pastimes?
10 How long are you staying in England?
11 Have you found the English to be nice people?
12 What do you think of English food?

Vive les vacances!

Les fêtes . . .	et les traditions
Les fêtes légales ou jours fériés	
Elles sont d'origine civile (**C**) ou religieuse (**R**). Elles sont fixes (**F**), c'est-à-dire à la même date, ou au contraire mobiles (**M**).	On ne travaille pas: ce sont des jours chômés. Lorsqu'ils 'tombent' un mardi ou un vendredi, on ne travaille pas non plus (en général) le lundi ou le samedi: on fait 'le pont'.
Le Premier Janvier ou **'Jour de L'An' (C F)**: C'est le premier jour de l'année nouvelle.	On se souhaite une bonne et heureuse année; on donne des étrennes (petits cadeaux ou sommes d'argent) au facteur, au concierge, etc.
Pâques (R M): anniversaire de la resurrection (retour à la vie) du Christ. Grande fête qui dure deux jours: dimanche et lundi.	Les cloches des églises sonnent 'à toute volée'. Dans le Midi on mange l'omelette flambée; partout on offre aux enfants des œufs en sucre ou en chocolat.
Premier Mai (C F): Fête du Travail (jour férié depuis 1947). C'est aussi la fête du Muguet.	Les Syndicats organisent des manifestations (réunions, défilés). Offrez un brin de muguet à vos ami(e)s.
L'Ascension (R M): Sixième jeudi après Pâques. **Pentecôte (R M)**: Septième dimanche et lundi après Pâques.	Pour ces fêtes de printemps, beaucoup de citadins vont à la campagne. Soyez prudents sur les routes: attention aux bouchons et aux embouteillages.
Quatorze Juillet (C F): C'est le jour de la Fête Nationale. Elle marque l'anniversaire du 14 juillet 1789. Ce jour-là, le peuple de Paris prit la prison de la Bastille: c'était le début de la Grande Révolution.	Dans toutes les villes et villages on décore les fenêtres de drapeaux et de lampions. On danse le soir dans les bals populaires après le feu d'artifice. A Paris, on va voir passer la Revue (grand défilé militaire) sur les Champs-Elysées.
L'Assomption (R F): Le 15 août, fête de la Vierge et de toutes les Marie.	C'est la grande fête de l'été, marquée—dans de nombreuses villes—par des processions religieuses, des festivals folkloriques, etc.
La Toussaint (R F): le 1er novembre, fête de tous les Saints. Le lendemain, c'est le 'Jour des Morts'.	Fête du Souvenir: on porte des fleurs (surtout des chrysanthèmes) sur la tombe des parents et amis disparus.
Le 11 Novembre (C F): anniversaire de l'Armistice (fin de la guerre) de 1918.	Les 'Anciens Combattants' vont fleurir les Monuments aux Morts.
Noël (R F), le 25 décembre, marque le début de ce qu'on appelle 'les fêtes de fin d'année', qui ne se termineront que le 1er janvier.	Dans la nuit du 24 au 25, c'est la Messe de Minuit souvent suivie du Réveillon traditionnel. Les enfants ont mis devant la cheminée les chaussures dans lesquelles le Père Noël (ou Saint Nicolas) déposera ses cadeaux pendant la nuit . . .
Encore des fêtes . . .	**à célébrer**
L'Épiphanie ou **Fête des Rois (R F)** le 6 janvier. C'est la douzième nuit après celle de Noël.	Celles-ci ne sont pas chômées. On mange en famille la galette des Rois (gâteau plat); celui qui y trouve la fève sera couronné roi ou reine du jour.
La Chandeleur (R F) le 2 février	On fait des crêpes que l'on fait sauter dans la poêle en tenant une pièce de monnaie dans la main.
Le Carnaval (environ un mois avant Pâques) mélange les traditions populaires et les anniversaires religieux: Mardi Gras, Mercredi des Cendres, Mi-Carême.	Certaines villes (Nice, en particulier) ont des Carnavals célèbres avec des *bals costumés* (on se déguise ou on se masque), des défilés de chars (voitures fleuries), des batailles de fleurs.

G. Quenelle et J. Tournaire: *La France dans votre poche*

Vrai ou faux?

1 On donne des étrennes au facteur et au concierge à Noël.
2 Pâques est une fête mobile.
3 Le Premier Mai, on voit des défilés et on offre du muguet.
4 La Fête Nationale marque l'anniversaire de la prise de la Bastille.
5 Le soir du Quatorze Juillet, tout le monde danse dans les rues.
6 Il n'y a pas de jour férié en août.
7 Le Premier Novembre, beaucoup de gens vont au cimetière mettre des chrysanthèmes sur les tombes.
8 Le 11 Novembre, on met des fleurs au pied des monuments en mémoire de ceux qui sont morts à la guerre.
9 Le Premier Janvier, pour la Fête des Rois, on mange un gâteau spécial qui contient une fève.
10 Nice est célèbre pour son carnaval de Mardi Gras.

Quiz

Es-tu bien informé(e)?

De qui ou de quoi parle-t-on?

1 On l'a construite en 1889 à Paris. Hauteur 300m à l'origine, aujourd'hui 320m.
2 Il a la forme d'un pyramide, mais il a 4807m de haut et il est couvert de neiges éternelles.
3 C'est un Président de la République qui a fait construire ce centre culturel insolite à Paris.
4 Il est en caoutchouc; il roule; ses fabricants font aussi des cartes et des guides.
5 Ami d'Obélix, ce petit Gaulois prend une force surhumaine en avalant de la potion magique.
6 Sa destruction a marqué le commencement de la Révolution Française, le 14 juillet, 1789.
7 Ce monsieur, préfet de la Seine, a imposé l'utilisation d'un récipient destiné à recevoir les ordures ménagères et qui porte toujours son nom.
8 Une course estivale à deux roues.
9 On s'en souvient le 11 novembre.

Solution à la page 206.

🎧 Listening comprehension

Première partie

Firstly, read the following carefully:

J'aimerais être
 aviateur pilot
 hôtesse de l'air air-hostess
 ingénieur engineer
 interprète spontané simultaneous translator
 programmateur computer-programmer
la compagnie aérienne air-line
les contacts humains (m) contact with people
l'école de commerce (f) business school

l'entreprise (f) firm (e.g. Amora)
la fraiseuse milling-machine
l'informatique (f) computer science
le marketing marketing
la mécanique machinery
la médecine medicine
l'ordinateur computer
la réunion meeting
le service militaire national service
le tour lathe

Then listen to what each person has to say about their future.
Note down what they think they will do, and why (if they say so).
You will hear them speak in this order:

Virginie

Emeric

Laurent

Bertrand

Jérôme

Marie-Pierre

Laurence

Valérie

Deuxième partie

Laurent et Marie-Pierre

1 What criticisms does Marie-Pierre make of French television?
2 Which nights are there good films on, and why can't she watch?
3 What kinds of programmes really interest her?
4 What does she do on Saturday evenings?

88

Grammar section

The conditional tense

The conditional tense—'would' in English—is formed by adding the imperfect endings to the future stem.

Examples:

1 Simple statements:
   Je voudrais aller au Danemark.
   Je ne pourrais jamais faire ça!
   Ça vaudrait le coup!
2 In indirect speech:
   On m'a dit que j'aurais mes résultats le 25 août.
   Pauline a écrit qu'elle arriverait le premier mai.
   Christophe a dit qu'il apporterait ses disques.
   L'hôtesse a dit que le château serait ouvert.
   On a dit à la radio que le match aurait lieu à Marseille.
3 When the conditions necessary are stated in the imperfect tense:
   Si j'avais le temps, j'irais voir ma correspondante.
   Ils viendraient s'ils le pouvaient.

Note that when **quand** is involved in a statement using indirect speech, the tenses must match, i.e. they must both be conditional.

Examples:

J'ai dit que j'enverrais une carte postale quand je serais à Arles.
Ses parents ont pensé qu'il apprendrait à conduire quand il aurait 18 ans.
Ils ont dit qu'ils ne pourraient pas s'arrêter quand ils passeraient à Londres.

A toi!

Alter the following from direct to indirect speech, using **que**.

Example:

Elle a dit: 'Je viendrai à six heures.'
Elle a dit qu'elle viendrait à six heures.

1 Il a dit: 'Le film commencera à 21 heures.'
2 Nicolas a chuchoté: 'Les agents seront là à minuit.'
3 On a annoncé: 'Le mariage aura lieu le 23 janvier.'
4 Je lui ai répondu: 'Je te reverrai l'an prochain à Nice.'
5 Nous avons écrit: 'Nous arriverons le 13 juillet, vers midi.'

Choose a clause from the first list and one from the box below in order to make eight sensible sentences:

Je lui écrirais
S'il faisait beau demain matin
Nous pourrions t'accompagner
Si le train avait du retard,
Si j'avais le temps,
Si le chien des voisins aboyait tout le temps,
Si j'étais doué pour les langues,
Si notre chat était en danger,

je deviendrais interprète trilingue.
j'irais les voir et je protesterais.
on l'annoncerait au haut-parleur.
si je savais son adresse.
si nous étions libres.
nous pourrions faire une promenade en bateau.
le vétérinaire nous le dirait.
je ferais la grande randonnée du Pennine Way.

Stressed pronouns

These pronouns are used in four ways:

1 To emphasize:
   Moi, je suis intelligent!
2 As the second term of a comparison:
   Je suis plus intelligent que **toi**!
3 When the pronoun stands alone:
   Qui veut encore du gâteau? **Moi**!
4 After a preposition:

avec **moi**	en face de **nous**
à côté de **toi**	derrière **vous**
sans **lui**	je compte sur **eux**
devant **elle**	je vais chez **elles**

The preceding direct object

When the direct object of a verb in the perfect or pluperfect precedes that verb, the past participle agrees with the object.

A toi!

Identify the preceding direct object and the agreement of the past participle with it:
Examples:

Elle a pris les couteaux et elle (les) a placé s sur la table.

Les tomates que j'ai acheté (es)au marché étaient vraiment excellentes.

1 J'ai lavé les assiettes et je les ai mises dans le placard.
2 On a frappé à la porte; Alain l'a ouverte tout de suite.
3 Il me faut rendre les livres que j'ai empruntés.
4 Les enfants Bernard? Oui, je les ai vus l'an dernier à Auxerre.
5 La boîte de chocolats qu'on m'a offerte à Noël était magnifique.

In the next four examples, make the reply more natural by replacing the noun underlined by a preceding direct object. Make the past participle agree as necessary.

1 —Tu n'as pas encore vu ces photos?
—Si, j'ai déjà vu ces photos.
2 —Il y a beaucoup de fautes dans cet exercice, n'est-ce pas?
—Oui, j'ai déjà remarqué les fautes.
3 —Mon dieu! Tu as vu ces dessins?
—Oui, j'ai vu ces dessins. Ils sont infects!
4 —Et les maillots de bain?
—J'ai mis les maillots de bain dans la valise bleue.

Combine the following pairs of sentences, using a preceding direct object in the process, and starting off as indicated:

1 Il a rencontré ses amis au café. Ses amis s'appelaient Jean et Marc.
—Les amis qu'il ......
2 Ma mère a fait une tarte. Nous avons mangé la tarte aujourd'hui.
—Maman a fait la tarte que ......
3 Nous avons écrit des réponses. Les réponses étaient sans fautes!
—Les réponses que ......
4 Voici les billets. J'ai acheté les billets hier.
—Voici les billets que ......
5 J'ai préparé le ragoût. Il était trop salé.
—Le ragoût que ......
6 Nous avons jeté nos vieux souliers. Les souliers étaient tout à fait usés.
—Les souliers que ......
7 Papa a préparé les sandwiches. Ils étaient très bons!
—Les sandwiches que ......

Unit 7

At a hotel: reserving a room
        problems
At a restaurant
A school outing
Tourism in France

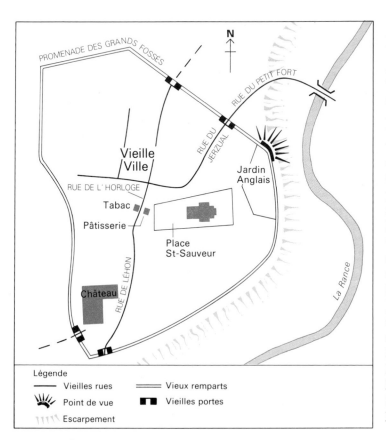

Dinan

Plan de la vieille ville

Au milieu de la ville se trouvent les vieilles rues, dans lesquelles on peut admirer de belles maisons du Moyen Age. Dans la Rue de l'Horloge il y a un tabac, en face duquel se trouve une pâtisserie. La Rue du Petit Fort, en bas de laquelle se trouve le Pont Gothique, descend en pente raide jusqu'à la rivière. Dans les remparts, il y a quatre vieilles portes par lesquelles on peut sortir de la vieille ville. Dans la Rue de Léhon, qui continue la Rue de l'Horloge, se trouve le Château, près duquel il y a la Promenade des Petits Fossés. Le Jardin Anglais, dont on a une vue magnifique sur la rivière, est situé sur un plateau qui surplombe la Rance d'une hauteur de 75 mètres. Entre le Jardin Anglais et la Rue de l'Horloge se trouve la Place Saint-Sauveur, au milieu de laquelle il y a l'église paroissiale.

Vrai ou faux?

1 Les belles maisons du Moyen Age sont au milieu de la vieille ville.
2 Le Pont Gothique est en bas de la Rue de l'Horloge.
3 Le Château se trouve près de la Promenade des Petits Fossés.
4 Du Jardin Anglais, on a une jolie vue sur la Rance.
5 L'église paroissiale se trouve sur la Place Saint-Sauveur.

Le tourisme

Détente et repos

Le tourisme et les vacances sont étroitement associés. Avant 1936, seuls de rares privilégiés, comme les élèves et leurs professeurs, bénéficiaient de vacances. Aujourd'hui, maintes catégories professionnelles disposent d'un congé annuel d'une durée minimum d'un mois, mais 45% des Français seulement en profitent pour quitter leur domicile et s'installer provisoirement ailleurs. Cela représente **une clientèle touristique de plus de 20 millions de personnes**: une partie s'en va au-delà des frontières, tandis que 12 millions d'étrangers viennent en villégiature chez nous. Pour certains Français, les vacances sont même devenues le but de la vie, la période de l'année pendant laquelle on vit pleinement et pour laquelle on travaille le reste du temps.

Le tourisme de détente* est pratiqué par la majorité des Français qui combattent ainsi le surmenage physique et nerveux de la vie moderne. Pour les jeunes, c'est l'occasion d'exercices physiques ou de prouesses sportives: ski, escalade, natation, voile, pêche sous-marine ... De plus en plus, toutefois, les Français en vacances cherchent à prendre contact avec des régions ou des populations, des sites, des monuments, des usines même qu'ils ne connaissaient autrefois que par le livre ou l'image: leur **tourisme** devient alors **culturel***.

Il existe aussi un **tourisme sanitaire**, dont bénéficient les villes d'eau, et un **tourisme religieux** qui se manifeste par des pèlerinages.

Les hôtels n'accueillent, en France, **que 20% des touristes**. Les locations chez l'habitant ou dans des appartements ou des chalets, temporairement libérés, ont la préférence de la moitié des familles. Un ménage sur dix possède une **résidence secondaire**. Les jeunes, les adeptes de la nature, choisissent **le camping**. Ils sont huit millions à installer, chaque année, leur tente ou leur caravane sur des terrains homologués. Des organismes spécialisés ouvrent ici ou là des villages de vacances, des maisons familiales, des refuges de montagne, des auberges de jeunesse et des gîtes ruraux.

* tourisme de détente: tourisme dont les seuls buts sont le repos, la distraction, le dépaysement.

* tourisme culturel: tourisme dont le but essentiel est l'enrichissement de l'esprit.

Cours V. Prévot: *Découverte de la France*

---

ailleurs elsewhere	**le domicile** dwelling-place	**maintes** innumerable	**sanitaire** medical
au-delà beyond	**domicilié à** living at	**la moitié** half	**le surmenage** over-exertion
autrefois formerly	**escalader** to climb	**le pèlerinage** pilgrimage	**tandis que** whereas
le but goal, aim	**l'esprit** (m) mind	**de plus en plus** more and more	**toutefois** however
le congé annuel annual leave, holiday	**étroitement** closely	**la prouesse** prowess	**la ville d'eau** spa town
disposer de to have available	**homologué** approved	**provisoirement** temporarily	**en villégiature** on holiday
	la location rent, letting	**rare** few	

Answer in English

1 Which two groups of people are cited as being amongst the privileged few able to go on holiday before 1936?
2 Why was this privileged group so small?
3 How many French people go away on holiday each year in present times?
4 In what sense have holidays become the aim of life for some French people?
5 Is tourism which improves the mind becoming more popular or less so?
6 Which towns especially are chosen as holiday places for medical reasons?
7 What proportion of French families possess a holiday home?
8 How many young people go camping at listed sites every year?

Réponds en français

1 Combien de Français de nos jours profitent de leur congé annuel pour quitter leur domicile?
2 En général, combien de semaines de congé ont-ils?
3 Combien d'étrangers passent leurs vacances en France chaque année?
4 Pour un certain nombre de Français les vacances sont devenues très importantes. Expliquez pourquoi.
5 Quelles sont les quatre catégories de tourisme dont on parle dans le texte ci-contre?
6 Qu'est-ce que les Français combattent, en pratiquant le tourisme de détente?
7 Quelle proportion des estivants vont dans des hôtels?
8 Où vont les autres?

Le tourisme gastronomique

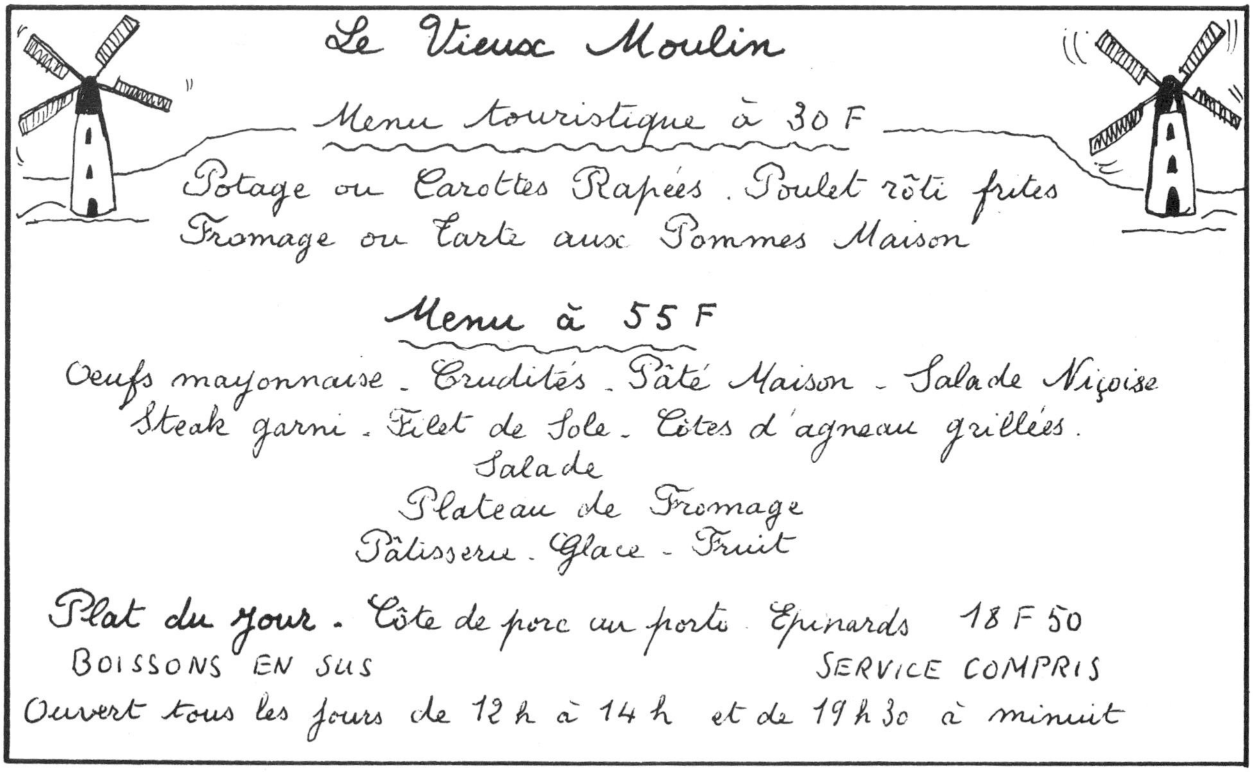

Le Vieux Moulin

Menu touristique à 30 F

Potage ou Carottes Râpées . Poulet rôti frites
Fromage ou Tarte aux Pommes Maison

Menu à 55 F

Œufs mayonnaise - Crudités - Pâté Maison - Salade Niçoise
Steak garni - Filet de Sole - Côtes d'agneau grillées.
Salade
Plateau de Fromage
Pâtisserie - Glace - Fruit

Plat du Jour - Côte de porc au porto Épinards   18 F 50
BOISSONS EN SUS   SERVICE COMPRIS
Ouvert tous les jours de 12 h à 14 h et de 19 h 30 à minuit

1 Tu ne disposes que de 35 francs. Quel menu est-ce que tu choisis?
2 Tu as choisi le menu à 55 francs. Qu'est-ce tu prendras comme
  —hors-d'œuvre?
  —plat principal?
  —dessert?
3 Tu aimes les épinards? Alors, tu choisiras le plat du jour?
4 Est-ce que le prix de la boisson est compris?
5 Combien d'heures par jour ce restaurant est-il ouvert?

Au Bon Accueil

1 Où se trouve ce restaurant?
2 Ce menu est-il plus cher ou moins cher que celui du 'Vieux Moulin'?
3 Qu'est-ce que tu comprends par 'Assiette de Charcuterie'?

4 Si tu voulais manger des crustacés, quelle omelette choisirais-tu?
5 Quel choix de légumes y a-t-il?
6 C'est combien, le service?

"Au Bon Accueil"
RESTAURANT DE LA VILLE HAUTE

MENU A 65 F

1. Oeuf à la Russe
ou Salade de tomates
ou Crudités
ou Assiette de Charcuterie
ou Moules à l'Espagnol
2. Omelette ⎧ Moules.
          ⎨ Oignons.
          ⎩ Fromage.
3. Escalope à la crème
ou Steack Américain
ou Boeuf Bourguignon
ou Côte de Porc

FRITES
ou
HARICOTS VERT

FROMAGE ou GLACE

Service non compris 15 %

RESTAURANTS - BRASSERIES
CREPERIES - SALONS DE THE
TRAITEURS - DISCOTHEQUES

RESTAURANTS	ADRESSES	☎	SPÉCIALITIES
RESTAURANTS TYPIQUES			
Le Dragon Bleu .... (fermé le dimanche)	15, rue du Chapitre............	36.73.66	Spécialités vietnamiennes : Canard laqué, langoustines à la campagnarde, Cha-Gli « Dragon Bleu ».
Restaurant chinois Hua-Yen...... (fermé le lundi, ouvert le soir en août)	36, rue Vasselot	79.53.51	Spécialités chinoises : Canard rôti laqué, Crevettes de la maison, Pâté impérial, ananas en beignets.
BRASSERIES - RESTAURANTS			
Piccadilly Tavern .... (ouvert tous les jours)	15, Galerie du Thèâtre	79.30.88	Sa brasserie, son cadre, son glacier.
La Chope .... (ouvert tous les jours)	3, rue de la Chalotais..........	30.14.51	Huîtres, coquilles St-Jacques, cornards à la chablisienne, choucroute au Riesling. Plat du jour. Service jusqu'à minuit.
Le Galopin .... (fermé le dimanche)	21, avenue Janvier.............	79.37.30 30.09.51	Produits frais maison. Spécialités de fruits de mer. Grillades et viandes rôties. Service jusqu'à 23 h.
Le Sévigné................................ (fermé samedi midi et dimanche)	47, avenue Janvier.............	30.86.86	Spécialités alsaciennes et grillades au feu de bois. Reçoit jusqu'à 22 h 45.
La Paix	Place de la République	30.80.21	Plat du jour. Spécialités du jour.
SELF-SERVICE			
Resto-Self Mairie....................... (fermé le soir, dimanche et fêtes)	5, rue Baudrairie................	79.42.42	9 plats chauds au choix, dont une spécialité chaque jour. Ouvert de 11 h à 14 h 30.
Surcouf .... (ouvert tous les jours)	13, place de la Gare	30.59.79	Plats chauds servis sur tables. Qualité et prix à la portée de tous. Ouvert de 11 h à 15 h et de 18 h à 1 h du matin.
CREPERIES - SNACK-BARS			
Au Bon Vieux Temps .... (fermé lundi, samedi midi et dimanche midi)	22, rue du Chapitre............	79.54.04	Crêperie-Grill ouvert midi et soir jusqu'à minuit.
La Bonne Pâte	6, rue Derval......................	79.26.48	Une autre crêpe, un autre cadre. Les desserts Maison.
Crêperie des Trois Soleils	Centre commercial............ (rue d'Isly)	30.61.16	Crêperie, Snack-Grill. Service de 11 h à 20 h.
Le Descartes .... (ouvert le dimanche)	4, rue Descartes................	30.29.69	Cadre rustique; grande variété de crêpes et galettes.
PATISSERIES - SALONS DE THE			
Gaillard .... (fermé le mercredi)	30, avenue Janvier............	30.19.90	Pâtisserie, salon de thé. Spécialité : le Louis d'Or.
Baba.. (fermé le lundi matin)	7, rue d'Orléans.................	30.61.14	Crêperie-snack : pâtisseries, confiseries, glaces maison.

L'embarras du choix!

Study the information given above and say where you would go:

1 for a late-night meal at a self-service restaurant
2 to eat at a three-star restaurant specializing in seafood
3 to sample dishes from the Far East, on a Monday
4 for a pancake at Sunday tea-time, in a rustic setting
5 to eat meat cooked over a wood fire.

✈ Dialogues

Au restaurant

Touriste 1: Je voudrais une table pour deux, s'il vous plaît.

Garçon: Oui, si vous voulez bien me suivre par ici . . . Voilà; et voilà la carte.

Touriste 1: Est-ce que je peux avoir la carte des vins aussi?

Garçon: Mais oui, bien sûr . . . La voilà.

Touriste 1: Merci.

Quelques minutes plus tard

Garçon: Vous avez choisi? Qu'est-ce que vous prenez?

Touriste 1: Comme hors d'œuvre, une assiette de crudités et un pâté maison.

Garçon: Oui . . . Et après?

Touriste 1: Après, deux steaks garnis, bien cuits. Et une carafe de rouge.

Le garçon revient avec les hors-d'œuvre

Touriste 2: Monsieur! Ce verre est ébréché et la fourchette est sale. Voulez-vous bien les changer?

Garçon: Oui, tout de suite.

Touriste 2: Et il me semble que vous avez oublié le vin?

Garçon: C'est vrai! Excusez-moi!

Plus tard

Garçon: Alors, les steaks étaient assez cuits?

Touriste 1: Parfait! A point!

Garçon: Bon; alors, qu'est-ce que vous prenez comme dessert?

Touriste 2: On a décidé de prendre une pâtisserie et une glace au chocolat.

Garçon: Tout de suite!

A l'hôtel

Propriétaire: Bonjour! Je peux vous aider?

Touriste: Je voudrais réserver une chambre à deux lits, pour quatre nuits.

Propriétaire: A partir de quand?

Touriste: A partir d'aujourd'hui.

Propriétaire: Vous voulez une chambre avec douche ou salle de bains?

Touriste: Avec douche, si possible.

Propriétaire: Oui, nous en avons une au troisième étage, à côté des WC.

Touriste: Il y a un ascenseur?

Propriétaire: Oui, mais je regrette, il est en dérangement.

Touriste: Et la chambre coûte combien?

Propriétaire: 110 francs, taxes et service compris.

Touriste: Et le petit déjeuner coûte combien?

Propriétaire: 10 francs. On peut le prendre à partir de six heures et demie.

Touriste: Euh . . . La chambre donne sur la rue?

Propriétaire: Non, elle donne sur le jardin.

Touriste: Alors, c'est parfait. Je la prends.

Propriétaire: Votre nom, s'il vous plaît?

Touriste: Emmans.

Propriétaire: Comment ça s'écrit?

Touriste: E, deux M, A, N, S.

Propriétaire: Merci. Voici votre clé. C'est la chambre numéro 11. Je vais monter vos valises.

Plus tard . . .

Touriste: Monsieur, la vidange du lavabo ne fonctionne pas★.

Propriétaire: Oh, vraiment? On va voir ça tout de suite. C'est la chambre numéro 11, n'est-ce pas?

Touriste: Oui, c'est ça. Et est-ce que je pourrais avoir un deuxième traversin★?

Propriétaire: Vous trouverez des traversins supplémentaires dans la grande armoire.

Touriste: Ah bon! Je n'y ai pas encore regardé. Vous pouvez me recommander un bon restaurant pas trop cher près d'ici?

Propriétaire: Oui: vous avez deux pizzérias dans la rue d'Ahuy; vous descendez la rue Devosges, et vous tournez à droite.

Touriste: Mais nous voudrions bien manger à la française!

Propriétaire: Alors, je vous recommande le 'Vieux Moulin', sur la Place François Rude.

Touriste: Ça se trouve où?

Propriétaire: Au centre de la ville, tout près de la Rue de la Liberté. Leur cuisine est excellente. Ça vaut vraiment la peine d'y aller.

Touriste: Bon, on y va. Merci!

★ Autres possibilités:

La lampe de chevet
Le robinet (eau chaude, eau froide)
La douche
Le WC
La serrure
La fermeture de la fenêtre . . . ne fonctionne pas.

Est-ce que je pourrais avoir . . .
encore une couverture?
du papier de toilette?
une grande serviette?
encore deux ou trois cintres?
un cendrier?
un traversin plus mince?

L'HÔTEL FERME LE DÎMANCHE -- ET FÊTES DE 13ᴴ00 À 18ᴴ00

As-tu compris?

Au restaurant

1 What do the tourists choose for starters?
2 What two items does the lady complain about?
3 What does the waiter forget?
4 Were the tourists pleased with their steak?
5 What do they decide to have as a sweet?

A l'hôtel

1 Does the tourist want a single or double room?
2 For how many nights?
3 Which floor is the room on?
4 How much does it cost?
5 Is breakfast included?
6 What does the hotel-owner volunteer to do?

Plus tard . . .

1 What isn't working properly in room 11?
2 What does the tourist ask for?
3 Why does she not particularly want to eat at a pizzeria?
4 Which restaurant is recommended?
5 Where is it?

Role-play

At the hotel (1)

Say that you would like to reserve a single room, and a double room with shower.

—Oui, alors nous avons la chambre numéro 10 et, euh . . . la chambre numéro 23. Elles donnent sur la rue. Ça ne vous fait rien?

Say that you would prefer rooms which look out over the old town.

—Alors, le numéro 14, euh . . . et le numéro 35.

Ask if there is a lift.

—Oui, de l'autre côté de l'escalier. Mais faites attention! Il est pour deux personnes à la fois, pas plus!

Ask from what time breakfast is available.

—A partir de sept heures. On le sert dans les chambres. Vous prenez du café, du thé ou un chocolat chaud?

Say that you will have a coffee, with a lot of milk.

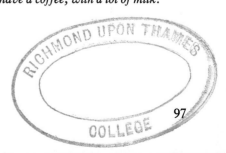
97

At the hotel (2)

Say that the central heating in room 14 isn't working and that you are cold.
—On va voir ça tout de suite. Autrement tout va bien?
Say that you would like three extra coat-hangers.
—Bon, je vais vous en chercher.
Ask where you should leave your keys when you go out.
—Là-bas, derrière la porte.
Ask if the receptionist can recommend a good restaurant, not too dear and not too far away.
—Oh oui! Vous avez un bon petit restaurant à deux pas d'ici. Tournez à gauche en sortant de l'hôtel. Ça s'appelle 'Chez André'.

At the restaurant

Ask for the menu and wine-list.
—Voilà . . . Vous avez choisi?
Say that you will have soup, followed by steak, and for your friend, home-made pâté and roast chicken and chips.
—Vous voulez le bifteck bien cuit ou saignant?
Say that you prefer it well done.
—Et qu'est-ce que vous prenez comme vin?
Ask for a half-carafe of red. Ask for your glass to be changed because it is dirty.

Travail à deux

Using the menus given earlier in this Unit and working in pairs, make up other dialogues in French between a waiter and customer.

On écrit pour réserver des chambres

Write a letter to Monsieur le Propriétaire,
        Hôtel de Nice,
        42, rue de la gare,
        75008 Paris,
in order to reserve from 2 August to 9 August a room for two people (one large bed) with bathroom or shower, and a room for two people (two beds) with washbasin only but on the ground floor. If possible, you would prefer to have rooms which do not look out onto the street. Ask how much full- and half-board cost. As you will enclose an International Reply Coupon, use this sentence:
    'Je joins un coupon-réponse international.'

End your letter with:
    'Veuillez agréer, monsieur, l'expression de mes sentiments respectueux.'

Don't forget to set out your letter properly!

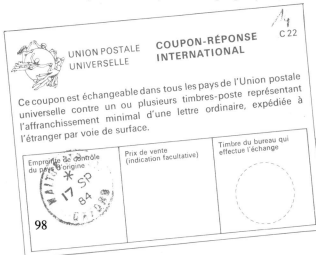

A toi de choisir!

Chambéry: Ville sportive

Chambéry présente une forme de tourisme dont le succès croissant répond à un besoin impératif : s'oxygéner, fuir le bruit, conserver des vacances autre chose qu'une performance kilométrique, la santé. Chambéry est le type même de la ville de province en plein essor. Fidèle à son passé, elle se tourne vers l'avenir. On peut habiter au quinzième étage (quelle vue sur les Alpes!) et flâner dans ses rues secrètes où le silence écoute un piano d'autrefois.
Ville sportive, Chambéry dispose des aménagements qui permettent la pratique de la natation, du tennis, de l'équitation, de l'aviation, du parachutisme, du tourisme pédestre. De plus, elle se trouve à moins de 100 km des plus grandes stations de sports d'hiver.

1 Qu'est-ce que les touristes qui viennent à Chambéry ont besoin de faire?
2 Comment est-ce qu'on jouit et du passé et de l'avenir à Chambéry?
3 Quels sports peut-on pratiquer à Chambéry?
4 Et à une distance de moins de 100 kilomètres?

Rennes: Ville d'accueil

Outre son patrimoine bâti et sa vie culturelle active, RENNES offre aux visiteurs de nombreux espaces verts, dont le célèbre Thabor, splendide jardin, d'une dizaine d'hectares, installé dans l'ancien verger de l'abbaye Saint-Melaine. La ville est parcourue par l'Ille et la Vilaine que bordent d'agréables chemins de halage. A la belle saison, la Vilaine fait l'objet de promenades en bateau-mouche, de la journée à la demi-journée. Les restaurants et les hôtels sont particulièrement nombreux et variés. Fréquentés généralement par les hommes d'affaires en semaine, ils sont largement disponibles aux visiteurs en fin de semaine et en été. Aussi, RENNES est-elle un **centre de congrès**. La gastronomie y est excellente et fait honneur tout aussi bien à la cuisine régionale (nombreuses crêperies ...), traditionnelle qu'à la cuisine nouvelle ou exotique.

1 Qu'est-ce que c'est, le Thabor?
2 Et la Vilaine?
3 Qu'est-ce qu'on peut faire sur la Vilaine en été?
4 Qui fréquente les nombreux hôtels et restaurants en semaine?
5 Est-ce qu'on mange bien à Rennes?

Aix-les-Bains: Ville d'eau

Située entre le lac du Bourget et le Mont Revard, à 250 m d'altitude, Aix-les-Bains est une station thermale et touristique mondialement connue. Le Lac du Bourget est le plus grand plan d'eau de France (18 km de long sur 2 à 3 km de large, profondeur variant entre 60 et 100 m). C'est un lac extrêmement poissonneux.

Une des caractéristiques de la région est son climat essentiellement tempéré : les saisons y sont remarquablement équilibrées. Le lac du Bourget exerce une influence modératrice et permet la croissance d'une végétation méditerranéenne, notamment à Brison : figuiers, amandiers, palmiers, oliviers, et même quelques mimosas.

Les eaux d'Aix ont été découvertes par les Romains, et il existe encore de nombreux vestiges de cette époque.

1 Où est-ce qu'on peut aller à la pêche à Aix-les-Bains?
2 Comment est le climat de la région?
3 Quelles plantes méditerranéennes y poussent?
4 Quels sports, à part les sports nautiques, se pratiquent à Aix-les-Bains?

EQUIPEMENT TOURISTIQUE
Aix est une station thermale renommée et une station touristique de premier plan :

On peut y pratiquer tous les sports : sports nautiques, (grande plage de sable fin, ports de plaisance, ski nautique, club de voile), golf, tennis, tir au pigeon. Un vaste hippodrome et un club d'équitation.

Laquelle de ces trois villes choisirais-tu comme centre de villégiature et pourquoi?

Voyage organisé

Voici un extrait d'une lettre écrite par Daniel:

...J'adore aller dans le Midi. L'année dernière, j'ai passé dix jours en Camargue. C'était un voyage de fin d'année organisé par mon collège. Nous étions trois classes de troisième avec dix professeurs qui nous accompagnaient. Nos vélos, nos tentes et toute la nourriture ainsi que les marmites étaient partis une semaine avant nous dans un wagon spécial et nous attendaient à la gare à Arles. Nous avons pris le train de notre village jusqu'à Amiens. Puis nous avons changé de train pour aller à Paris. Nous avons pris le métro, puis un autre train jusque dans le Midi. Ce fut un voyage d'environ mille kilomètres et de douze heures. Nous avons passé dix jours formidables avec un temps splendide. Nous avons parcouru toute la Camargue en vélo. Nous avons fait beaucoup de visites et nous nous sommes aussi baignés. L'eau était encore un peu froide, car c'était au mois de mai. C'était nous, élèves, qui faisions la cuisine et la vaisselle. Les deux derniers jours, nous avons fait du camping sauvage sur une plage déserte. Et la veille du départ, nous avons fait un grand feu de joie autour duquel nous étions tous réunis pour manger des grillades, pour chanter (nous étions accompagnés par des guitares et des flûtes que certains élèves avaient apportées), et pour faire des jeux. Ce voyage entre adolescents fut pour moi une expérience que m'apprit beaucoup de choses. J'aurais bien voulu recommencer ce voyage, mais malheureusement j'ai changé d'école car j'ai déménagé. Et puis, de toutes façons, je ne pouvais pas recommencer car je suis entré en seconde en septembre; il fallait donc que je change de lycée...

Choisis le mot ou la phrase qui convient

1 Daniel est allé passer **plus d'une semaine/un weekend/un mois** en Camargue.
2 Il y est allé avec **sa famille/un copain/un groupe scolaire**.
3 Il y avait **trois/dix/deux** responsables.
4 On a fait le voyage **dans un wagon/par le train/à bicyclette**.
5 On y a mis **dix jours/un jour/douze heures**.
6 On a traversé **la Camargue/Amiens/Arles** en vélo.
7 **Les parents/les élèves/les professeurs** étaient responsables des repas.
8 Certains élèves avaient apporté **des instruments de musique/des jeux/des grillades**.
9 Daniel n'a pas recommencé ce voyage parce que **c'était une mauvaise expérience/il n'aime pas le camping sauvage/il a changé de lycée**.

Partez en Promenade sur des Chevaux Camargue 1h, 2h ou demie journée. En Pinède dans un coin majestueux et sauvage pour la journée avec repas au feu de bois ....

Conversation

As-tu jamais participé à un voyage organisé?

As-tu déjà fait un voyage de fin d'année avec ton lycée?

Quand est-ce que le voyage a eu lieu?

En quelle classe étais-tu?

Qui a organisé le voyage?

Quels jeunes/adolescents y ont participé?

Où êtes-vous allés?

Comment avez-vous fait le voyage?

Avez-vous pris l'autoroute, l'avion, le train ou le ferry?

Si vous avez pris le ferry ou l'hovercraft, où avez-vous embarqué et débarqué?

Avez-vous changé de gare à Londres?

Si vous avez pris l'avion, de quel aéroport êtes-vous partis?

Où avez-vous atterri?

Combien de temps le voyage a-t-il duré?

Avez-vous fait du camping?

Avez-vous séjourné dans des auberges de jeunesse?

Etes-vous restés dans un centre de vacances sportives ou une colonie de vacances?

Quel temps a-t-il fait?

Vous êtes-vous baignés?

Qui a fait la cuisine et la vaisselle?

Avez-vous dormi dans des tentes ou dans des dortoirs?

Avez-vous mangé en plein air?

Quels sont les avantages et les inconvénients de faire du camping?

Qu'est-ce que vous avez fait comme activités pendant ces vacances?

Avez-vous fait du tourisme?

Le soir, qu'est-ce qu'on organisait?

Est-ce que tu préfères passer tes vacances avec des jeunes ou avec tes parents?

Pourquoi?

Si tu es allé(e) à l'étranger:

Qu'est-ce que tu as mangé et bu?

Quel plat as-tu surtout aimé?

Et quelle boisson?

As-tu trouvé les Français, les Espagnols, les Allemands etc., bien différents des Anglais?

En quoi consistait la différence?

Etais-tu content(e) de ton voyage organisé?

Voudrais-tu le recommencer?

🌀 Listening comprehension

Première partie

Jérôme et Valérie

1 What sort of school trip does Jérôme talk about?
2 Who took part in it?
3 How long did they stay?
4 Was it a success socially?
5 Who went on the trip which Valérie describes?
6 How long did the trip last?
7 Which towns did the group visit?
8 What accommodation did they use?

Marie-Pierre et Virginie

1 Where was the museum in which Virginie saw Hitler's car?
2 Which other visit particularly impressed her?
3 What details does she give?
4 What activities did Marie-Pierre take part in during the course at Chalain?
5 Quote in French the three sentences in which she indicates that she was obviously very pleased with the course.

Deuxième partie

Jérôme et Virginie

1 In what order do Jérôme and Virginie talk about the following:
houses; school; telephone boxes; gardens; motor-bikes; swimming baths; physical contact; food.
2 What has particularly struck them about each of the subjects they talk about?
3 Who says each of the following, and in what connection exactly:
—Oui, ce n'est pas comme en France!
—C'est assez vieux, et j'aime bien!
—C'était interdit!
—C'est assez caractéristique.
—Je trouve ça assez . . . drôle; par rapport en France, c'est pas du tout comme ça!
—C'est vraiment incroyable!

A l'hôtel

What do these notices mean?

TARIF T.T.C.

CHAMBRES BAINS + W.C.
TV & RADIO

1 LIT	1P	166 F	–	181 F
	2P	179	–	194
2 LITS	1P	155	–	170
	2P	190	–	205
3 LITS	3P	235	–	250

CHAMBRES LAVABO + BIDET

1 LIT	1P	95 F

PETIT DEJEUNER 16 F

NE FAITES PAS DE
BRUIT
après
22 heures
MERCI!
La Blondin

ATTENTION !
LA PORTE D'ENTRÉE EST FERMÉE
DE 1H À 7H. SI VOUS PENSEZ
RENTRER TARD, N'HÉSITEZ PAS À
DEMANDER UNE CLE DE LA PORTE
DE SERVICE À LA RECEPTION.
MERCI

On se lie d'amitié

How would you ask a French friend the following, in French?

1 Have you ever taken part in a school trip?
2 Where did you go?
3 What did you see?
4 What did you do exactly?
5 Do you prefer to spend your holidays with young people or with your family?
6 Do you like camping?
7 Do you like youth hostelling?
8 Where do you spend your holidays usually?
9 How long do you stay?
10 Have you ever been to a children's holiday camp?

Au téléphone

Voici la moitié audible d'une conversation au téléphone. Qu'est-ce qu'Aline a dit à l'autre bout du fil?

Aline: ......
Valérie: Ah non, au contraire, je viens de rentrer cet après-midi.
Aline: ......
Valérie: Oh oui! Nous avons mis douze heures à le faire!
Aline: ......
Valérie: Mille kilomètres!
Aline: ......
Valérie: Oui, ça m'a beaucoup plu, surtout le camping sauvage.
Aline: ......
Valérie: Sur une plage déserte! C'était sensas!
Aline: ......
Valérie: Le soir? Euh ... on a chanté, fait des jeux ...
Aline: ......
Valérie: Bien sûr que j'ai pris des photos! Tu viendras me voir pendant le weekend?
Aline: ......
Valérie: Non, le samedi après-midi, je ne serai pas là. Dimanche après-midi peut-être?
Aline: ......
Valérie: Zut alors! Et dimanche matin?
Aline: ......
Valérie: Oui, ça m'arrange bien. A dimanche, alors. Au revoir!

En vacances

La famille Monet a fait un tour dans les Pyrénées l'an dernier. Raconte ce qui s'est passé le soir où ils se sont arrêtés à l'Hôtel Saint Bernard à Tarbes, en route pour la montagne.

Grammar section

Relative pronouns

Relative pronouns used after a preposition are as follows:

Persons

For a person, use **qui**.
Examples:
Le professeur **à qui** je parlais s'appelait Monsieur Bosc.
Le jeune homme **avec qui** elle sortait conduisait comme un fou.
Les cousins **pour qui** j'ai acheté ce cadeau habitent à Lourdes.

Objects

For objects, use **lequel   laquelle**
              lesquels   lesquelles

Examples:

La ville **vers laquelle** il se dirigeait était à 80 kilomètres d'ici.
C'est un dictionnaire **sans lequel** je ne pourrais pas travailler.

Combined forms using **à**:
Voilà la peinture **à laquelle** je pensais.
Voilà le tableau **auquel** je pensais.
La géographie et la géologie sont des matières **auxquelles** je m'intéresse beaucoup.
Ce sont des examens **auxquels** je pense souvent.

Combined forms using **de**:
C'est une montagne **au sommet de laquelle** on n'arrivera jamais.
Voilà le petit chemin **au bout duquel** il y a de belles mûres en octobre.

Dont

If *whose*, *of which* or *of whom* is the first word in the clause, **dont** is used.

Examples:
Voilà son vélo, **dont** les freins ne marchaient pas du tout.
Voilà Madame Pasquier, **dont** vous connaissez la fille.
J'ai remis dans la boîte le gâteau **dont** j'ai mangé la moitié.
La maison **dont** on voit la cheminée là-bas est celle de Nicole.

A toi!

Combine the two clauses given in order to make one sentence, using a relative pronoun.
Example: Voilà l'arbre! Il s'est endormi sous cet arbre.
       —Voilà l'arbre **sous lequel** il s'est endormi.

1 Voilà la clé! Sans cette clé, tu ne pourras entrer chez moi.
2 Voilà le sommet! Il espérait monter sur ce sommet.
3 Voilà le couteau! J'ai coupé les oignons avec ce couteau.
4 Voilà la route! Vous arriverez à Grenoble par cette route.
5 Voilà les placards! Elle a mis tous les vieux livres dans ce placard.
6 Voilà le lit! J'ai caché tous les cadeaux sous ce lit.
7 Voilà les remparts! On peut faire le tour de la ville sur ces remparts.
8 Voilà les vieilles rues! On peut flâner dans ces vieilles rues.

The missing link

The sentences given below were all taken from letters written by French teenagers. Each sentence has *one* word missing—the relative pronoun. Supply that missing word!

1 Nous sommes partis en direction du Mont Saint Michel, dans ...... nous avons visité l'abbaye des moines.
2 C'était drôlement intéressant de voir la façon ...... ils fabriquaient les cloches.
3 Nous avons parcouru tout un musée dans ...... nous avons vu les différentes étapes du débarquement.
4 Le feu s'est déclaré dans une armoire dans ...... était entreposé du matériel de travail manuel.
5 La famille dans ...... j'ai été reçu était très sympathique.
6 Il y avait une rivière ...... l'eau était transparente.
7 Mes amies et moi sommes allées visiter les arènes dans ...... se font les corridas.
8 Je donnerai peut-être une petite fête pour ...... j'inviterai quelques amis.
9 Je fais toujours la collection de timbres. Depuis ta dernière lettre, j'en ai acquis ...... je suis très fier.
10 Nous avons fait un grand feu de joie autour ...... nous nous sommes tous réunis.
11 J'espère que tu gagneras suffisamment d'argent pour pouvoir acheter la guitare ...... tu rêves.
12 Vendredi soir, je suis sorti avec des amis ...... tu as fait la connaissance l'année dernière.

En

The pronoun **en** usually means (*some*) *of it, of them.* It replaces a phrase beginning with **de**.
Examples:
Combien de disques as-tu? J'en ai cent vingt.
On a vu des cloches; j'en ai apporté une.
Si tu veux venir chez moi, parles-en à tes parents.
J'espère que tu aimes les chats, parce que j'en ai un.
Tu m'avais dit que tu cherchais du travail. J'espère que tu en as trouvé.
Pollux, mon chien—je pense que tu t'en souviens—était fou de joie.

Sometimes, **en** means *from there.*
Example:
Quand revient-il du Moyen Orient? Il en revient au mois de mai.
On sort de la vieille ville par où? On en sort par la porte en bas de la rue.

A toi! Réponds en utilisant le pronom 'en'

1 Combien de vieilles portes y a-t-il à Dinan?
2 Quel pourcentage des Français profitent de leur congé annuel pour quitter leur domicile?
3 La touriste avait besoin d'un traversin supplémentaire?
4 Combien de sœurs le Prince Charles a-t-il?
5 Tu sais faire du ski?
6 Tu prends du sucre dans ton café?
7 Reçois-tu beaucoup de cartes de Noël, en général?
8 Tu bois du thé le matin?

Y

The pronoun **y** replaces a phrase of place or an impersonal phrase beginning with **à**.
Examples:
Tu vas en Suisse cet été? Oui, j'y vais en août.
Es-tu jamais allé aux Etats-Unis? Non, je n'y suis jamais allé.
Elle s'intéresse à la musique classique? Oui, elle s'y intéresse.
Combien de temps ont-ils passé dans les Pyrénées? Ils y ont passé deux semaines.
On va chez André? Oui, d'accord; on y va.
On peut se promener sur les remparts à Dinan? Oui, on peut s'y promener.
Tu participes à l'échange? Oui, j'y participe.

A toi! Réponds en utilisant le pronom 'y'

1 Penses-tu souvent aux examens?
2 Es-tu déjà allé(e) en France?
3 Manges-tu dans la cantine à midi?
4 Tu t'intéresses au cinéma?
5 Rentres-tu à la maison en fin de journée?
6 Est-ce qu'on trouve de beaux monuments dans ta ville?
7 Voudrais-tu aller à la discothèque le weekend prochain?
8 A quelle heure arrives-tu à l'école le matin?

Unit 8

Buying presents, clothes and food
Celebrating a birthday
Arriving late at a party
What you do at the weekend

Dans les magasins

Qu'est-ce qu'on achète dans chacun de ces magasins?

Travail à deux

Choisissez au moins cinq des magasins ci-dessus et faites des dialogues spontanés
entre le/la marchand(e) et un(e) client(e).

Il y a combien de temps?

Tu es entré(e) dans un de ces magasins récemment? Il y a combien de temps,
exactement? Pour acheter quoi?

Pourquoi va-t-on dans chacun de ces établissements?

Dans un grand magasin

Mini guide Galeries Lafayette

sous-sol
vaisselle, faïence,
porcelaine,
cristal, verrerie,
orfèvrerie,
ustensiles de cuisine,
vannerie
électroménager

rez-de-chaussée
informations service,
bureau de détaxe,
hôtesses interprètes,
souvenirs de Paris et
poupées,
bijouterie fantaisie,
joaillerie,
maroquinerie
et bagages,
carterie, papeterie,
jeux (boutique,
Post-Scriptum),
disques, cassettes,
livres,
parfums

1er étage
banque, change
magasin hommes
mode féminine
(boutique des créateurs),
club 30,
chaussures,
club 20 ans

2e étage
vêtements enfants,
layette,
lingerie,
salon de coiffure
et beauté,
jouets

3e étage
fourrure,
prêt-à-porter féminin

4e étage
mobilier,
luminaires,
tapis,
tapis d'orient

5e étage
linge de maison,
services de table,
draps,
couvertures

6e étage
restaurants:
Grill Lafayette,
le Relais des Galeries,
radio, TV, HI-FI,
sport,
articles de pêche

7e étage
terrasse
bar, salon de thé
ouvert en été

TOUT PARIS DANS UN GRAND MAGASIN

Galeries Lafayette

magasin principal
40, boulevard Haussmann (près de l'Opéra)
tél. 282.34.56
ouvert tous les jours du lundi au samedi
de 9 h 30 à 18 h 30

au pied de la Tour Montparnasse
tél. 538.52.87
ouvert tous les jours du lundi au samedi
de 9 h 45 à 19 h 15

Aux Galeries Lafayette

Combien de magasins de ce nom y a-t-il à Paris?
Lequel est ouvert le plus tard dans la soirée?

Travail à deux

En consultant le mini-guide ci-contre, composez de
courts dialogues. Par exemple, pour acheter le
dernier disque de votre groupe favori:
—C'est où, le rayon des disques, s'il vous plaît?
—C'est au rez-de-chaussée.
Allez-y! Qu'est-ce qu'il faut demander pour chacun
de ces achats?
    un moulin à café
    une paire de gants auto pour hommes
    une canne à pêche
    un flacon de parfum
    du papier à lettres
    un pantalon (âge six ans)
    une robe en prêt-à-porter
    une nappe et six serviettes
    un bol à café
Et si on veut goûter en plein air?
Et si on veut changer de l'argent?

🜨 Dialogues

On prépare un pique-nique pour un groupe de jeunes

A la charcuterie

René: Bonjour, monsieur! Je voudrais huit tranches de jambon, s'il vous plaît.

Charcutier: Voilà—huit tranches de jambon. Et avec ça?

René: 200 grammes de pâté de canard, s'il vous plaît.

Charcutier: Voilà—200 grammes de pâté de canard. C'est tout?

René: Non; je voudrais aussi quatre pizzas et quatre quiches lorraines.

Charcutier: Voilà. C'est tout?

René: Oui, c'est tout. Ça fait combien?

Charcutier: 46 francs 60 en tout, s'il vous plaît.

A la boulangerie

René: Un pain de campagne, s'il vous plaît.

Boulangère: Je suis désolée, il n'en reste plus.

René: Alors, donnez-moi quatre baguettes, s'il vous plaît.

Boulangère: Voilà—quatre baguettes: ça fait 10 francs 40, s'il vous plaît.

Au marché

René: C'est combien, les pêches?

Marchande: 6 francs 60 le kilo.

René: Alors, j'en prends un kilo.

Marchande: Et avec ça?

René: Deux kilos de pommes, s'il vous plaît.

Marchande: 14 francs 90 en tout, s'il vous plaît.

A l'alimentation générale

René: Bonjour, madame! Je voudrais deux bouteilles d'eau minérale, une bouteille de Pschitt orange et une de Pschitt citron.

Dame: Voilà: les bouteilles de Pschitt sont consignées, un franc chacune.

René: Je voudrais aussi une plaque de beurre et une livre de gruyère. Ça fait combien en tout?

Dame: Alors, voyons: 16 francs les boissons; 4 francs 50 le beurre et 20 francs le fromage: 40 francs 50, s'il vous plaît.

René: J'ai seulement un billet de 100 francs. Ça va?

Dame: Oui, ça va. Alors, 40 francs 50, 41, 42, 43, 44, 45, 50; et 50: 100 francs.

René: Merci bien, madame. Au revoir!

Au rayon des vêtements

Vendeuse: Qu'y a-t-il pour votre service?

Cliente: Je cherche un T-shirt blanc.

Vendeuse: Quelle taille est-ce qu'il vous faut?

Cliente: 44, s'il vous plaît.

Vendeuse: Alors, voilà. Ça vous va?

Cliente: Ah non! C'est trop grand!

Vendeuse: Mais vous avez dit 44!

Cliente: Oh, excusez-moi! Je voulais dire 40.

Vendeuse: Ah bon. Alors, voilà le même en 40.

Cliente: Et il coûte combien, celui-ci?

Vendeuse: 80 francs.

Cliente: Vous n'avez rien de moins cher?

Vendeuse: Si; nous avons celui-ci en offre spéciale. Il fait 55 francs.

Cliente: C'est parfait. Je le prends. Voulez-vous me l'envelopper? C'est pour offrir; je vais l'emporter en Angleterre.

Vendeuse: Mais oui, bien sûr. Je vais vous faire un joli paquet.

On fait du lèche-vitrine

Françoise: Tiens! J'aime bien ces pantalons, surtout celui à gauche!

Annie: Il est chic! J'aime bien le bleu-marine. Et les foulards là-bas: tu les aimes?

Françoise: Ceux à gauche ne sont pas mal, mais les autres sont affreux!

Annie: Moi, je voudrais m'acheter des chaussures. Celles que j'ai achetées le mois dernier ne vont pas du tout avec mon pull neuf.

On arrive en retard à une boum

Claudine: Te voilà enfin! Qu'est-ce qui t'est arrivé?

Didier: Je m'excuse! Je me suis trompé d'autobus et j'ai dû faire deux kilomètres à pied.

Claudine: Ça alors! Tu as apporté tes disques?

Didier: Quels disques?

Claudine: Tu avais dit que tu apporterais tes disques!

Didier: Mais non! Tu as tort! Je n'ai pas dit ça!

Claudine: Si! Mais ça ne fait rien. Entre!

Didier: Tiens! Bon anniversaire! Voici un cadeau pour toi.

Claudine: Merci, c'est gentil!

Didier: Qu'est-ce qu'on t'a offert?

Claudine: Oh, beaucoup de choses. Maman m'a offert des cassettes. On est en train de les écouter. Viens! On est au salon . . .

As-tu compris?

On prépare un pique-nique

1 Which four shops does René go into?
2 What does he buy at each shop?
3 How much does he pay in all at the first shop?
4 What is the price of one 'baguette'?
5 How much are the peaches per kilo?
6 What is the amount of the deposit on each bottle of Pschitt?
7 How much change does René receive at the fourth shop?

Au rayon des vêtements

1 Why is the first T-shirt not acceptable?
2 Why is the second one not acceptable either?
3 How much does the third one cost?
4 What is the customer going to do with the T-shirt?

On fait du lèche-vitrine

1 Which articles in the window are commented upon?
2 Why does the second person need to buy new shoes?

On arrive en retard à une boum

1 How far has Didier walked?
2 Why did he have to walk so far?
3 What has he not brought with him?
4 Why is Claudine surprised?
5 What other presents has Claudine received?

Role-play

At the market

—Vous désirez?
Ask the price of strawberries.
—6 francs 90 le kilo. Combien en voulez-vous?
Ask for a pound of them.
—Voilà: une livre de fraises. Et avec ça?
Ask how much the pineapples are.
—C'est 9 francs la pièce.
Say that you will take one of them.
—Voilà. Et avec ça?
Say that that is all.

At the grocer's

—Oui, mademoiselle/monsieur?
Ask for two slices of ham, the equivalent of half a pound of cheese (specifying which sort), and a packet of butter.
—Voilà: 19 francs. Et avec ça?
Say that you would like also a large packet of gingerbread and two blocks of chocolate.
—Voilà: alors, euh . . . 28 francs. Et avec ça?
Ask for some grape juice.
—Voilà: une bouteille de jus de raisin: 34 francs 50.
Ask if there is a deposit on the bottle.
—Oui: un franc.
Ask how much all these purchases come to.
—Comme j'ai dit: 34, 50.

Arriving back late at your penfriend's

—Te voilà enfin! Qu'est-ce qui s'est passé?
Say that you met up with another English pupil from your school, went for a coffee and then caught the wrong bus.
—Mais c'est la deuxième fois que cela t'arrive! Il faut prendre le 31 ou le 33, tu sais bien!
Say that you caught a number 32 and had to walk three kilometres along the by-pass.
—Ça alors! Mais as-tu trouvé les disques que tu cherchais?
Say that you didn't find the records but found two cassettes which are really good.
—Elles sont pour qui?
Say that you are going to give them to your brother; it is his birthday in four weeks' time.

eut ananas de côte d'ivoire mûri naturellement et transporté...

PAR AVION

Bon anniversaire!

Samedi dernier, j'ai fêté avec des amis mon anniversaire. Nous avons écouté de la musique puis nous sommes allés nous promener. Il pleuvait mais j'adore jouer et marcher sous la pluie. En revenant nous avons goûté. Ta mère avait préparé un gâteau au chocolat. C'était délicieux! J'ai donc passé une très bonne journée pour mes 15 ans.

Céline

Je te souhaite aussi un bon anniversaire, un peu en retard, excuse! Je me suis aperçu que c'était la semaine dernière. J'espère que tu l'as bien fêté!

Michel

J'espère que tu vas bien. Hier, c'était mon anniversaire, j'ai reçu de très nombreux cadeaux: un petit portefeuille beige, un coffret de papier à lettres, des livres... Je te remercie beaucoup pour ta jolie carte d'anniversaire et pour ton disque. Pourras-tu me donner la date de ton anniversaire, toi aussi?

Muriel

La semaine dernière, j'ai fêté mon anniversaire avec de nombreux copins et copines. Ça c'est très bien passé. Tout d'abord, nous avons pique-niqué et l'après-midi nous sommes restés à la plage. Puis, en fin de soirée nous sommes allés danser dans une boîte du coin: "le Roxy". Bien sûr, j'ai eu beaucoup de cadeaux. Ils m'ont tous plu car ils étaient très originaux et jolis.

Karine

As-tu compris ces extraits de lettres?
Réponds à ces questions:

1 Qui a fait une promenade sous la pluie avec ses camarades?
2 Qu'est-ce que Muriel a reçu comme cadeaux?
3 Est-ce que sa correspondante anglaise lui a envoyé un cadeau?
4 Qu'est-ce que la mère de Céline avait préparé pour fêter l'anniversaire de sa fille?
5 Quel âge a Céline maintenant?
6 Avec qui Karine a-t-elle fêté son anniversaire?
7 Qu'est-ce qu'ils ont fait?
8 Quand est-ce que Muriel a fêté son anniversaire?
9 Et Céline?
10 Pourquoi Michel s'excuse-t-il?

Conversation

As-tu bien fêté ton anniversaire?

C'est quand, ton anniversaire?
Quel âge as-tu?
Comment as-tu fêté ton anniversaire le plus récent?
Quels préparatifs as-tu faits?
Qui est-ce que tu as invité?
L'ambiance était bonne?
Qu'est-ce que vous avez fait?
Qu'est-ce que vous avez mangé et bu?
On s'est bien marré?
On a bien rigolé?
As-tu reçu des cadeaux qui t'ont plu?
Qu'est-ce que tes parents t'ont offert?
Quels autres cadeaux as-tu reçus?

Un weekend typique chez toi

Comment ça se passe?
On reçoit des amis ou de la famille?
Vas-tu souvent à des boums?
Chez qui vas-tu?
A quelle heure rentres-tu chez toi?
Que fais-tu en général le vendredi soir?
A quelle heure est-ce que tu dînes?
Et le samedi matin, tu fais la grasse matinée?
Restes-tu à la maison?
Qu'est-ce que tu y fais?
Tu descends en ville?
A quelle heure te mets-tu en route?
Comment y vas-tu?
Qu'est-ce que tu y fais?
As-tu un petit emploi pour gagner de l'argent de poche?

Et pour ton prochain anniversaire, qu'est-ce que tu voudrais qu'on t'offre?

Choisis dans la liste suivante les cinq articles que tu préférerais recevoir:

des vêtements
des disques ou des
   cassettes
un radio-cassette
des livres
une stéréo
une montre
des articles de sport
un stylo
une bicyclette
une mobylette
une moto

un sèche-cheveux
des articles de pêche
du maquillage
des chocolats
des jeux sur écran de
   télévision
une guitare
une calculatrice de poche
un ordinateur
une maquette à monter
un magnétoscope

Que fais-tu de l'argent que tu gagnes?
Fais-tu du sport le samedi?
Vas-tu à un match de football ou de rugby?
Tu es supporter de quelle équipe?
Que fais-tu le samedi soir?
Et le dimanche, qui se lève le premier et le dernier chez toi?
Vas-tu à l'église?
Tu fais la cuisine?
Tu fais tes devoirs?
Tu vas voir tes grands-parents?
Quels préparatifs fais-tu pour le lundi matin?
Tu prends un bain ou une douche?
Tu te laves les cheveux?
Tu te couches vers quelle heure?
Tu t'endors tout de suite ou tu lis pendant un certain temps?

Laurent écrit à John

Santec le 21 janvier

Cher John

Je te remercie, tout d'abord, pour ta carte qui m'a fait un très grand plaisir et pour ton cadeau, un cadre, je le trouve très beau. Je l'ai accroché dans ma chambre.

Je te souhaite, pour ma part, un heureux anniversaire et j'espère que tu recevras de jolis cadeaux qui te plairont. Ma famille se porte bien à part ma mère qui est un peu fatiguée par son travail. Comment va ta famille ? Est-elle en forme ?

Il y a environ deux mois, l'école a organisé un voyage en Angleterre pour les élèves qui le désiraient. Chacun devait avoir un correspondant. J'y suis allé. Mon correspondant était très gentil avec moi. Sa famille aussi, je l'ai trouvé très sympathique. J'ai visité Plymouth, Plympton et Torquay. J'aime l'Angleterre. Maintenant, je suis à l'école jusqu'au 26 mars. J'ai hâte d'être en vacances. Je suis un peu fatigué car j'ai beaucoup de leçons. Es-tu un bon élève ? Es-tu déjà venu en France ou aimerais-tu y venir ?

Comme je ne sais plus que te dire, je vais arrêter là.

A bientôt. Transmets mes amitiés à ta famille

Laurent

accrocher to hang up	**plaire** to please
le cadre picture	**souhaiter** to wish
chacun(e) each one	**meilleurs souhaits** best
avoir hâte to long	wishes
à part apart from	

Find the French for

1 which I liked very much
2 nice presents which you will like
3 everyone is well in my family
4 about two months ago
5 each one had to have an exchange partner
6 I am longing to be on holiday!
7 as I don't know what else to say

Maintenant, écris ta réponse à la lettre de Laurent

Réponds à toutes ses questions; raconte comment tu as fêté ton anniversaire et remercie-le pour le cadeau qu'il t'a envoyé séparément et qui est arrivé le jour même de ton anniversaire. A toi d'imaginer ce que c'était!

Réponds en français

1 Quel cadeau est-ce que John a envoyé à Laurent?
2 Qu'est-ce que Laurent en a fait?
3 Est-il content de ce cadeau?
4 Qu'est-ce qu'il souhaite à John?
5 Qui ne va pas bien chez Laurent?
6 Est-ce que Laurent est allé seul en Angleterre?
7 Quand y est-il allé?
8 Chez qui a-t-il habité?
9 Comment a-t-il trouvé la famille?
10 Pourquoi a-t-il hâte d'être en vacances?

On se lie d'amitié

How would you ask a French friend the following, in French:

1 When is your birthday?
2 How old are you?
3 What do you do to celebrate your birthday?
4 Do you often go to town?
5 What do you do there?
6 Do you meet your friends in town?
7 Do you do the shopping to help your mother?
8 Do you work to earn pocket-money?
9 Do you often go to parties or to a disco?
10 Do you support a rugby or football team?

Sign-language

Which notice corresponds to each of the following English phrases?

freezer foods
sale
trolleys not to be taken beyond the carpark
pull
fitting-room
next customer
exit

ENTRÉE   PRIVÉ   SORTIE

POUSSEZ   CAISSE: PAYEZ ICI

TIREZ   ENTRÉE INTERDITE

RAYON DE VÊTEMENTS

CADEAUX-NOUVEAUTÉS-SOUVENIRS   SURGELÉS

ESCALIER MÉCANIQUE   SALON D'ESSAYAGE   SOUS-SOL

ENTRÉE LIBRE   RÉCLAME   SOLDES   CLIENT SUIVANT

OFFRE SPÉCIALE   COMESTIBLES   DÉFENSE DE FUMER

SORTIE DES CHARIOTS INTERDITE EN DEHORS DU PARKING

Le chemisier neuf

Raconte ce que Monique a fait samedi dernier.

🌐 Listening comprehension

Première partie

Jérôme et Virginie

1 What does Virginie usually do on a Saturday?
2 What does she do on Sunday when all her brothers and sisters come?
3 How often does Jérôme have to go to school on Saturday morning?
4 If he doesn't have to go to school, how does he spend his Saturday morning?
5 What various things does he do on Saturday afternoon?
6 What does he do on Sunday morning?
7 Which part of the day does he sometimes spend with his family?
8 What does he do, if he goes out?

Marie-Pierre et Bertrand

1 Why is Bertrand's school 'assez spécial'?
2 The weekends that he has to attend school on Saturday morning, how does he spend his Sunday?

3 If he has no school the next day, what does he do on Friday night?
4 How does he spend his Saturday when he is entirely free?

Deuxième partie

Laurence et Virginie

1 In what context are 'Chez Pinkie', 'Chez Stylo' and the 'Nouvelles Galeries' mentioned?
2 Quote in French Laurence's answer to Virginie's question about whether she likes wearing dresses or trousers.

Jérôme et Laurent

1 What does Laurent wear in winter? And in summer?
2 What extra item does he wear for school?
3 What style of clothes does Jérôme prefer?
4 What does his father wear for work?
5 Who chooses Laurent's clothes?
6 Who pays for them?
7 What does Laurent do if his mother buys him some clothes that he doesn't like?

Le Système 'S. I.'

Est-ce que tu te sens à l'aise quand tu utilises ce système international d'unités? En voici l'essentiel pour le touriste:

Poids: 1 kilogramme = 2.2 lb
(28 grammes = 1 oz)
Volume: 1 litre = $1\frac{3}{4}$ pints
Distance: 1 kilomètre = $\frac{5}{8}$ mile

A toi!

Un pique-nique

Tu vas pique-niquer à midi avec un(e) ami(e) et c'est à toi de tout acheter. Indique les quantités nécessaires pour deux personnes.

Pâté
25 grammes	100 grammes	500 grammes

Fromage
50 grammes	100 grammes	400 grammes

Pain
un petit pain	une baguette	un grand pain de campagne

Pommes
deux	une livre	un kilo

Cerises
100 grammes	750 grammes	un kilo et demi

A boire
un litre et demi d'eau minérale	2 litres de Pschitt Orange	un litre de limonade

C'est loin?

1 Quelle est la distance entre Calais et Paris? 289 km; 153 km; 405 km
2 Tu sors de la gare et tu vois: 'Auberge de Jeunesse 500m'.
Combien de temps mettras-tu à y arriver?
Vingt minutes en autobus, s'il ne faut pas en attendre un trop longtemps;
Très longtemps! Pas la peine de calculer!
Cinq minutes à pied.
3 Tu voyages en auto dans le Midi. Il est onze heures et demie et tu sais que le prochain village se trouve à 20 km. Est-ce que tu penses y arriver avant la fermeture des magasins à midi, si tout va bien?

On achète des vêtements

Voici des expressions utiles. Choisis dans la liste à droite la traduction de chacune.

taille courte	medium
taille standard	slimfit
tour de hanches	bust/chest measurement
coupe normale	short length
étroit	hip measurement
tour de poitrine	glove, shoe and sock size
moyen	standard length
tour de taille	regular fit
entrejambe	waist measurement
pointure	one size
taille unique	inside leg measurement

Voici des phrases qu'on trouve sur des étiquettes. Il vaut mieux comprendre *avant* d'acheter le vêtement! Qu'est-ce que chaque phrase veut dire? Choisis pour chacune d'entre elles la phrase équivalente en anglais.

> doublé
> nettoyer à sec
> ne pas sécher en machine
> ne pas repasser la garniture
> repassage superflu
> pure laine vierge
> cuir véritable
> enlever/retirer la ceinture avant le lavage
> pour remboursement, ne pas retirer

remove belt before washing
dry-clean only
pure new wool
do not iron the trim
lined
non-iron
do not tumble dry
for refund or exchange, do not remove
real leather

Avalanche!

Un médecin l'échappe belle

Le Docteur Coutaz a été appelé chez une accouchée,
Brigitte. En route, il est entraîné par une avalanche.

Quand il reprit connaissance, il fut un long
moment avant de comprendre ce qui lui arrivait.
Dans la nuit, la neige continuait de tomber, mais
très haut dans le ciel, vers le nord, il aperçut une
étoile. Cela signifiait-il la fin du mauvais temps? Il
ne bougea pas. Il était bien, un peu engourdi, il
n'avait pas même froid. Puis la mémoire lui revint
par bribes. L'avalanche des Vioz? Il lui avait
échappé et il était vivant. Vivant! oui, mais cette
douleur qui fusait dans sa jambe? Il fouilla la
neige péniblement, glissant une main le long de
son corps. Son mollet était coincé contre son sac,
et un objet lui déchirait la peau. Il sentit sa
trousse et, à travers le cuir, le forceps! Il reprit
brusquement conscience. Depuis combien
d'heures était-il parti? Arriverait-il à temps pour
sauver Brigitte?
Il essaya de s'arracher à cette gangue qui lui
moulait le corps, mais il n'arrivait pas à déboîter
ses genoux de leur loge. Il se raidit, chercha à
faire pivoter ses pieds au fond du trou. Puis il tira
doucement par petites secousses, les mains
crispées sur la neige. Enfin, il dégagea lentement
son torse et se hissa hors du trou. Il eut du mal à
se reconnaître dans ce paysage bouleversé par
l'avalanche ...

Il essaya de faire quelques pas, et faillit s'enliser
cette fois tout de bon. Il lui fallait trouver ses skis!
Mais comment les découvrir sous ce chaos? Il
fouilla la neige un moment, la sondant avec une
branche, puis abandonna. Alors il appela, sans
conviction d'abord, puis, tout surpris d'entendre
que sa voix portait, il cria de toutes ses forces,
hurla. Bientôt il lui sembla qu'on répondait ... Et
comme il écoutait, souriant, ravi, il reconnut le
puissant yodel d'un homme du pays.
On le cherchait!
Il n'eut pas longtemps à attendre ...
   'Quel cataclysme, docteur! On se demandait ce
qui vous était arrivé.'
—Claveyroz? ... C'est toi?
—C'est moi! J'ai mis une heure pour venir à votre
   rencontre, et avec des raquettes! C'est que ça
   presse, là-bas!

Frison-Roche: *Retour à la Montagne*

l'accouchée (f) woman in labour	**le cuir** leather	**fouiller** to search	**ça presse!** it's urgent!
s'arracher to tear oneself out	**déboîter** to remove	**fuser** to stab (of pain)	**puissant** powerful
bouger to move	**déchirer** to tear	**la gangue** matrix	**se raidir** to stiffen
bouleverser to throw into confusion	**dégager** to free	**se hisser** to hoist oneself	**la raquette** snow-shoe
par bribes piecemeal	**se demander** to wonder	**hurler** to yell	**ravi** delighted
le cataclysme disaster	**la douleur** pain	**le mollet** calf (of leg)	**la secousse** jerk
coincer to wedge	**engourdi** numb	**mouler** to mould	**sonder** to probe
crisper to clench	**s'enliser** to be engulfed	**un pas** (foot)step	**tout de bon** for good and all
	faillir (*plus infinitive*) to almost but not quite	**la peau** skin	**la trousse** bag
		péniblement laboriously	

A toi!

Choose **a** or **b** in order to complete a true statement:

1 When the doctor regained consciousness, he
   a saw a star in the north.
   b noticed that the snow had stopped falling.
2 On the whole he felt quite well except that
   a he was rather numb.
   b he was very cold.
3 The pain in his leg was due to
   a the great pressure of the snow against it.
   b one of his instruments penetrating the skin.
4 He became anxious because
   a he realized he had lost his memory.
   b he wondered if he would be in time to save Brigitte.
5 He was able to extricate himself from the snow
   a by moving his legs and torso more and more, thus creating a bigger space.
   b by using his hands to hoist himself slowly out.
6 He probed the snow with a branch in order to
   a know where it was safe to tread.
   b try and find his skis.
7 He was delighted when he heard
   a Claveyroz's voice.
   b one of the locals yodelling.

Réponds en français

1 Quand le Docteur Coutaz a repris connaissance, combien de temps a-t-il mis à comprendre ce qui se passait?
2 Qu'est-ce qu'il a pensé quand il a aperçu une étoile vers le nord?
3 Où sentait-il une douleur?
4 Lequel de ses instruments lui déchirait la peau?
5 Est-ce qu'il a trouvé facile de se dégager de la neige?
6 Comment a-t-il réussi enfin à en sortir?
7 Pourquoi trouvait-il difficile de s'orienter?
8 A quel moment a-t-il failli s'enliser tout de bon?
9 Pourquoi fallait-il absolument qu'il retrouve ses skis?
10 Avec quoi a-t-il sondé la neige?
11 Qu'est-ce qu'il a fait quand il s'est rendu compte qu'il ne retrouverait jamais ses skis?
12 Comment savait-il qu'on le cherchait?
13 Qui était venu à sa rencontre?
14 Portait-il des skis, lui aussi?
15 Comment sait-on que Brigitte avait toujours besoin du docteur?

Grammar section

The past historic

The past historic tense, also known as the passé simple, has the same meaning as the perfect: it states the next thing that happened. It is 'simple' in that it consists of one part, not two, and there are no agreements to be considered.

Use

The past historic is a literary tense, used in printed texts of various kinds, for example novels, biographies and autobiographies, newspaper reports, and magazine articles. It is not normally used in letters and *never* in conversation. As it is not a spoken tense, the 'tu' and 'vous' forms, although they exist, can be ignored for all practical purposes at this stage. For the moment you should aim to recognize and understand the past historic. You will not need to write it, except in practice exercises. In narrating events and in conversations, you should continue to use the perfect when stating the next thing that happened.

Patterns

There are three patterns, which you should learn:

1 For **-er** verbs, the infinitive ending is dropped before the tense-endings are added.
   Example: **Donner**
   je donn**ai**   nous donn**âmes**
   il donn**a**   ils donn**èrent**

2 For **-ir** and **-re** verbs, the same method is used.
   Examples: **Sortir**
   je sort**is**   nous sort**îmes**
   il sort**it**   ils sort**irent**
   Descendre
   je descend**is**   nous descend**îmes**
   il descend**it**   ils descend**irent**

3 Some irregular verbs follow the **-us** pattern, when they are based on the **u** sound of the past participle.
   Example: **Recevoir**—past participle: **reçu**
   je reç**us**   nous reç**ûmes**
   il reç**ut**   ils reç**urent**

117

A full list of verbs with an irregular past historic form is given in the grammar section of Unit 9. Meanwhile, the following have already been met in this unit:

être: je fus nous fûmes
il fut ils furent

apercevoir: j'aperçus nous aperçûmes
il aperçut ils aperçurent

reprendre: je repris nous reprîmes
il reprit ils reprirent

avoir: j'eus nous eûmes
il eut ils eurent

connaître: je connus nous connûmes
il connut ils connurent

revenir belongs to a very small group of verbs of which details are given in Unit 9:
je revins nous revînmes
il revint ils revinrent

Practise reading the following four sentences in order to familiarize yourself with the past historic endings:

Quand je reçus le télégramme, je partis tout de suite et j'arrivai à Londres à six heures.

Quand il reçut le télégramme, il partit tout de suite et il arriva à Londres à six heures.

Quand nous reçûmes le télégramme, nous partîmes tout de suite et nous arrivâmes à Londres à six heures.

Quand ils reçurent le télégramme, ils partirent tout de suite et arrivèrent à Londres à six heures.

A toi!

Mets les verbes au passé simple:

1 Le médecin a regardé autour de lui, mais il a trouvé difficile de s'orienter.
2 Les hommes du pays sont arrivés peu de temps après et ils ont transporté les skieurs blessés en bas de la montagne.
3 Le Docteur Coutaz a commencé ses visites à six heures du soir et il a fini enfin vers dix heures.
4 Les sauveteurs ont crié très fort et bientôt ils ont entendu quelqu'un répondre.
5 Il a essayé de faire quelques pas et il a failli disparaître tout de bon.
6 Elles ont acheté toutes leurs provisions et sont sorties du magasin vers midi.
7 Marianne a choisi sans difficulté une belle robe, a payé à la caisse et est partie.

Après avoir/Après être

Note: This construction can only be used when the two actions stated are done by the *same* subject.
Examples:
Après avoir acheté la voiture, il s'est rendu compte que les freins ne marchaient pas bien.
Après être arrivée en ville à dix heures, elle a visité les principaux monuments.
Après s'être arrêtés un moment devant l'église, ils ont continué leur promenade.

A toi!

Compose des phrases:
Exemple:
Après avoir serré la main à Madame Leblanc, le Principal lui a designé un siège.

Avant de

Note: As is the case with the construction using **après avoir**, the construction using **avant de** (+ *infinitive*) can only be used when the two actions stated are done by the *same* subject.
Example:
Anne Marie a composté son billet, puis elle est passée sur le quai.
—Avant de passer sur le quai, Anne-Marie a composté son billet.

118

A toi!

Fais la même chose avec les phrases suivantes:
1 Les touristes ont acheté une brochure, et puis ils sont entrés dans le château.
2 Michel a attaché son chien devant la porte, puis il est allé dans la boucherie.
3 Brigitte s'est lavé la figure, puis elle s'est maquillée.
4 André a fait ses devoirs, et puis il a regardé une émission politique à la télé.
5 Marie-Claire a repris sa carte d'adhérent à la réception, puis elle a quitté l'auberge de jeunesse.

The demonstrative pronoun

	masc.	fem.	
singular	**celui**	**celle**	*the one*
plural	**ceux**	**celles**	*the ones*

Examples:
Tu vas emprunter mon électrophone ou celui de Philippe?
Des deux jupes, je préfère celle de Liliane.
Passe-moi les cahiers—ceux qui sont sur le buffet.
Quelles assiettes faut-il mettre sur la table? Celles qui sont à droite sans le placard.

A toi!

Pose des questions!
Exemple:
Quels gens préfères-tu, ceux qui sont expansifs ou ceux qui sont timides?

105F 90F
LE VIDE CES ANONYMES
1 2
180F
3 250F 4
5 6

-ci and -là

The suffix **-ci** or **-là** indicates *this one* or *that one*, *these* or *those*.
Examples:
Tu veux ce livre? Non, passe-moi celui-là.
Je te prête cette cravate-ci ou celle-là?
Tu aimes ces souliers? Oui, assez; mais je préfère ceux-là, à gauche.
Regarde ces fleurs! Tu préfères celles-ci ou celles-là?

Note that in certain contexts, the addition of **-ci** means *the latter* and **-là** means *the former*, as in the following:
Il regardait les garçons les plus jeunes, et les plus âgés, dans le parc. Ceux-là jouaient au football, ceux-ci parlaient ensemble.

The partitive article

Its normal use, meaning **some**:
Je voudrais **du** pâté, **de l'**orangeade, **de la** confiture, **des** biscuits, **des** œufs.

It changes to **de** under the following circumstances:
1 In an expression of quantity:
beaucoup de disques; un paquet de biscuits; assez de tomates; un kilo de pêches; une boîte d'allumettes.
2 Before an adjective which precedes the noun: de longues histoires; de jolies roses; d'anciens professeurs.
3 After a negative:
Je n'ai plus de pain; il ne boit jamais de bière; elle n'a pas de frères.

A toi!

Remplis les blancs dans les phrases suivantes:
1 Comme d'habitude, j'ai trop ...... devoirs à faire ce weekend.
2 As-tu ...... animaux à la maison?
3 Je voudrais une livre ...... cerises.
4 Va vite chercher la bouteille ...... eau minérale dans le frigo, chéri.
5 As-tu acheté ...... tomates ce matin?
6 Oui, mais il ne restait plus ...... courgettes.
7 Mon corres. m'envoie toujours ...... très beaux timbres.
8 Elle préfère acheter ...... produits de beauté plutôt chers.
9 Tu as pris ...... belles photos pendant tes vacances?
10 On n'a pas ...... exercices à faire ce soir? Pas possible!

Unit 9

Plans for Easter
At the youth hostel
Telephoning in France
At a café
What you did one day last week

Matthieu écrit à Nicholas

A Grenône.

Cher Nicholas,

Je te remercie beaucoup pour la lettre et pour le cadeau. C'est très gentil d'avoir pensé à moi pour mon anniversaire!

J'espère que ton frère s'est rétabli et que son accident de voiture n'était pas trop grave. Donne-lui le bonjour de ma part. Chez moi, tout le monde va bien, mis à part ma mère qui a un peu mal au dos! A l'école, ça ne va pas très fort, car le deuxième trimestre a été désastreux. Heureusement que les vacances de Pâques sont bientôt là! Je suppose que tu n'as toujours pas de problèmes du côté des notes, alors je passe dessus.

Que fais-tu pendant les vacances? Moi, je fais un stage pour p être animateur et travailler dans un centre aéré cet été. Le stage dure une semaine, et il nous apprend la fonction d'animateur. La deuxième semaine des vacances, je vais faire de l'équitation. Il n'y aura pas beaucoup de monde; à cette époque là, c'est l'idéal pour faire du cheval. J'espère qu'il fera beau! Pour l'instant, c'est mal parti, car il pleut depuis une semaine. C'est le printemps! Et chez toi, y a-t-il aussi des inondations?

Mais passons aux choses sérieuses. Tu sais que nous allons sur la Côte d'Azur au mois d'août, et ma mère m'a proposé que tu viennes avec nous. Est-ce que cela te ferait plaisir? Si oui, tu peux venir en avion (c'est plus rapide qu'en train) jusqu'à Nice, où nous viendrions te chercher. Tu pourrais rester autant de temps que tu le veux.

Réfléchis à cela, et envoie-moi ta réponse au plus vite.

A bientôt,
Matthieu

aéré outdoor	**la fonction** role	**la note** mark
un(e) animateur, animatrice organizer	**l'inondation** (f) flood	**au plus vite** as soon as possible
autant de as much	**c'est mal parti** things have got off to a bad start	**réfléchir** to think about
du côté de concerning		**se rétablir** to get well
désastreux disastrous	**mis à part** not counting	

True or false?

1 Matthieu thanks Nicholas for enquiring after his brother.
2 Matthieu will be very glad when the Easter holidays start because this term has been catastrophic for him.
3 Nicholas usually does well at school.
4 Matthieu has already trained in order to work at an outdoor centre at Easter.
5 During the second week of the Easter holidays, he is going riding.
6 It has been raining for a week at Chenove, which isn't surprising as it is winter.
7 Matthieu's mother has suggested that Nicholas should go to Arles with them in summer.
8 The French family would be at Nice station to meet him.
9 He could stay as long as he likes.
10 Matthieu would like to know as quickly as possible whether or not Nicholas is able to accept the invitation.

Ta réponse à Matthieu

Maintenant, écris à Matthieu. Réponds à ses questions concernant ta famille et parle-lui un peu de ce qui se passe à l'école. Ensuite, il faudra lui dire que tu es vraiment désolé(e), mais tu ne pourras pas accepter son invitation parce que:

(a) tu vas faire un échange avec un(e) jeune Français(e) à Pâques—donne-lui des détails; et

(b) tu n'auras pas assez d'argent pour faire un si long voyage; et

(c) tu espères trouver un emploi en France pour le mois d'août, et tu t'offriras peut-être quelques jours de vacances en séjournant dans des auberges de jeunesse.

N'oublie pas de lui souhaiter bonnes vacances et Bonne Fête de Pâques!

Réponds en français

1 Qu'est-ce que Matthieu a reçu de Nicholas?
2 Qu'est-ce qui est arrivé au frère de Nicholas?
3 Pourquoi la mère de Matthieu ne va-t-elle pas bien?
4 Est-ce que Matthieu a hâte d'arriver aux vacances? Pourquoi?
5 Pourquoi va-t-il faire un stage d'animateur à Pâques?
6 Que fera-t-il pendant les vacances de Pâques, après son stage?
7 Pourquoi est-ce idéal pour faire du cheval, à Pâques?
8 Depuis combien de temps est-ce qu'il pleut dans la région où Matthieu habite?
9 Qu'est-ce qu'il invite Nicholas à faire?
10 Il vaut mieux prendre quel moyen de transport, selon Matthieu, pour aller à Nice?

A l'auberge de jeunesse

```
                    RENSEIGNEMENTS
                    ---------------

CONDITIONS DE SEJOUR :

        * EQUIPEMENT COLLECTIF BIEN AMENAGE :
                -70 places en chambres de 8 et 10 lits
                -1 chambre de responsable de 2 lits avec lavabo
        * LAVABOS , DOUCHES CHAUDES , WC ( filles et garçons )

RESTAURATION

        *SALLE A MANGER :
                -petit déjeuner continental copieux
                -repas froid ou lunch packet à emporter
                -repas du soir : entrée , plat chaud , fromage ou dessert.
        *POSSIBILITE DE LOUER LA SALLE A MANGER POUR LE REPAS DE MIDI

        *POSSIBILITE DE MENUS REGIONAUX (poissons , crabe etc...)

ACCUEIL :
        Un accueil agréable vous attend , , mais veuillez vous
        présenter aux heures d'ouverture :

                7h30   à  10h00   et  18h00   à   23h00

L'Auberge de Jeunesse se mettra à votre disposition pour essayer
de rendre votre séjour à Boulogne le plus agréable possible .

L'auberge de jeunesse est située sur la N1 , à 50m de la vieille ville .
```

```
1. LA VIE EN AUBERGE

LES AUBERGES DE JEUNESSE NE SONT PAS DES HOTELS A BON MARCHE .
CE SONT DES CENTRES RESERVES AUX FILLES ET AUX GARCONS , DONT LES BUTS SONT DE FAVORISER
LES RENCONTRES ENTRE LES JEUNES DE TOUTES LES NATIONALITES , ET CECI DANS UN CLIMAT DE
CAMARADERIE ET DE TOLERANCE RECIPROQUE .
POUR FONCTIONNER , LES AUBERGES DE JEUNESSE ONT MIS AU POINT UN CERTAIN NOMBRE DE REGLES
QUI DOIVENT ETRE RESPECTEES PAR LES GROUPES ET LES INDIVIDUELS .

2. LA PARTICIPATION AUX SERVICES D'ENTRETIEN

LA PARTICIPATION A UN OU PLUSIEURS SERVICES PEUT ETRE DEMANDEE :
                -DESSERVIR LES TABLES APRES DE DINER ET LE PETIT DEJEUNER
                -AIDER A ESSUYER LA VAISSELLE
                -FAIRE SON LIT ET RANGER LA CHAMBRE

3. HORAIRES

L'AUBERGE EST FERMEE DE 10H A 18H CHAQUE JOUR .
L'OUVERTURE EST FIXEE LE MATIN A 7H30 ET LA FERMETURE LE SOIR A 23H PRECISE

4. INTERDICTIONS

IL EST INTERDIT DE - FUMER - BOIRE - MANGER - DANS LES CHAMBRES
Il y a un réfectoire à cet effet .
IL EST INTERDIT DE BOIRE DE L'ALCOOL EN DEHORS DES HEURES DE REPAS .
IL EST INTERDIT DE GARER SA VOITURE DANS LA COUR DE L'AUBERGE (par mesure de sécurité )
IL EST INTERDIT DE DORMIR DANS LES COUVERTURES , UN SAC DE COUCHAGE LAVABLE OU UNE PAIRE
DE DRAPS EST NECESSAIRE . ( l'auberge peut vous en louer )

5. ARGENT ET OBJETS DE VALEUR

GARDER ARGENT ET OBJETS DE VALEUR SUR VOUS . L'AUBERGE NE PEUT ETRE
TENUE POUR RESPONSABLE DES VOLS DANS LA MAISON .

6. SOYEZ SYMPAT.

POUR VOTRE SECURITE UN GARDIENNAGE DE LA MAISON EST ASSURE LA NUIT . LA FAMILLE QUI
LOGE A L'AUBERGE A ELLE AUSSI LE DROIT DE SE REPOSER LA NUIT . VEUILLEZ DONC RESPECTER
LEUR SOMMEIL AINSI QUE CELUI DES AUTRES PASSAGERS APRES 23h00.
( pas de douches - parler à voix basse - ne pas claquer les portes - libérer le réfec-
toire et la cuisine à 22h30 )
```

Vrai ou faux?

1 La plupart des places sont dans des chambres de huit ou dix lits.
2 On peut demander un déjeuner froid à emporter.
3 Il ne faut pas se présenter au bureau d'accueil entre 10 heures et 18 heures.
4 L'auberge se trouve sur la N1 (route nationale 1) à cinq kilomètres de Boulogne.
5 Le but des A.J. est de faciliter les rencontres entre les jeunes Européens.
6 On peut vous demander de rendre un service, par exemple, ranger la chambre.
7 On peut boire de l'alcool pendant les heures de repas.
8 Il faut utiliser un sac de couchage lavable ou une paire de draps.
9 Par mesure de sécurité, il faut déposer argent et objets de valeur à la réception.
10 On peut prendre des douches jusqu'à onze heures et demie du soir.

On écrit à une auberge de jeunesse

Pendant l'été ou durant les autres périodes de vacances, surtout si l'auberge se trouve dans une région touristique très fréquentée, il est indispensable de réserver à l'avance. Ecris donc au Père Aubergiste,

Auberge de Jeunesse,
3, Route de Paris,
29210 MORLAIX
France

pour réserver deux places (une fille, un garçon) pour les nuits des 2, 3 et 4 août. Il faudra joindre un coupon – réponse international et une enveloppe à ton nom et adresse. Ecris cette formule d'usage pour terminer:

'Recevez, monsieur, l'expression de mes sentiments les plus sincères.'

Et voici une réponse!

Here is the reply to a letter requesting accommodation sent to the youth hostel at Boulogne. This particular hostel is used by many groups as well as by individuals.

> Boulogne le , 19- 4-
>
> Madame , Monsieur ,
>
> En réponse à votre demande d'hébergement du.... 5- 4- — ,
> j'ai le plaisir de vous faire savoir que nous pouvons vous
> recevoir aux dates demandées .... du ... 16 au 19 juillet
> ....
> pour un groupe de : ...... 2 garçons et ...... personnes .
> 2 filles
>
> A cet effet , je vous prie de bien vouloir trouver ci-joint :
> -une demande de réservation , que vous voudrez bien
> nous retourner le plus rapidemment possible .
> -une fiche de renseignements avec nos tarifs .
> -une fiche sur nos séjours avec visites .
> -le règlement à faire connaître aux participants .
>
> L'envoi de la demande de réservation et des arrhes dans un
> délai de .... 30... jours , assure une réservation ferme,
> sans autre lettre de notre part .
> En cas de retard , veuillez nous prévenir par téléphone .
>
> En cas d'annulation moins de 15 jours avant la date d'arrivée,
> les arrhes resteront acquis à l'auberge .
> Les repas et hébergements commandés sont à payer dans l'intégra-
> lité si les modifications d'éfectifs ne sont pas signalés 3 jours
> avant l'arrivée du groupe .
>
> Dans l'attente de vous recevoir , je vous prie d'agréer
> Madame , Monsieur , l'expression de mes sentiments les plus dévoués.
>
> Annette Lantz

1 What four items were included with this letter of acceptance of a booking?
2 What is the hosteller told to do in order to make a firm booking?
3 Will he/she then receive confirmation of the booking?
4 What should the person do if he/she thinks he/she may arrive late?
5 If a cancellation is made less than a fortnight before the date of arrival, what money is forfeited?
6 If the hostel is not notified more than three days before the arrival of the group that there is a change in the number in the group, what charge is made?

🌐 Dialogues

On fait de l'auto-stop

Un auto-stoppeur, Nicholas, et une auto-stoppeuse, Lynn, font signe à un chauffeur de poids lourd. Il s'arrête à leur hauteur.

Routier: Bonjour! Vous allez où?
Nicholas: Nous allons à Morlaix.
Routier: Moi, je vais à Roscoff. Morlaix est sur ma route, alors montez!
Lynn: Merci! Où est-ce qu'on met les sacs-à-dos?
Routier: Là-bas derrière. Ça y est?
Nicholas: Oui, ça y est.
Le routier démarre.
Routier: Vous faites du camping?
Lynn: Non, on va à l'auberge de jeunesse. Vous connaissez Morlaix?
Routier: Oui, j'y suis né! Je sais où se trouve l'auberge, alors, aucun problème! Je pourrai vous déposer à un carrefour tout près.
Lynn: Merci bien.
Routier: Vous êtes en France depuis longtemps?
Nicholas: Non, depuis trois jours seulement. Nous avons fait la traversée Portsmouth–Saint Malo.
Routier: Je pensais qu'on faisait la grève là-bas?
Lynn: Qu'est-ce que ça veut dire, 'la grève'?
Routier: La grève, c'est quand on refuse de travailler.
Lynn: Ah! Non; la grève, c'est à Douvres et à Folkestone.
Routier: Vous êtes Américains, tous les deux?
Nicholas: Non, nous sommes Anglais.
Routier: Et vous restez combien de temps en France?
Nicholas: Ça dépend, mais nous comptons rester au moins dix jours.

On arrive à l'auberge de jeunesse

Nicholas: Nous avons réservé des lits, monsieur.
Père Aubergiste: Combien êtes-vous?
Nicholas: Nous sommes deux—une fille et un garçon.
Père Aubergiste: Et c'est à quel nom?
Nicholas: Brown.
Père Aubergiste: Ah oui, voici votre lettre. Vous avez des sacs de couchage?
Lynn: Non, il nous faut louer des draps.
Père Aubergiste: Vous ferez la cuisine vous-mêmes?
Nicholas: Oui, c'est ça.
Père Aubergiste: Alors, trois nuits, ça fait 75 francs par personne. Le dortoir des filles est au premier étage, celui des garçons au deuxième. La cuisine est là-bas, en face de la salle de jeux.
Nicholas: Merci, monsieur.
Père Aubergiste: Donnez-moi vos cartes d'adhérent . . . Merci. Et signez là . . .
Lynn: Où sont les distributeurs de boissons, s'il vous plaît?
Père Aubergiste: Au bout du couloir, à droite.

On téléphone aux parents

Lynn: Je voudrais téléphoner en Angleterre en PCV, s'il vous plaît.
Standardiste: Quel numéro, s'il vous plaît?
Lynn: Le 70.39.70 à Chester.
Standardiste: Comment? Voulez-vous répéter? Je vous entends mal!
Lynn: Le 70.39.70 à Chester.
Standardiste: Comment ça s'écrit? Epelez, s'il vous plaît.
Lynn: C-H-E-S-T-E-R.
Standardiste: Et c'est de la part de qui?
Lynn: De Lynn Ainscough.
Standardiste: Line comment? Epelez votre nom, s'il vous plaît.
Lynn: A-I-N-S-C-O-U-G-H.
Standardiste: Merci. Alors, le 70.39.70 à Chester. Ne quittez pas . . . Ça va. Allez-y maintenant! Parlez!

As-tu compris?

On fait de l'auto-stop

1 Where is the lorry-driver going to?
2 Why does he know Morlaix well?
3 Where will he be able to drop the two hitch-hikers?
4 What is the English for 'la grève'?

A l'auberge de jeunesse

1 Why were the two friends assured of a bed for the night?
2 Have they brought their own sheet sleeping bags with them?
3 Where are the dormitories?
4 What do the two hostellers hand over to the warden?

On téléphone aux parents

1 Why is Lynn not dialling direct?
2 Why does she have to give the Chester number twice?
3 What else is she asked?

Role-play

Hitch-hiking with a friend

Ask the car-driver if he is going near Calais.
—Oui, je vais à Calais même.
Ask if he can put you down near the port.
—Attendez . . . Euh . . . Oui, je passerai tout près. Vous prenez le ferry aujourd'hui?
Say yes, and that you are counting on arriving at Dover this evening.

At the youth hostel

1 At the reception desk

Ask if there are any beds for tonight.
—Oui, il reste beaucoup de lits. Vous êtes combien?
Say that there are four of you, two boys and two girls.
—Alors, ça va. Vous avez des draps?
Say that you need to hire some.
—Et vous prendrez les repas de l'auberge?
Say that you will be self-catering.
—Donnez-moi vos cartes d'adhérent, s'il vous plaît . . . Merci.
Ask where the dormitories are.
—Garçons: au bout du couloir; filles: premier étage.

2 In the common room

You are reading a guide-book when another hosteller approaches.
—Salut!
Say hallo.
—Cette place est libre?
Say yes, and invite the person to sit down.
—Tu es à l'auberge depuis longtemps?
Say no, and that you have just arrived.
—Moi aussi. J'aime bien ici. C'est propre, moderne, bien aménagé . . .
Ask how long the person is staying.
—Une nuit seulement. Je pars demain pour Londres.
Ask if the person already knows England.
—Oui, j'ai fait un stage d'anglais à Bournemouth. C'était super!
Ask when that was.
—Il y a deux ans, en juillet.

On donne un coup de fil

Guide pratique du téléphone

...EVITEZ LES HEURES D'ENCOMBREMENT:

● *de 10 h. à 12 h.* ● *de 15 h. à 17h.* ● *de 20 h. à 21 h.*

...PAYEZ DEMI-TARIF:

● Pour la France à partir de 14 h. le samedi et tous les jours de 19h.30 à 8 h. ainsi que les dimanches et jours fériés dans les relations interurbaines automatiques.

● Tarif réduit pour le Canada, Etats-Unis, Israël, R.F.A. Belgique, Danemark, Grèce, Irlande du Sud, Italie, Luxembourg, Pays-Bas, Royaume-Uni. Voir conditions dans l'annuaire.

VOUS SOUHAITEZ

● Demander un renseignement..appelez le 12
(mais pensez d'abord à l'annuaire)
● Signaler un dérangement ....appelez le 13
● Envoyer un télégramme.....................................appelez le 00.11.11
● Demander une communication spéciale
(A. V. P., P. C. V., etc.)..appelez le 10

VOUS TELEPHONEZ EN FRANCE

■ COMPOSEZ LE 16,

puis : ■ Attendez la tonalité
■ Composez les deux chiffres du département et les six chiffres du correspondant

Exceptions: PARIS, HAUTS-DE-SEINE, SEINE-SAINT-DENIS, VAL-DE-MARNE:

■ Composez le 16 suivi de l'indicatif du département, puis,
■ Les 7 chiffres de votre correspondant.

VOUS TELEPHONEZ:

▲ **DANS LES DEPARTEMENTS ET TERRITOIRES D'OUTRE-MER**
▲ **A L'ETRANGER** (sauf Monaco)

EN AUTOMATIQUE COMPOSEZ LE **19,** puis :
▲ **Attendez la tonalité.**
▲ **Composez l'indicatif du pays demandé et le numéro national de votre correspondant (exemple : à Rome 19... 39.6.565 541.)**

DEPARTEMENTS & TERRITOIRES D'OUTRE-MER (D.O.M.-T.O.M.) :

GUADELOUPE	590	NOUVELLE CALEDONIE	687
GUYANNE FRANÇAISE	594	POLYNESIE FRANÇAISE	689
MARTINIQUE	596	RÉUNION (LA)	262

EUROPE

ALLEMAGNE (R.F.A.)	49	ISLANDE	354
ALLEMAGNE (R.D.A.)	37	ITALIE	39
AUTRICHE	43	LUXEMBOURG	352
BELGIQUE	32	NORVEGE	47
DANEMARK	45	PAYS-BAS	31
ESPAGNE & CANARIES	34	PORTUGAL	351
FINLANDE	358	SUEDE	46
GRANDE-BRETAGNE	44	SUISSE	41
GRECE	30	TCHECOSLOVAQUIE	42
HONGRIE	36	TURQUIE	90
IRLANDE	353	YOUGOSLAVIE	38

---

1 Which are the busy periods, when you should avoid telephoning?
2 When do you pay half-rate for calls within France?
3 For which European countries is there a reduced rate during those times?
4 What should you do before dialling 12 for the information service?
5 If you want to make a reversed-charges call, which number should you dial?
6 If you want to make a phone call to someone in another 'département' in France, which code should you use?

7 What is the international code when telephoning from France to Great Britain?
8 What is the code for Great Britain?

NOTE THAT, when telephoning Great Britain from abroad, you should *not* include the first 0 of the town code.

> **Work out exactly what you would need to dial in order to telephone home from France. Practise spelling your surname and the name of the town or city where you live, using the French alphabet.**

Dans une cabine téléphonique

le signal **sonore** ou **visuel**
intervenant au cours de votre
communication indique que vous devez :
introduire d'autres pièces
si vous désirez poursuivre votre conversation

raccrocher
à la fin de la conversation les pièces
restant apparentes vous seront restituées

Consulter la carte de taxation ou l'annuaire

Please see taxation map or directory

ATTENTION la communication va être coupée
you will soon be cut off

Ajouter des pièces pour prolonger la communication
Add more coins to talk longer

Presser le bouton si les pièces n'apparaissent pas
Press button if the coins do not appear

Au raccrochage, les pièces visibles sont restituées
Visible coins are returned after hanging up

Téléphone

ICI CABINE N° 760

APPELS URGENTS
-GENDARMERIE ___ 77 ___
-POLICE ___ 17 ___
-POMPIERS ___ 18 ___

EN CAS DE DÉRANGEMENT
OU DE DÉTÉRIORATION
VEUILLEZ LE SIGNALER
EN APPELANT LE 13
A PARTIR D'UN AUTRE
TAXIPHONE OU MÊME
D'UN POSTE D'ABONNÉ
(communication non taxée)
MERCI

CET APPAREIL PEUT
SAUVER UNE VIE
NE LE DÉTÉRIOREZ PAS
IL PEUT VOUS ÊTRE
UTILE UN JOUR.

CABINE LA PLUS PROCHE :

AUTRES CABINES :

1 In what order should you do the following:
   Put money in (it disappears as it is used up)
   Lift the receiver
   Wait for the dialling tone
   Put more money in
   Dial the number
2 How do you know when you need to put more money in?
3 For which emergency services are numbers given?
4 What are you asked to do if the phone box is out of order?
5 What is pointed out to the user to discourage him/her from damaging the telephone?

A l'heure du thé

Thé complet
(lait, toast, beurre et confiture) — 16

Le Super Ceylan
(goût corsé, arôme riche) — 7

Darjeeling
(grand arôme) — 8

Chine Yunnan Fop
(un des plus fameux parmi les thés de Chine) — 8

Thé au jasmin, à la mangue, bergamote, menthe, etc... — 8

Infusions thé avec lait ou citron — 8

Café express ou décaféiné — 5,80

Café crème

Lait froid nature
(le verre)

Lait froid aromatisé

Lait chaud - Viandox — 6

Double express — 7,50

Grand crème

Chocolat

Grog au rhum

Grog au Cognac — 12 16

Toasts
(les deux) — 8

Croissant — 4,80

Pain au chocolat — 5

Brioche

Pâtisserie — 11

Sandwiches

Jambon — 10,50
Pâté — 10,50
Saucisson — 10,50
Rillettes — 10,50
Fromage
Jambon de Bayonne, cornichons
Sandwich mixte
(jambon, gruyère, salade)
Club sandwiches
(jambon, tomate, salade)
Végétarien
(salade, tomate, œuf dur, gruyère)
Américain
(jambon, tomate, œuf dur, salade, mayonnaise) — 13,50
Croque Monsieur — 15
Hot Dog — 15

Buffet Froid

Assiette Jambon de Paris
(3 tranches)

Assiette charcutière

Assiette Club
(jambon, gruyère, tomate, œuf dur)

Oeuf mayonnaise

Salades Composées

Salade Niçoise
(laitue, tomate, thon, poivron, œuf dur, olives, anchois)

Salade Jamaïque
(maïs, ananas, œuf dur, olives, artichauts)

Salade Cantonnaise
(riz, macédoine de légumes, tomate, anchois, olives, mayonnaise)

Salade Diane
(carottes, œuf dur, tomate)

Salade Parisienne
(laitue, tomate, œuf dur, gruyère, jambon)

Salade Alsacienne
(saucisse, gruyère, salade, tomate, œuf dur)

Salade Douarnenez
(sardines, salade, tomate, œuf dur)

Salade Collonges
(laitue, tomate, œuf dur, thon, artichauts, riz)

Salade Campagnarde
(laitue, pommes de terre, œuf dur, oignons, jambon cru)

Salade Cantonnaise
(riz, macédoine de légumes, tomate, anchois, olives)

Salade Russe
(laitue, artichauts, macédoine de légumes, crevettes, mayonnaise)

Salade Américaine
(pommes de terre, salade, tomate, bacon, œuf dur, noix)

Bières Pression

Kanterbrau
Gold de Kanterbrau — 9,50
Spatenbrau — 11,00
Whitbread
Guinness *(brune)*
Wel-Scotch *(brune)*

Glaces et Sorbets

Milk Shake — 12

Coupe trois parfums
(vanille, caramel, noisette) — 12

Coupe Alésia
(meringue, sorbet cassis, chantilly) — 25

Coupe La Paix
(sorbet fruits de la passion, glace vanille, grande chartreuse, chantilly) — 25

Coupe Colorado
(glace caramel, confiture abricot, chantilly) — 25

Sorbet champagne
(sorbet citron, champagne) — 25

Pêche Melba
(glace vanille, pêche, chantilly, sauce groseille) — 25

Poire Belle Hélène
(poire, glace vanille, chocolat chaud, chantilly) — 25

Café et Chocolat Liégois
(glace vanille, soit sauce chocolat ou café, chantilly) — 25

Coupe Negresco
(glace chocolat, glace noisette, sauce chocolat, chantilly) — 25

Coupe Jamaïca
(glace café, glace rhum raisins, rhum, chantilly) — 25

Coupe Japonaise
(glace noisette entourée de rondelles de bananes, chantilly) — 25

Sorbet noix de coco, fruits de la Passion, cassis, citron — 21

Boissons Fraîches

Limonade
Coca Cola
Orangina, Gini, Canada dry, Schweppes
Jus de fruits Pampryl
1/4 Vittel, 1/4 Perrier, 1/4 Ricqlès avec supplément sirop ou tranche
Cacolac
Orange ou citron pressé
Milk Shake — 12

Buvez
Coca-Cola

Prix Nets

Au Café de la Paix

1 Tu n'aimes ni le riz ni les œufs durs. Quelle salade composée choisiras-tu?
2 Qu'est-ce qui est plus cher, un café express ou un café crème?
3 Si on commande un 'Thé Complet', qu'est-ce que le garçon apporte?
4 C'est combien, un lait nature?
5 Combien coûtent la plupart des glaces et des sorbets?
6 Quelle coupe choisirais-tu?
7 C'est combien, un Coca Cola?

Imagine-toi!

1 Tu disposes de 22 francs et tu veux prendre un sandwich et une boisson chaude. Qu'est-ce que tu commandes?
2 Tu disposes de 35 francs et tu veux prendre une glace et une boisson fraîche. Qu'est-ce que tu commandes?
3 Tu ne disposes que de 7 francs. Tu veux absolument boire **et** manger. Qu'est-ce que tu commandes?

Travail à deux

Composez des dialogues entre un(e) client(e) et un garçon au Café de la Paix.
Phrases à inclure:
  Qu'est-ce que je vous sers?
  Vous avez choisi?
  Qu'est-ce que vous prenez?
  Moi, je voudrais …… et pour mon ami(e), ……
  Quel parfum?
  Et comme boisson?
  Je peux avoir l'addition, s'il vous plaît?
  Que veut dire 'Prix nets'?

Dans un café

Regarde l'image ci-dessous et réponds aux questions:
1 Où se passe cette scène?
2 Qu'est-ce que le jeune couple a commandé?
3 Le monsieur au comptoir, qu'est-ce qu'il boit?
4 Qu'est-ce qu'il achète?
5 Qui traverse le seuil du café?
6 Quel temps fait-il dehors?
7 Qu'est-ce qu'il y a sur la table au premier plan?
8 Y a-t-il quelqu'un assis à la terrasse?

Excursion en Normandie

Voici un extrait d'une lettre de Jocelyne:

...Je viens de passer quelques jours en Normandie avec toute ma classe et certains professeurs. Nous sommes partis très tôt le matin en direction du Mont Saint-Michel, dans lequel nous avons visité l'abbaye des moines, l'église abbatiale et le cloître. Il a fallu monter une centaine de marches pour nous rendre au sommet du Mont d'où, d'ailleurs, la vue était superbe. Notre visite a duré trois heures; il y avait de jolies choses à voir. Puis nous nous sommes rendus à Villedieu-les-Poêles pour voir une fonderie de cloches. C'était drôlement intéressant de voir la façon dont ils les fabriquaient. J'en ai rapporté une en cuivre avec moi. Puis nous sommes allés sur les lieux du débarquement du 6 juin 1944 à Arromanches. Là, nous avons parcouru le musée qui retrace le déroulement de cette date importante de l'histoire. Nous avons vu des médailles, des vêtements que portaient les soldats, et d'autres souvenirs de cette région. Enfin, nous devions visiter une abbaye à Caen mais cela a été annulé à la dernière minute. Nous avons passé la nuit dans un hôtel; on a eu le droit de faire ce qu'on voulait jusqu'à neuf heures et ensuite tout le monde a dû rejoindre sa chambre pour la nuit. Après ces jours de vacances, il a fallu retourner à l'école et recommencer à travailler, ce qui n'était pas très enthousiasmant!

Réponds en anglais

1 What buildings did the pupils see at Mont Saint-Michel?
2 How many steps were there up to the top?
3 What did they visit at Villedieu-les-Poêles?
4 What souvenir did Jocelyne buy there?
5 What happened on 6th June, 1944 in the area around Arromanches?
6 Which part of the trip was cancelled at the last moment?
7 What time did the pupils have to be back in their hotel rooms?
8 Why were they not very keen to go back home?

Mets-toi à la place de Jocelyne

Raconte (au singulier de la première personne) ce que tu as fait au Mont Saint-Michel; ce que tu as vu et acheté à Villedieu-les-Poêles; ce que tu as vu à Arromanches.

Conversation

Jeudi dernier

Pourquoi n'as-tu pas pu faire la grasse matinée?
A quelle heure t'es-tu réveillé(e) et levé(e)?
T'es-tu lavé(e) dans la salle de bain, ou as-tu un lavabo dans ta chambre?
T'es-tu peigné(e) avant de t'habiller ou après?
Qu'est-ce que tu as mis comme vêtements?
Qu'est-ce que tu as mangé et bu au petit déjeuner?
Où l'as-tu pris?
Qu'est-ce que tu as mis dans ton sac/ta serviette?
A quelle heure as-tu quitté la maison?
Combien de temps as-tu mis à venir à l'école?
Comment y es-tu venu(e)?
Où as-tu rencontré les ami(e)s?
Es-tu allé(e) en ville à midi ou es-tu resté(e) à l'école?
As-tu mangé à la cantine?
As-tu fait du sport à midi?
A quelle heure es-tu rentré(e) à la maison?
Le soir, as-tu eu beaucoup de devoirs à faire?
Es-tu sorti(e)?
Où es-tu allé(e)?
As-tu fait du baby-sitting?
Es-tu rentré(e) tard?

On se lie d'amitié

How would you ask a French teenager, on exchange in England, the following (in French):
1 How long have you been in England?
2 How long are you staying?
3 What did you do yesterday?
4 Did you come to school by bus this morning?
5 Have you eaten in the school dining-room?
6 What lessons have you been to today?
7 What time did you get home last night after the disco?
8 What did you see when you went to London?

Mots croisés

Dans certains cafés, on joue aux flippers, au babyfoot . . .
Dans d'autres, genre 'salon de thé', on ne fait que des jeux de mots . . .
Tous ces mots se trouvent sur la carte du Café de la Paix: vas-y!

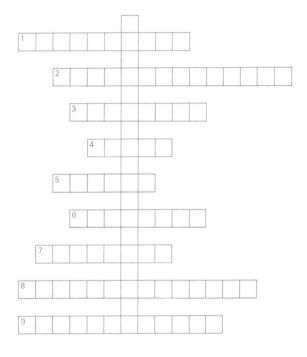

Horizontalement

1 Un sandwich capital (10)
2 Une sorte de sandwich au fromage (6,8)
3 Une petite noix (8)
4 Elle se trouve à la surface du lait (5)
5 Un dessert glacé (6)
6 La boisson la plus populaire, peut-être (4,4)
7 Une sorte de bière (8)
8 Je prends ceci quand il fait très chaud (7,7)
9 Une expression bien anglaise (1,6,2,3)

Verticalement

—Et avec ça, madame? Un sandwich . . . euh . . . au jambon, peut-être?
—Certainement pas! . . . . . .! (2,4,12)

Solution à la page 206.

Au Parc Borély

Nous nous installions sur un banc, toujours le même, devant un massif de lauriers, entre deux platanes; elle sortait un tricot de son sac, et j'allais vaquer aux travaux de mon âge.

Ma principale occupation était de lancer du pain aux canards. Ces stupides animaux me connaissaient bien. Dès que je montrais un croûton, leur flottille venait vers moi, à force de palmes, et je commençais ma distribution.

Lorsque ma tante ne me regardait pas, tout en leur disant, d'une voix suave, des paroles de tendresse, je leur lançais aussi des pierres, avec la ferme intention d'en tuer un. Cet espoir, toujours déçu, faisait le charme de ces sorties, et dans le grinçant tramway du Prado, j'avais des frémissements d'impatience.

Mais un beau dimanche, je fus péniblement surpris lorsque nous trouvâmes un monsieur assis sur notre banc. Sa figure était vieux-rose; il avait une épaisse moustache châtain, des sourcils roux et bien fournis, de gros yeux bleus, un peu saillants. Sur ses tempes, quelques fils blancs. Comme de plus, il lisait un journal, je le classai aussitôt parmi les vieillards.

Ma tante voulut m'entraîner vers un autre campement; mais je protestai: c'était *notre* banc, et ce monsieur n'avait qu'à partir.

Il fut poli et discret. Sans mot dire, il glissa jusqu'au bout du siège, et tira près de lui son chapeau melon, sur lequel était posée une paire de gants de cuir, signe incontestable de richesse et d'une bonne éducation.

Ma tante s'installa à l'autre bout, sortit son tricot et je courus, avec mon petit sac de croûtons, vers le bord de l'étang.

Je choisis d'abord une très belle pierre, grande comme une pièce de cinq francs, assez plate, et merveilleusement tranchante. Par malheur, un garde me regardait: je la cachai donc dans ma poche, et je commençai ma distribution, avec des paroles si plaisantes et si affectueuses que je fus bientôt en face de toute une escadre rangée en demi-cercle.

Le garde — un blasé — me parut peu intéressé par ce spectacle: il tourna simplement le dos et s'en alla à pas comptés. Je sortis aussitôt ma pierre et j'eus la joie — un peu inquiète — d'atteindre en pleine tête le vieux père canard. Mais au lieu de chavirer et de couler à pic — comme je l'espérais — ce dur-à-cuire vira de bord et s'enfuit à toutes palmes, en poussant de grands cris d'indignation. A dix mètres du bord, il s'arrêta et se tourna de nouveau vers moi; debout sur l'eau et battant des ailes, il me lança toutes les injures qu'il savait, soutenu par les cris déchirants de toute sa famille.

Le garde n'était pas bien loin: je courus me réfugier auprès de ma tante. Elle n'avait rien vu, elle n'avait rien entendu, elle ne tricotait pas: elle faisait la conversation avec le monsieur du banc.

Marcel Pagnol: *La Gloire de Mon Père*

affectueux affectionate
l'aile (f) wing
aussitôt immediately
le banc bench
châtain chestnut
le chapeau melon bowler hat
chavirer to keel over
couler à pic to sink
le croûton crust
déchirant ear-splitting
déçu disappointed
dès que as soon as
le dur-à-cuire tough customer
entraîner to drag
l'escadre (f) formation
l'espoir (m) hope
le fil wisp
à force de palmes using webbed feet
fournir to provide
le frémissement quiver
grincer to squeak (of metal)
l'injure (f) insult
le laurier laurel-bush
le mot word
la parole word (spoken)
à pas comptés with measured tread
la pierre stone
plat flat
le platane plane-tree
pousser un cri to let out a cry
roux russet red
saillant protruding
la sortie outing
le sourcil eyebrow
tirer to draw
trancher to slice
tuer to kill
vaquer to amuse oneself
le vieillard old man
virer de bord to tack about

Answer in English

1 Where was the park bench that Tante Rose always chose to sit on with Marcel?
2 What did she used to do whilst Marcel was feeding the ducks?
3 What else did Marcel throw at the ducks besides bread?
4 Who was already sitting on their bench one Sunday?
5 Describe his face.
6 What did he do when Marcel and his aunt arrived?
7 Why did Marcel assume that the gentleman was rich and well-educated?
8 Describe the stone which Marcel chose.
9 What did he do when he saw the park-keeper watching him?
10 Did the park-keeper suspect Marcel's intentions? Give evidence.
11 What did Marcel do when he realized that the park-keeper was not far away?
12 Why had Marcel's aunt not seen or heard anything of the incident?

Réponds en français

1 Où est-ce que Marcel et sa tante avaient l'habitude de s'installer?
2 Que faisait la tante? Et Marcel?
3 Qu'est-ce que Marcel espérait faire?
4 Pourquoi Marcel a-t-il été 'péniblement surpris', un beau dimanche?
5 Pourquoi est-ce que Marcel a conclu que le monsieur était vieux?
6 Qu'est-ce qu'il a pensé en voyant que le monsieur avait une paire de gants de cuir?
7 En quoi le monsieur s'est-il montré poli et discret?
8 Comment était la pierre que Marcel a choisie?
9 Pourquoi l'a-t-il mise dans sa poche?
10 De quelle manière a-t-il parlé aux canards?
11 Est-ce que le garde s'en est allé à toutes jambes?
12 Quel canard est-ce que Marcel a atteint en pleine tête?
13 Est-il mort, ce canard?
14 Pourquoi Marcel a-t-il couru se réfugier près de sa tante?
15 Qu'est-ce qu'elle avait vu et entendu? Pourquoi?

🎧 Listening comprehension

Première partie

Jérôme

1 How much holiday will Jérôme get at Easter?
2 What work will he do?
3 Which days will he go to mass?
4 What will his brother do on Easter morning?

Deuxième partie

Marie-Pierre

1 What lessons were on Marie-Pierre's timetable yesterday?
2 Where did she eat at lunch time?
3 What two things did she do before her mother returned home?
4 What time did her mother get home?

Emeric

1 How many hours of lessons did Emeric have yesterday morning? And in the afternoon?
2 Where did he have lunch?
3 How long did he spend on his homework?
4 Find the French for:
   I got ready for school.
   I arrived in time for the bell at eight o'clock.
   I had lessons until five o'clock.

PIERRE COSSO, PROFESSION: APPRENTI COMEDIEN

Sélectionné par Claude Pinoteau pour interpréter le rôle de Philippe dans « La Boum 2 », Pierre Cosso est sorti de l'anonymat grâce à ce film. Plus d'un mois après la sortie de « La Boum 2 », le partenaire de Sophie Marceau nous parle de sa belle aventure et de ses projets. C'est dans son appartement du XVᵉ que nous sommes allés le retrouver.

Après la sortie de « La Boum 2 », pour Pierre et Sophie ce fut la cavalcade des rendez-vous de promotion. Chaque jour, ils se rendaient dans une grande ville de province pour présenter le film et pour dialoguer avec les spectateurs. Il en fut de même à Bruxelles et à Rome où Pierre, Sophie et Claude Pinoteau reçurent un accueil extraordinaire. L'Italie qui avait déjà particulièrement apprécié la première « Boum », se révéla une fois de plus un public en or. Et Sophie et Pierre furent fêtés comme des stars, à Rome.

Après cette tournée un peu épuisante, le jeune couple de comédiens disparut quinze jours pour des vacances bien méritées à la neige. Quinze jours de ski et de repos à Tignes. Aujourd'hui, la vie a repris son rythme normal.

Salut!

1 Which film brought Pierre Cosso into the limelight?
2 Explain: 'son appartement du XVᵉ'.
3 What did Pierre and Sophie do in each city to promote 'La Boum 2'?
4 What happened in Brussels and in Rome?
5 What did the two young actors do after this rather exhausting tour?

Football

Nancy 2 **Toulouse** 0
Victoire méritée de l'A.S. Nancy-Lorraine qui domina un visiteur dont la position très reculée sur le terrain reflétait les ambitions limitées. La chance sourit aux plus audacieux qui bénéficièrent d'un coup de pouce lorsque Robert Jacques fut bousculé dans la surface de réparation.
NANCY: Meyer (61ᵉ, sur pénalty), Martin (88ᵉ).

Le Figaro

1 Which team did not play very positively, and how did this show?
2 On whom did fortune smile?
3 What happened to Robert Jacques?

> **How many verbs in the past historic can you observe in the above selection of articles?**

Ma sœur et moi

… Apparemment tout est parfait, elle et moi nous entendons à merveille … en surface! Mais ceci n'est qu'une illusion! …
Fanny est mon aînée de trois ans et elle vient juste de fêter ses dix-huit ans. Quand je naquis, elle ne comprit pas très bien pourquoi je venais troubler un ordre familial si bien établi … Mais Fanny sut cacher la déception que lui causa ma naissance et jamais elle ne fit aucune remarque désagréable à mon sujet devant mes parents. Au contraire elle me couvrait de bisous et me parlait gentiment en leur présence. En grandissant, je m'aperçus que mes rapports avec elle n'étaient pas toujours agréables. Dès que mes parents nous laissaient seuls, elle en profitait pour me punir et me battre en invoquant n'importe quel prétexte …

Girls (L'hebdo des filles en vogue)

1 When did Fanny take a dislike to her younger brother?
2 Why did her parents not realize how she felt?
3 When did her brother realize that he and his sister did not always get on well together?

Grammar section

The past historic

The following verbs are irregular in this tense, but retain the sound of the irregular past participle:

Group A: the **-is** pattern
s'asseoir **je m'assis**
dire **je dis**
mettre **je mis**
prendre **je pris**
apprendre **j'appris**
comprendre **je compris**
rire **je ris**
sourire **je souris**

Group B: the **-us** pattern
avoir **j'eus**
apercevoir **j'aperçus**
boire **je bus**
connaître **je connus**
courir **je courus**
devoir **je dus**
croire **je crus**
lire **je lus**
pouvoir **je pus**
paraître **je parus**
apparaître **j'apparus**
disparaître **je disparus**
recevoir **je reçus**
savoir **je sus**
vivre **je vécus**
vouloir **je voulus**

The following do not retain the sound of the irregular past participle:

Infinitive	Perfect	Past historic
écrire	j'ai écrit	**j'écrivis**
faire	j'ai fait	**je fis**
naître	je suis né	**je naquis**
voir	j'ai vu	**je vis**
conduire	j'ai conduit	**je conduisis**
craindre	j'ai craint	**je craignis**
être	j'ai été	**je fus**
mourir	il est mort	**il mourut**

Finally, there is the extraordinary, 'alcoholic' group:
Venir: je vins   nous vînmes
        il vint   ils vinrent

Tenir follows the same pattern, as do all compounds, including **revenir, devenir, parvenir, se souvenir; retenir, obtenir, soutenir, détenir, maintenir, appartenir.**

Note that, except in the case of the most common pattern (that used for **-er** verbs), once the vowel-sound is established for the first person singular, it is the same all through the rest of the verb.

A toi!

Mets tous les verbes à la forme appropriée du passé simple.
1 Napoléon est né en 1769 et il est mort en 1821.
2 Quand Marcel a vu le gardien, il a été pris de panique.
3 Elle n'a fait aucune remarque désagréable à mon sujet.
4 Je me suis souvenu de l'incident et j'ai eu peur.
5 Ils se sont aperçus de l'erreur trop tard.
6 Elle a reçu le télégramme vers neuf heures.
7 Quand il a bu le whisky d'un seul trait, j'en ai à peine cru mes yeux.
8 Les garçons ont couru au bout de la rue.
9 Pierre et Sophie ont fait une tournée fatigante et puis ils ont disparu quinze jours pour des vacances bien méritées.

Rappel

Remember that the following verbs require their preposition:
J'ai téléphoné **à** mon ami.
Il a commencé **à** pleuvoir.
J'ai hésité **à** dire la vérité.
Il s'est amusé **à** lancer du pain aux canards.
Tu perds ton temps **à** lui parler.
Nous avons passé le temps **à** bavarder.
Il a refusé **de** répondre aux questions.
Nous avons décidé **de** prendre l'autobus.
Il a essayé **de** marquer un but.
Ils avaient oublié **de** poster les invitations.

Remember that the following verbs which have a preposition in English do *not* need one in French:
J'ai attendu l'autobus.
Il cherchait une maison qui s'appelait 'Les Rosières'.
Elle écoute 'France Inter' chaque weekend.
Je regarde la télévision assez souvent.
J'ai payé les glaces et les boissons.
Elle a demandé un billet aller et retour.

Unit 10

Taking the train
Getting around Paris
Fire!
Writing for a summer holiday job in France

Prenez le train!

Pourquoi est-ce qu'il faut composter son billet?
A quel moment faut-il le faire?
Comment est-ce qu'on peut savoir si sa voiture se
trouve en queue ou en tête de train?

● REPÉREZ LE NUMÉRO DE VOTRE VOITURE (INDIQUÉ SUR LA RÉSERVATION) SUR LE TABLEAU DE COMPOSITION DES TRAINS OU A L'EXTÉRIEUR DE LA VOITURE.

Une journée de randonnée, un départ en vacances, une envie de balade...
Prenez le train sans vous priver de vélo.

La SNCF met à votre disposition dans 219 gares un service de location de vélos.

Il vous suffit de présenter une carte d'identité et de verser une caution de 170 F.

Si vous présentez :
—une Carte Bleue, une Carte Bleue Visa, Eurocard, Master Card, Access,
—une carte d'abonnement à libre circulation, carte demi-tarif, carte Vermeil, carte France Vacances, carte Jeune,
vous ne payez pas cette caution.

Vous restituez le vélo à votre gare de départ ou dans une autre gare de la région (renseignez-vous auprès du personnel SNCF).

Vous payez la location en restituant le vélo.

La réservation est possible, dans la limite des disponibilités.

Deux types de bicyclettes vous sont proposés :
—des vélos de type randonneur, à 10 vitesses, avec cadre homme ou mixte et, pour les vélos homme, guidon course et freins double poignée...
—des bicyclettes de type traditionnel : cadre mixte, guidon et selle à réglage instantané avec ou sans dérailleur.

Vous trouverez ci-après la liste des 219 gares ouvertes au service Train+Vélo.

En fonction de la durée de votre location, une tarification dégressive vous est proposée.

	1/2 journée	journée
Vélo type traditionnel	16 F	22 F
Vélo type randonneur	22 F	27 F

	3e au 10e jour		à partir du 11e jour	
	1/2 journée	journée	1/2 journée	journée
Vélo type traditionnel	12 F	17 F	8 F	11 F
Vélo type randonneur	17 F	21 F	11 F	14 F

1 At how many stations is it possible to hire a bicycle?

2 What document must be shown?

3 How much deposit is required?

4 Which groups of people are exempt from this payment?

5 Can one always reserve a cycle?

6 What features does the 10-speed machine have?

7 Is it possible to hire a cycle without derailleur gears?

8 For a sports cycle, how does the cost of the first day compare with that of the eleventh day?

Ville à ville

Voici un extrait de l'horaire Dijon–Paris:

Symboles

A	Arrivée	⊗	Grill-express	(GE)
D	Départ	▣	Restauration à la place	(RP)
TEE	Trans Europ Express	⬦	Bar	(B)
✕	Voiture restaurant (VR)	⬚	Vente ambulante	(VA)

Remarque

Certains trains circulant rarement ne sont pas repris dans cette fiche.

Services offerts dans les gares

Centre de renseignements téléphonés
Bureau Central (1) 261.50.50
Dijon (80) 43.47.12
Paris-Gare de Lyon (1) 345.92.22
Sens (86) 65.05.25

		Réservation par téléphone	Chariots à bagages	Facilités pour handicapés	Parcotrain	Train + auto	Train + vélo	Buffet
Dijon	(80) 43.52.56	•	•	•		•	•	
Joigny			•					
Laroche-Migennes			•					
Montbard			•					
Paris-Gare de Lyon	(1) 345.93.33	•	•	•		•	•	
Sens	(86) 65.05.25		•		•		•	

Numéro du train	770	752	7762	228	5602	5072	5054	756	5052	5624	5050	15050
Notes à consulter	15	16	10	22	17	2	17	18	19	20	17	21
Dijon	07.48	09.41	10.04	10.54	11.06	13.55	14.32	14.48	15.58	15.45	16.36	16.39
Les Laumes-Alésia			10.51			14.32						
Montbard			10.15	11.00		14.43				16.36		
Nuits-sous-Ravières				11.12		14.56						
Tonnerre				11.35		15.17			17.00			
Saint-Florentin				11.52		15.35						
Laroche-Migennes				12.04		15.53				17.23		
Joigny				12.14		16.29						
Sens				12.42		16.56				17.47		
Paris Gare de Lyon	10.00	11.56		13.23	13.33	18.36	16.57	17.00	18.52	18.20	19.00	19.03

Tous les trains offrent des places assises en 1ʳᵉ et 2ᵉ classe, sauf indication contraire dans les notes.

Notes :

10. Circule tous les jours. Autorail.

15. TGV Circule tous les jours. A supplément sauf samedis et dimanches. ▣ 1ʳᵉ classe. ⬦.

16. TGV Circule tous les jours. ⬦

17. Circule tous les jours. ⊗ ⬚. Corail.

18. TGV Circule tous les jours sauf samedis et dimanches. Circule en outre les 8 nov, 19, 27 déc., 2, 3 janv., 13, 14 fév. ⬦

19. Circule tous les jours. Arrivée Paris Bercy. ⊗ Corail.

20. Circule les samedis et dimanches du 27 déc. au 18 avril et les 4 jan., 12 et 13 avril. ⊗ ⬚. Corail.

21. Train à circulation périodique. Renseignez-vous. ⬚

22. Circule tous les jours. « Jean-Jacques Rousseau ». ✕ ⬚.

---

1 Which three kinds of train are mentioned in the notes?

2 What is the journey-time for train no. 228 and which famous author is it named after?

3 Is there a trolley refreshment service on this train?

4 Can one make reservations by telephone at Montbard station?

5 Can one hire a cycle at Dijon station?

6 What services are offered at Paris–Gare de Lyon?

7 How many TGV are there from Dijon to Paris each day between 07h 40 and 16h 40?

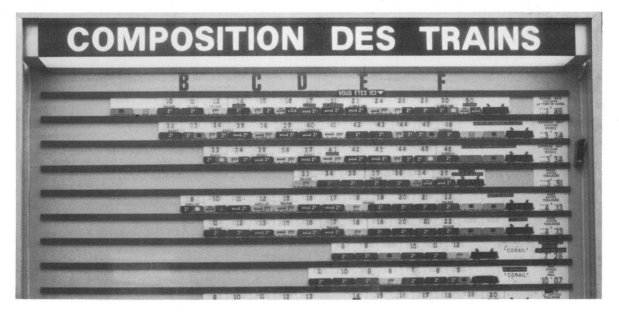

Le Train à Grande Vitesse

Le début d'une ère nouvelle

VOTRE VOYAGE EN TGV

Les aménagements intérieurs du TGV ont été conçus pour vous assurer les meilleures conditions de confort:

VOUS ARRIVEZ FACILEMENT A VOTRE PLACE:

Même avec vos bagages, pénétrer dans les voitures est très aisé: deux marches seulement à franchir, et les portes extérieures et intérieures s'ouvrent automatiquement.

A l'entrée de la voiture, un plan vous permet de repérer facilement la place que vous avez réservée et dont le numéro indiqué sur votre titre de réservation est rappelé sur le siège.

LE PRINCIPE

Le TGV met la grande vitesse à la portée de tous : tous les voyageurs, de seconde comme de première classe, y ont accès à des conditions tarifaires analogues à celles qui sont en vigueur sur les autres lignes de la SNCF : que le voyage soit effectué en TGV sur la ligne nouvelle ou en train classique sur l'ancienne ligne, le prix du billet est identique pour une relation donnée.

Seule l'utilisation des TGV circulant aux heures de pointe est subordonnée au paiement d'un supplément.

Pour éviter celui-ci, vous pouvez décaler votre départ en empruntant un TGV sans supplément ou utiliser les trains classiques circulant sur l'ancienne ligne.

Handicapés

Une place dans une voiture de 1re classe peut être réservée pour une personne handicapée désireuse de voyager sur son fauteuil roulant. Elle paye le tarif de 2e classe.

Jeune Voyageur Service (JVS)

Pour les enfants voyageant seuls (de 4 à 13 ans) un service particulier (JVS) est mis à votre disposition dans certains TGV : une hôtesse prend en charge les enfants, de la gare de départ à la gare d'arrivée, moyennant un supplément spécifique.

1 Why is it easy to get into this train?
2 What helps the passenger to locate his reserved seat?
3 When is there a supplement payable?
4 What should one do in order to avoid this extra cost?
5 What provision is made for handicapped people?
6 What exactly is the 'Jeune Voyageur Service'?

Comment se déplacer à Paris

En taxi

Les tarifs de nuit et de jour sont affichés dans la voiture. La course comprend une prise en charge forfaitaire à laquelle vient s'ajouter le prix du kilométrage qui varie selon l'heure du jour ou de la nuit. Il y a des taxes supplémentaires pour les champs de courses, les gares et les aéroports, et pour les bagages, à partir de 5 kg environ. Pourboire: 15% du prix inscrit au compteur.

En métro

A chaque entrée de métro et sur les quais, vous trouverez une carte de Paris avec les lignes et le terminus qui lui donne son nom. Vous retrouverez dans chaque voiture l'itinéraire de la ligne et les possibilités de correspondance. Les billets sont vendus soit à l'unité, soit, ce qui est plus avantageux, par carnet de dix tickets. C'est le moyen de transport le plus économique. Le premier métro est à 5h 30, le dernier train arrive au terminus à 1h 15.

Le Comité du Tourisme: *Guide de Paris*

En RER

Depuis décembre, 1969, un nouveau moyen de transport s'offre aux Parisiens: le métro express, le RER (Réseau Express Régional). Il a de grandes qualités de confort, de lumière et de vitesse.

En autobus

Le carnet de dix tickets (valable aussi dans le métro) s'achète dans le métro, les bureaux de tabac et boutiques portant le panonceau de la RATP, ou dans les autobus comportant un receveur. Chaque ligne est divisée en sections qui déterminent le prix du trajet. Tous les autobus roulent de 7h à 20h 30; certaines lignes sont desservies chaque heure pendant la nuit. Les dimanches et jours fériés, le service est réduit, parfois annulé sur quelques lignes.

En auto

Aux portes de Paris, on trouve maintenant une ceinture de grands parkings à partir desquels on peut emprunter les transports en commun. Pour éviter les trop fameux embouteillages, on a fait construire les 36 km du boulevard périphérique qui cernent la capitale et la voie express des quais de la rive droite (13 km) qui traversent Paris d'Ouest en Est.

Guide Michelin: *Paris et ses environs* (1972)

Answer in English

1 What is the cheapest means of transport in Paris?
2 What time is the first métro? and the first bus?
3 Which service continues later into the night on all lines?
4 Is there a one-hourly bus service on all lines throughout the night?
5 When are some services cancelled altogether?
6 What does the cost of a taxi-ride depend on?
7 Where can the motorist leave his car and continue by public transport?
8 What is the 'boulevard périphérique' and how long is it?
9 Where has the expressway been constructed?
10 What does 'RER' stand for and what does it mean?
11 What are the advantages of the RER?

Billet "Paris-Sésame"

Le billet "PARIS SESAME" est spécialement destiné aux touristes qui souhaitent visiter Paris et ses environs facilement, agréablement et pour un prix raisonnable.

Il vous est proposé en trois options : 2, 4 et 7 jours. Bien entendu, on peut acheter plusieurs billets si le séjour est supérieur à ces durées.

Il donne le droit d'effectuer *autant de voyages que l'on désire* sur toutes les lignes de la RATP :
— en 1re classe sur le réseau ferré, c'est-à-dire les 15 lignes de métro et 2 lignes du RER (ligne A, ligne B au sud de Gare du Nord).
    Attention : la ligne C du RER, exploitée par la SNCF, n'est pas accessible aux porteurs du "Paris Sésame" :
— dans tous les autobus RATP de Paris (55 lignes) et de banlieue (138 lignes), à l'exception seulement des services spéciaux et des minibus.

Pour utiliser votre "Paris Sésame" :
Dans le métro et sur le RER, introduisez le coupon magnétique joint au billet dans la fente de l'appareil de péage (sauf sur la ligne B du RER au sud des "Baconnets").
Sur les lignes d'autobus, montrez simplement votre billet au machiniste.

Le billet "PARIS-SESAME" peut-être acheté en de nombreux points de vente:
— 80 stations de métro ou gares du RER (lignes A et B) ;
— sept gares SNCF de la région parisienne et les bureaux SNCF à Roissy-Charles de Gaulle et à Orly ;
— bureaux touristiques de la RATP (53 bis, quai des Grands-Augustins, Paris 6e et place de la Madeleine, Paris 8e) ;
— Office de tourisme de Paris (127, av. des Champs Elysées, Paris 8e).
— certaines banques et agences de voyages à Paris, en province et à l'étranger.

Vrai ou faux?

1 Ce billet est destiné aux touristes qui veulent visiter Paris en un jour.
2 Il est également valable sur les lignes de la SNCF.
3 Il existe en trois options: deux, quatre et sept jours.
4 Si on reste plus de sept jours, on a la possibilité d'acheter plusieurs billets.
5 Le nombre de voyages qu'on peut faire est limité à cinq par jour.
6 Ce billet donne accès à toutes les lignes de métro et d'autobus de la RATP.
7 Il faut toujours composter son billet 'Paris-Sésame'.
8 On peut acheter ce billet en de nombreux points de vente, y compris les aéroports de Paris et même à l'étranger.

Le sommet de la Tour Eiffel de nouveau accessible

Après un an de travaux, le sommet de la tour Eiffel est de nouveau accessible. En effet, les quatre ascenseurs panoramiques qui relient le deuxième étage au sommet de la tour sont ouverts au public depuis quelques jours. Ces ascenseurs permettent désormais aux visiteurs d'accéder au troisième étage du monument tous les jours de l'année, y compris en soirée. Cette ascension, qui se fait à vitesse réduite, constitue un véritable spectacle. Outre le panorama, les visiteurs du troisième étage pourront voir le salon Gustave Eiffel.

Le Figaro

Certains voyages se font en ascenseur!

1 Pendant combien de temps le sommet de la Tour Eiffel a-t-il été inaccessible?
2 Quels jours le troisième étage est-il fermé?
3 Qu'est-ce qu'on peut voir si on monte jusqu'au troisième étage?

Le métro? Simple comme bonjour!

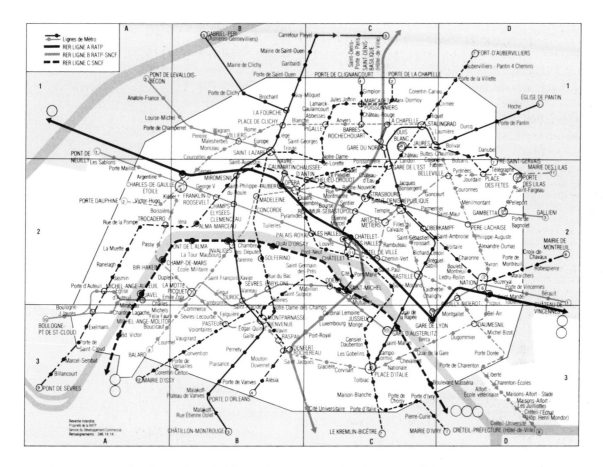

Note: Although each line is numbered, it is usually identified by the names of the end-stations. You must therefore know which direction you are going in, and follow the signs for that particular end-station.

How would you manage?

You are staying at the most central of the youth hostels in Paris, in the Boulevard Jules Ferry. The nearest métro is République. Using the plan of the métro above and the accompanying sketch-map, work out how you would get to each of the following places. In each case, say which line you would use, giving the name of the end-station, and at which station (if any) you would have to change lines.

1 La Tour Eiffel (nearest métro: Iéna)
2 L'Arc de Triomphe (Etoile)
3 Notre-Dame (Cité)
4 Le Sacré-Cœur (Anvers)
5 Place de la Concorde (Concorde)

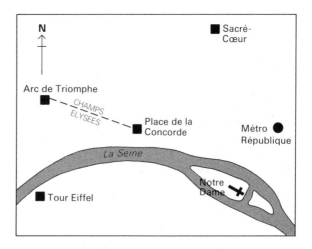

On prend le métro

A la Gare Saint-Lazare, au guichet

Touriste: C'est combien pour aller à la Gare de Lyon, s'il vous plaît?

Employé: C'est tarif unique, quelle que soit la distance.

Touriste: Bon, un ticket, s'il vous plaît.

Employé: Voilà, un ticket. Quatre francs, s'il vous plaît.

On s'arrête devant le plan du métro

Touriste: Ouf, c'est compliqué! Pardon, monsieur! Pour aller à la Gare de Lyon, s'il vous plaît?

Monsieur: Vous prenez la direction Mairie d'Issy, vous changez à Concorde et ensuite vous prenez la direction Château de Vincennes.

Touriste: Merci, monsieur.

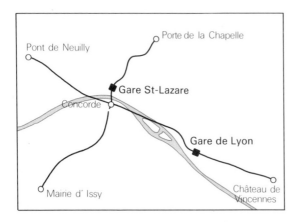

A la station Concorde

Touriste: Pardon, madame! La direction Château de Vincennes, c'est où, s'il vous plaît?

La dame: C'est par là, là où vous voyez 'Correspondance'.

Touriste: Ah oui, je vois.

La dame: Suivez les panneaux 'Correspondance' et puis 'Direction Château de Vincennes'. C'est facile!

Touriste: Merci bien, madame!

La dame: De rien!

Dans la rame

Touriste: Que de monde! Pardon! Pardon! Je peux passer? Je descends à la prochaine!

Parisien: Moi aussi—pas besoin de s'affoler!

On prend l'autobus

A l'arrêt d'autobus

Touriste: Zut! Monsieur, c'est le deuxième bus qui passe sans s'arrêter! Je n'y comprends rien!

Monsieur: Mais c'est un arrêt facultatif. Il faut faire signe au machiniste.

Touriste: Ah bon!

Le touriste fait signe quand le prochain autobus approche. Il s'arrête et le touriste monte.

Touriste: Notre-Dame, s'il vous plaît.

Machiniste: Vous vous êtes trompé de ligne. Prenez le bus qui me suit.

On prend un taxi

Touriste: Taxi!

Le taxi s'arrête à la hauteur du touriste.

Chauffeur: Vous allez où?

Touriste: Gare Montparnasse, en vitesse! Mon train part dans dix minutes!

Chauffeur: Ça alors! Je ne vous garantis rien! Je mets vos valises dans le coffre . . . Voilà—nous y sommes. Ça fait 15 francs 20.

Touriste: Voilà; et gardez la monnaie! Au revoir!

As-tu compris?

On prend le métro

Au guichet
1 What does the tourist ask?
2 Does she buy 'un carnet'?
3 How much does she pay?

Devant le plan du métro
1 Why does the tourist ask for help?
2 What is she told?

A la station Concorde
1 Which two signs must the tourist follow?
2 What does the lady say about the journey?

Dans la rame
1 Why is the tourist getting agitated?
2 Is the Parisian sympathetic?

On prend l'autobus
1 Why is the tourist mystified?
2 What has he failed to do?
3 What does the driver say to him?

On prend un taxi
1 When does the tourist's train leave?
2 Is the taxi-driver confident of arriving at the station in time?
3 Does the tourist give the exact money?

On prend le train

Voici un extrait du 'Guide pratique du voyageur':

Les différents services

Pour faciliter votre orientation, vous trouverez partout des symboles ou «pictogrammes» adoptés par la plupart des réseaux ferroviaires.

Voici les pictogrammes dont on parle. Trouve dans la liste ce que chaque pictogramme représente.

Toilettes	Facilités pour handicapés
Bureau de change	Point de rencontre
Bagages	Entrée
Sortie	Consigne automatique
Composteurs	Parcotrain
Bureau des objets trouvés	Information-Réservation
Chariot porte-bagages	Bar (cafétéria)
Salle d'attente	Non-fumeurs
Location de voiture	Train autos couchettes
Buffet (restaurant)	Eau potable
Consigne	Bureau de poste
Téléphone public	Relais-toilettes (bains-douches)

Here is a 'composteur'.
How should you insert your ticket?
What else should you do in order for it to be punched and hence validated?

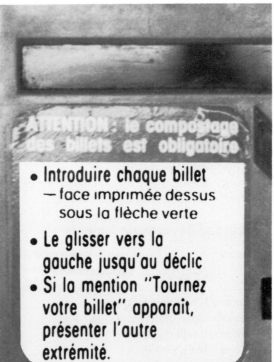

ATTENTION : le compostage des billets est obligatoire

- Introduire chaque billet
  — face imprimée dessus sous la flèche verte
- Le glisser vers la gauche jusqu'au déclic
- Si la mention "Tournez votre billet" apparaît, présenter l'autre extrémité.

🛰 Dialogues (2)

A la gare SNCF: Au guichet

Touriste: Rennes, s'il vous plaît.

Employé: Un aller et retour?

Touriste: Non, un aller simple.

Employé: Quelle classe?

Touriste: Seconde. Avez-vous un horaire des trains?

Employé: Non, je regrette.

Touriste: A quelle heure part le prochain train?

Employé: Je ne sais pas. Il faut passer au bureau des renseignements.

Touriste: Merci. Alors, c'est combien, le billet?

Employé: Ah . . . 54 francs, s'il vous plaît.

Au bureau des renseignements

Touriste: A quelle heure part le prochain train pour Rennes, s'il vous plaît?

Employée: Vous avez un train à onze heures dix.

Touriste: Il part de quel quai?

Employée: Quai numéro trois, voie F.

Touriste: Il faut changer?

Employée: Non, c'est direct.

Touriste: Est-ce qu'on peut louer un vélo à la gare de Rennes?

Employée: Attendez que je consulte cette liste . . . Euh . . . Non, je regrette, il n'y a pas de location de vélos à Rennes.

Près de l'accès aux quais

Touriste: Pardon, monsieur! C'est où, la voie F?

Monsieur: Par là. Il faut prendre le passage souterrain. Vous avez composté votre billet?

Touriste: Oui, merci, je l'ai composté.

Monsieur: Où allez-vous?

Touriste: A Rennes.

Monsieur: Vous voyagez seule?

Touriste: Oui, mais on viendra me chercher à la gare de Rennes, je l'espère.

Monsieur: Ah! Voilà notre train. J'ai une place réservée en première classe, alors au revoir! Bon voyage!

Dans le compartiment de première classe

Monsieur: Madame! Vous avez pris ma place, je crois! Voulez-vous bien vérifier votre réservation?

La dame: Oui, mais je suis sûre que vous avez tort . . . Voilà: Wagon 82, place 18.

Monsieur: Mais ici c'est la voiture numéro 83, madame.

La dame: Alors, je me suis trompée. Excusez-moi, monsieur. Voulez-vous bien m'aider à descendre ma valise du filet? Merci bien . . .

As-tu compris?

Au guichet

1 What type of ticket does the tourist buy?
2 What is the ticket-clerk unable to provide?
3 What piece of information is he unable to give?

Au bureau des renseignements

1 What time does the train for Rennes leave?
2 From which platform?
3 What does the tourist want to know about the services available at Rennes station?

Près de l'accès aux quais

1 How does the tourist get to the correct platform?
2 What does she hope will happen at Rennes?
3 Why do these two travellers not get into the same part of the train?

Dans le compartiment de première classe

1 What does the gentleman ask the lady to do?
2 What mistake has she made?
3 Where has she put her suitcase?

Au-delà de cette limite votre billet doit être validé compostez-le

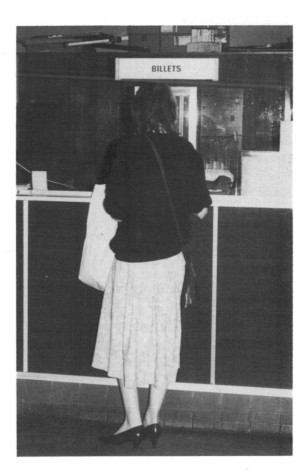

Role-play

At the ticket office of Jussieu métro station

—Oui, mademoiselle/monsieur?
Ask for a book of tickets.
—Voilà: 28 francs, s'il vous plaît.
Ask how to get to Etoile.
—Prenez la direction Porte de la Villette.
Ask if it is direct.
—Non, il faut changer à Châtelet ou à Palais Royal.

You are taking a taxi to the Gare du Nord

State your destination and ask the driver to get you there as quickly as possible.
—Ah, vous savez, ça dépend plutôt de la circulation, et c'est l'heure de pointe . . .
Ask where you should put your luggage.
—Dans le coffre . . . Voilà: on est arrivé. 18 francs, s'il vous plaît.
Give the driver twenty francs and tell him to keep the change.

You are under the Arc de Triomphe

Stop a passer-by and ask if there is a bus that goes down the Champs-Elysées as far as the Place de la Concorde.
—Oui, il y en a un toutes les dix minutes.
Ask what number it is.
—Euh . . . C'est le 73, je crois, mais je n'en suis pas sûr.
Ask where the nearest bus-stop is.
—Là-bas, à droite, vous voyez? Prenez le passage souterrain!

At Dijon station

Ask for a second-class return ticket to Montbard.
—Voilà: 20 francs, s'il vous plaît.
Ask at what time the next train leaves for Montbard.
—A 13 heures 55.
Ask the person to repeat, more slowly.
—A 13—heures—55.
Ask if you have to change trains.
—Non, c'est direct.
Ask if you can have a Montbard–Dijon timetable.
—Oui, mais je n'en ai plus ici. Passez au bureau des renseignements.

At Montbard station

Ask if you can hire a cycle at this station.
—Ça dépend. Ça serait pour quel jour?
Say that it would be for Wednesday, Thursday and Friday next.
—Ça va, alors.
Ask how much it would cost.
—Trois jours . . . euh . . . 231 francs, caution de 170 comprise, vélo de type traditionnel.
Say that you will come back in half an hour to reserve the cycle and to pay. Ask where the nearest bank is.
—Vous avez ùn Crédit Lyonnais juste en face de la gare.

Quatre morts dans un collège de la Marne

Le dortoir-piège

Après l'incendie de l'Institution « France-Afrique » de Dormans, près d'Épernay (Marne), au cours duquel trois élèves et un moniteur ont trouvé la mort hier matin, deux hypothèses sont retenues pour expliquer le tragique accident : un « *défaut électrique* » ou « *l'insouciance d'un élève* ». Selon les sauveteurs, en effet, un acte de malveillance semble exclu.

Le feu s'est déclaré dans le grenier de l'établissement — un ancien hôtel particulier aménagé en 1959 — et s'est rapidement propagé au deuxième étage où dormaient une quinzaine d'élèves sur la centaine qu'héberge le collège.

Une partie des occupants a pu quitter les lieux avant que l'escalier principal et l'escalier de secours ne soient la proie des flammes, mais quatre jeunes gens sont demeurés bloqués. Stéphane Pauquoud, un Ivoirien de quinze ans, Franck Kassa-Matsy, un Gabonais de dix-sept ans, Michel Moun, dix-sept ans, Français d'origine coréenne, et un moniteur, Franck Geance, vingt ans, ont péri brûlés vifs. Un autre élève, sérieusement brûlé ainsi qu'un professeur plus légèrement atteint ont pu être dégagés.

Ce collège laïc sous contrat d'association avec l'État, est surtout fréquenté par des enfants dont les parents d'origine française ou africaine travaillent à l'étranger, notamment en Afrique.

Une visite de sécurité, effectuée il y a quelques mois dans l'établissement par les services compétents n'avait rien révélé d'anormal, ont déclaré les responsables de l'école.

Le Figaro

aménager to adapt, equip
l'ancien hôtel former hotel
atteindre to hit, reach, damage, hurt
brûlé vif burnt alive
au cours de in the course of, during
le défaut fault
le dortoir dormitory
à l'étranger abroad
le grenier attic
héberger to accommodate
l'hypothèse (f) hypothesis, theory

l'incendie (m) fire
l'insouciance (f) carelessness
le lieu place
la malveillance malevolence
le moniteur supervisor
particulier individual
le piège trap
la proie prey, victim
se propager to spread
le responsable person in authority

True or false?

1 The article is taken from the newspaper called 'France-Afrique'.
2 Three pupils died in the fire.
3 The fire was probably started deliberately.
4 The building became a school in 1959.
5 No-one was able to leave the building before the fire-escape was destroyed.
6 One pupil and one teacher, both suffering from serious burns, were rescued.
7 The parents of pupils at the school mostly work abroad.
8 The school was the subject of a safety check only a few weeks ago.

Réponds en français

1 Quand est-ce que l'Institution 'France-Afrique' a brûlé?
2 Combien de jeunes sont morts?
3 Ont-ils été asphyxiés?
4 Est-ce que le feu a été mis volontairement?
5 Quelle était la fonction de ce bâtiment naguère?
6 Où exactement le feu s'est-il déclaré?
7 Combien d'élèves y avait-il dans le dortoir au troisième étage?
8 Est-ce que les escaliers ont pris feu avant ou après l'arrivée des pompiers, croyez-vous?
9 Où travaillent la plupart des parents des élèves de ce collège?
10 Quand est-ce que la visite de sécurité avait eu lieu?

Conversation

Es-tu jamais allé(e) en France?

As-tu voyagé par avion ou en train?
As-tu pris le ferry ou l'hovercraft pour traverser la Manche?
As-tu visité Paris?
Il y a combien de temps?
As-tu pris le métro?
Combien de fois?
Quels monuments as-tu vus?
Es-tu monté(e) sur la Tour Eiffel?

Imagine-toi!

Tu voudrais avoir un emploi saisonnier en France pendant les grandes vacances cet été.
Où préférerais-tu être embauché(e), dans un hôtel, dans un café, dans un office du tourisme, dans un magasin ou dans une famille, au pair?
Voudrais-tu être gardien(ne) à un terrain de camping?
Pour combien de semaines voudrais-tu faire ce boulot?
Dans quelle ville/région voudrais-tu travailler?
As-tu jamais fait ce genre de travail?
Où, et pendant combien de temps?
Tu travaillais à mi-temps ou à plein temps?
A quelle date pourrais-tu commencer cet été?
A quelle date voudrais-tu être de retour chez toi?
Comment ferais-tu le voyage, en bateau et train ou par avion? Pourquoi?
Toute personne qui t'embaucherait voudrait certainement que tu lui donnes les renseignements suivants:
Quel âge as-tu?
Depuis combien de temps est-ce que tu apprends le français?
As-tu déjà séjourné en France? Si oui, donne des détails.

Pourquoi veux-tu séjourner en France? Pour te faire un peu d'argent de poche ou pour perfectionner ta connaissance de la langue française?
T'intéresses-tu aux enfants, aux langues vivantes, aux animaux, au commerce, au tourisme?

On répond à une annonce

Offres d'emploi

Camping LES PINS, Remoray (Doubs) cherche gardien(ne), anglais courant. Saison été.

Demande serveur/serveuse pour restaurant, saison été. Ecrivez: Laroche, Restaurant du Pont, Colmar.

Nous recherchons une jeune personne pour garder les enfants et leur donner les leçons d'anglais, 3 au 31 août Mme. GIRAUD, 113, Rue St. Martin, Chambéry.

Juillet–août: réceptionniste, anglais courant. Hôtel Alexandre, Quai Lefèvre, RENNES

Choose one of the jobs advertised and write your letter of application (in French, of course). Compose your letter as follows:

1 Begin with: J'ai lu votre annonce dans le journal du (*date*).
2 Use your answers to the questions above to help you to include all the details which your potential employer would like to know about you.
3 Say that you include an international reply coupon.
4 Say that you hope to receive a reply soon.
5 Finish off with a conventional polite ending.

On se lie d'amitié

How would you ask a teenager the following questions, in French?

1 Do you know Paris?
2 Is it very expensive to go there on holiday?
3 Have you ever had a holiday job during the summer?
4 What did you do?
5 How long for?
6 Was it a full-time or a part-time job?
7 How long have you been learning English?
8 Do you like modern languages?
9 Have you ever travelled on a TGV?
10 What was it like?

L'an dernier

Fiona et Mark sont allés à Paris. Raconte leur voyage!

⊕ Listening comprehension

Première partie

Jérôme

1 Is Jérôme talking about a holiday job that he will do next August or that he has already done?
2 What is cooked in the rôtisserie?
3 What other aspects of the work does Jérôme mention?

Bertrand

1 What holiday job has Bertrand already done?
2 How is it decided whether or not a person is suitable to work in a 'colonie de vacances'?
3 What other contact has Bertrand had with young children?

Emeric

1 When did Emeric do some building work?
2 Was he working on roofs or floors?
3 What building materials does he mention?

Virginie

1 Where did Virginie look after children last year?
2 Where does she want to work next year?
3 What will the work consist of?

Deuxième partie

Emeric et Bertrand

1 Why does Bertrand often go to Paris?
2 Who does he take there?
3 Which famous monuments does he mention?
4 Why does he not like Paris at the present time?
5 Where is La Joconde?
6 What is Bertrand not interested in?
7 Find the French for:
   I lived there for seven years.
   You get attacked.
   Once you've seen her . . .

Un incident bizarre

Première partie

J'arrivai à la Préfecture bien avant neuf heures. On me fit attendre dans un couloir où flottait une odeur de poussière. Enfin, je fus introduit dans un bureau très petit, encombré d'armoires et de dossiers. Derrière une table, dans l'ombre, un personnage était assis. Il se leva à mon entrée, me tendit la main en se présentant:

—Commissaire Parodi.

Je vis un homme grand, un visage mince et dur aux cheveux gris, des yeux où flottait une sorte de feu lointain. Il me désigna un siège.

—Je vous ai dérangé pour une affaire désagréable, Monsieur Saint-Pons.

Il prit un temps, sans cesser de me regarder.

—Reconnaissez-vous ceci?

Sa main plongea dans un tiroir et en ressortit, tenant un petit carton que je reconnus aussitôt. C'était ma carte de visite, la carte que j'avais donnée à Élio. Elle était délavée et presque illisible, comme si elle avait séjourné dans l'eau. Je m'entendis demander:

—Où l'avez-vous trouvée?

—Dans la poche d'un noyé.

Je m'étais levé sans attendre la réponse. Les mots du commissaire étaient exactement ceux que je redoutais. Je m'approchais de la fenêtre.

—Comment s'appelle cet homme?

Parodi me regarda avec curiosité.

—J'espérais que vous alliez me l'apprendre. Nous n'avons trouvé sur lui que cette carte. Il n'avait ni papiers d'identité, ni argent . . .

—Quand l'avez-vous découvert?

—Cette nuit. Des bateliers ont repêché son corps dans la Seine, du côté de Saint-Cloud. J'attends les résultats de l'autopsie.

Je me rassis. Il me tendit une cigarette.

—Et maintenant, je voudrais que vous me racontiez ce que vous savez. Vous connaissiez cet homme?

—Oui . . .

—Il était de vos amis?

—Oui . . .

—Je vous écoute.

L'absurdité de ma situation me sauta aux yeux. Qu'allais-je dire à Parodi? Je ne savais rien d'Élio. Absolument rien. Sa détresse m'avait bouleversé et, si brève qu'eût été notre rencontre, je l'avais aimé. Je pris le parti désespéré de dire simplement la vérité.

—Je l'ai rencontré avant-hier soir pour la première fois.

Le commissaire ne manifesta la moindre surprise.

Charles Bertin: *Journal d'un Crime*

l'armoire (f) tall cupboard	**bref/brève** brief	**manifester** to show, manifest	**redouter** to fear
l'autopsie (f) post-mortem	**le couloir** corridor	**le noyé** drowned person	**le siège** seat
le batelier boatman	**délavé** washed out (*of colour*)	**se noyer** to drown	**tendre la main** to extend one's hand
bouleverser to upset	**déranger** to disturb	**l'ombre** (f) shadow	**le tiroir** drawer
	la détresse distress	**la poussière** dust	

Choisis la bonne réponse

1 M. Saint-Pons had to wait in
  a the entrance hall.
  b a corridor.
  c a dusty office.
2 Commissaire Parodi had called M. Saint-Pons in because
  a his identity card had been found and handed in.
  b he thought that M. Saint-Pons had some useful information.
  c he had some files to hand over to him.
3 M. Saint-Pons' visiting card had been found
  a in a drawer.
  b on the desk in the Commissaire's office.
  c in someone's pocket.
4 Boatmen had recovered from the Seine
  a a quantity of money.
  b a body.
  c some identity papers.
5 M. Saint-Pons found himself in a ridiculous situation because
  a Commissaire Parodi refused to believe his story.
  b he had no friends living in Saint-Cloud.
  c he could tell Commissaire Parodi so little.
6 M. Saint-Pons had met Élio
  a several times.
  b never.
  c once.

Réponds en français

1 Pourquoi est-ce qu'on a fait attendre M. Saint-Pons?
2 Où a-t-il attendu?
3 Le commissaire, comment était-il?
4 Est-ce qu'il était poli? Comment le sais-tu?
5 Où avait-on trouvé la carte de visite de M. Saint-Pons?
6 Dans quel état était-elle?
7 Qui avait trouvé le corps d'Élio?
8 Où l'avait-on trouvé?
9 Depuis combien de temps est-ce que M. Saint-Pons connaissait Élio?
10 Qu'est-ce qu'il savait de lui?

Une lettre de Yannick

Voici un extrait d'une lettre de Yannick Page, qui habite en Bretagne:

...Peu de temps après notre retour, il y a eu le feu au CES (dans l'école où je suis). En allant en récréation, ça sentait une drôle d'odeur dans le couloir. Un élève en passant devant la salle de travaux manuels a vu de la fumée sortir par en-dessous de la porte. Il est parti prévenir le Principal qui a mis la sonnerie d'alarme. Les professeurs et les élèves qui étaient restés traîner dans les couloirs sont sortis. Les pompiers sont arrivés rapidement mais ils ont eu des difficultés à éteindre le feu. Ils ont mis exactement trois quarts d'heure. La police pense que le feu a été mis volontairement dans une armoire. Les dégâts causés sont nombreux. Mais j'ai autre chose à te raconter!

Des Anglais sont venus dans ma commune de Plougoulm ce weekend. Le vendredi soir, ils ont mis le pied sur le sol de la Bretagne. Le samedi après-midi, au stade des Carmes, (en face de l'école où je suis), à Saint-Pol-de-Léon, une rencontre de football franco-anglaise a eu lieu. Les Anglais ont été les vainqueurs de ce jeu. Le samedi soir, une soirée dansante a été organisée. Il y avait une très, très bonne ambiance. Je me suis couché à trois heures du matin. Le dimanche après-midi, à la Mairie, se sont déroulés des jeux interquartiers. Les Anglais ont encore gagné. Le soir, un buffet campagnard clôturait ce weekend dans une ambiance sympathique. Quand ils sont partis, tout le monde avait des remords.

Le weekend prochain sera moins animé. Il n'y a aucun loisir dans ma commune. Entre amis, nous organisons des boums, nous discutons, nous allons à la plage quand le temps nous permet, mais c'est tout. Alors, tu vois que ce n'est pas super, car on fait toujours la même chose!...

Find the French for

1 There was a strange smell in the corridor.
2 They had difficulty in putting out the fire.
3 The fire was started deliberately.
4 I have something else to tell you!
5 The English were the winners.
6 The weekend finished with a country-style meal.
7 There are absolutely no leisure facilities in my village.
8 So you see, it's not fantastic!

Choisis la phrase correcte pour compléter

1 On a remarqué l'odeur du feu au début (de la récréation/du premier cours).
2 (Le bruit/la fumée) venait de la salle de travaux manuels.
3 C'est (le Principal/un pompier) qui a mis la sonnerie d'alarme.
4 Les Anglais sont arrivés (au stade des Carmes/ en Bretagne) vendredi soir.
5 Samedi, il y a eu un match de football. (Les Bretons/Les Anglais) ont gagné.
6 Yannick s'est couché (de bonne heure/très tard) samedi soir.
7 Dimanche soir, on a organisé (un buffet campagnard/une soirée dansante).
8 Tout le monde était (bien triste/fort content) quand les Anglais sont partis.
9 Normalement, le weekend à Plougoulm, (il ne se passe rien/il se passe beaucoup de choses intéressantes).
10 (On est content/On s'ennuie) parce qu'on fait toujours la même chose.

Grammar section

The use of *qui* and *que/qu'*

Which word do you need to fill in the space in each of the following sentences? Your ear will probably tell you which one is correct, but you should understand that **qui** is the subject of the verb following, and **que/qu'** is the object.

1 Je fus introduit dans un bureau ...... sentait le renfermé.
2 C'était la carte ...... j'avais donnée à Élio.

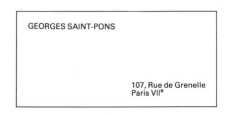

GEORGES SAINT-PONS

107, Rue de Grenelle
Paris VIIe

3 Les mots étaient exactement ceux ...... je redoutais.
4 Je n'aime pas les chiens ...... aboient tout le temps!
5 L'ami ...... il a rencontré en ville s'appelle Jean-Yves.
6 ...... est là?
7 ...... voulez-vous?
8 Ceux ...... arriveront en retard n'auront pas de place assise.
9 Où est le livre ...... j'ai laissé sur le buffet?
10 L'exercice ...... on a fait hier soir était drôlement difficile.

Pronouns

This table gives the order of pronouns before a verb. A knowledge of this table can be useful when you are in doubt about what you are trying to say or write.

me				
te	le			
se	la	lui	y	en
nous	les	leur		
vous				

Examples:

Il a donné les livres à Sophie? Oui, il **les lui** a donnés.

As-tu vu Alain en ville? Oui, je **l'y** ai vu.
Il a passé la lettre à sa secrétaire? Oui, il **la lui** a passée.
Regardez cette belle pêche! Je **vous en** donne la moitié?
(*Au téléphone*) Nicole? Oui, elle est là. Je **vous la** passe.

BEWARE: **lui** = to him, to her, to it
   leur = to them
But **leur** also exists as the possessive adjective.
Examples:
   Ils sont partis de **leur** hôtel à huit heures.
   Ils ne parlent jamais à **leurs** voisins.

A toi!

Give an affirmative answer to the following questions, using a pronoun to replace the word or words underlined:
1 On a trouvé le plan dans sa poche?
2 Elle a acheté un carnet de tickets?
3 Tu prends l'autobus tous les jours?
4 Tu t'intéresses aux langues vivantes?
5 Vous voyez le panneau là-bas?
6 On vend le billet de tourisme dans les gares SNCF?
7 Tu manges à la cantine à midi?
8 Ils passent leurs vacances à Paris?
9 Le feu s'est déclaré au grenier?
10 Tu écriras à tes amis en arrivant à Paris?

Unit 11

Travelling by car
Camping
Road accidents
What you will do next weekend

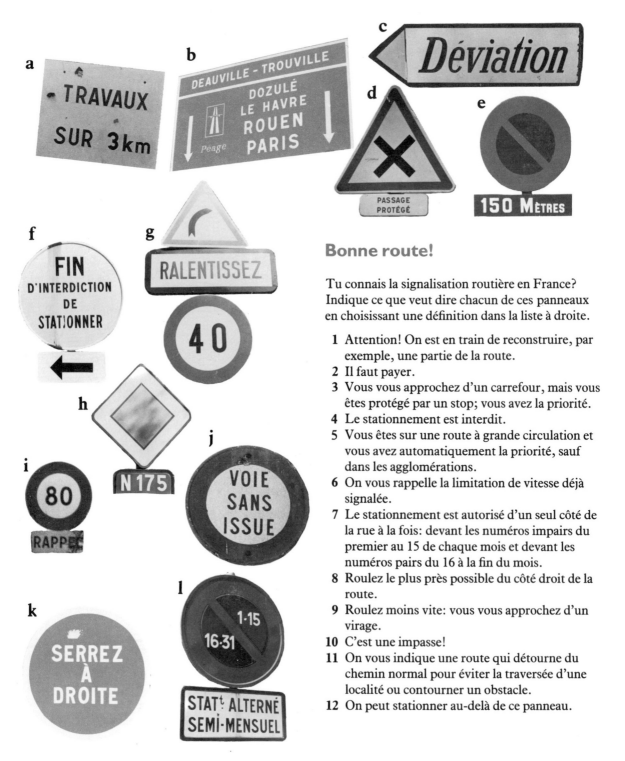

a TRAVAUX SUR 3km

b DEAUVILLE - TROUVILLE DOZULÉ LE HAVRE ROUEN PARIS Péage

c *Déviation*

d PASSAGE PROTÉGÉ

e 150 MÈTRES

f FIN D'INTERDICTION DE STATIONNER

g RALENTISSEZ 40

h N 175

i 80 RAPPEL

j VOIE SANS ISSUE

k SERREZ À DROITE

l 1·15 16·31 STAT⁺ ALTERNÉ SEMI-MENSUEL

Bonne route!

Tu connais la signalisation routière en France? Indique ce que veut dire chacun de ces panneaux en choisissant une définition dans la liste à droite.

1 Attention! On est en train de reconstruire, par exemple, une partie de la route.
2 Il faut payer.
3 Vous vous approchez d'un carrefour, mais vous êtes protégé par un stop; vous avez la priorité.
4 Le stationnement est interdit.
5 Vous êtes sur une route à grande circulation et vous avez automatiquement la priorité, sauf dans les agglomérations.
6 On vous rappelle la limitation de vitesse déjà signalée.
7 Le stationnement est autorisé d'un seul côté de la rue à la fois: devant les numéros impairs du premier au 15 de chaque mois et devant les numéros pairs du 16 à la fin du mois.
8 Roulez le plus près possible du côté droit de la route.
9 Roulez moins vite: vous vous approchez d'un virage.
10 C'est une impasse!
11 On vous indique une route qui détourne du chemin normal pour éviter la traversée d'une localité ou contourner un obstacle.
12 On peut stationner au-delà de ce panneau.

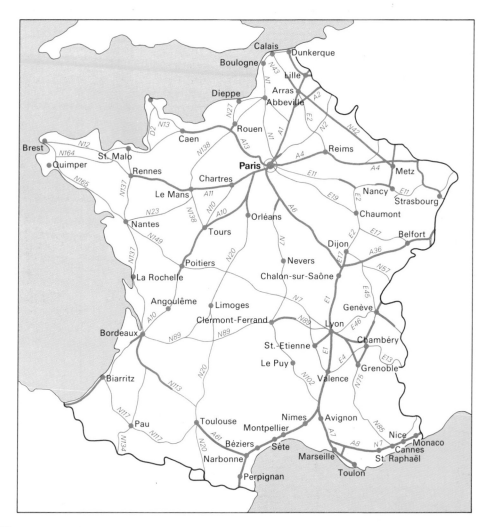

Les différentes routes

On voit sur les cartes:

A = autoroute. 1 700 km en 1972, 4 200 en 1976, 6 200 en 1980.
La plupart sont à péage.

E = route européenne.

N = route nationale. Il y en a 82 000 km; plus de la moitié sont
des routes à grande circulation.

D = chemin départemental. Il y en a 280 000 km. Ils sont souvent
très bons; on y rencontre moins de poids lourds, mais
attention aux croisements!

La France dans votre poche

La France routière

Regarde la carte et réponds:

1 Quelles routes prendrait-on pour aller de Paris à La Rochelle en
   passant par Le Mans et Nantes?
2 Laquelle des routes européennes relie Paris et Strasbourg?
3 L'autoroute 8 en France s'appelle 'L'Autoroute du Soleil'. Où
   se trouve-t-elle?
4 Quelles villes sont reliées à Paris par (a) l'autoroute 1; (b) la N 1?

En route!

Voici un extrait du Guide Michelin: *La Bourgogne*

SUIN (Butte de) ** ─────────────
Carte Michelin n° 69 - pli ⑨ – 7 km au Sud-Est de St-Bonnet-de-Joux.

A proximité du D 17, à mi-chemin entre Charolles et Cluny, se dresse la butte de Suin, à 593 m d'altitude.

Laisser la voiture au parking derrière le monument aux morts, et prendre le sentier qui passe à droite de l'église. A hauteur de la statue de la Vierge, monter à droite les escaliers qui donnent accès à la table d'orientation *(1/4 h à pied AR)*.

De là, on découvre un magnifique **panorama**** circulaire.

Au Nord, se dresse le mont St-Vincent (603 m); au Nord-Est, s'étend la dépression formée par la vallée de la Grosne et, au-delà, la vallée de la Saône.

A l'Est, s'élève la ligne des monts du Mâconnais.

Au Sud-Est, on distingue le signal de la Mère Boitier (758 m); au Sud, le mont St-Rigaux et la montagne de St-Cyr; à l'Ouest, au premier plan, le mont Botey (561 m), et au-delà, le Brionnais, le Charollais et la vallée de la Loire.

SULLY (Château de) ** ─────────────
Carte Michelin n° 69 - pli ⑧ – 4 km au Nord-Ouest d'Épinac – *Schéma p. 48.*

Visite extérieure seulement, du samedi des Rameaux au 30 septembre, de 8 h à 18 h. Entrée : 5 F.

Le château de Sully constitue, avec son vaste parc et ses beaux communs, un magnifique ensemble.

Cette belle résidence Renaissance rappelle, par son ordonnance et sa décoration, le château d'Ancy-le-Franc *(p. 42).*

C'est au début du 16e s. que Jean de Saulx, ayant acquis la terre de Sully, commença d'y édifier le château dont son fils, le maréchal de Tavannes, poursuivit la construction.

Les douves qui l'entourent sont alimentées par la Drée.

Quatre ailes flanquées de tours d'angle carrées posées en losanges enserrent une cour intérieure.

La façade d'arrivée présente au premier étage de larges baies séparées par des pilastres.

Sur la façade Sud, deux tourelles en encorbellement encadrent la chapelle, tandis que la façade Nord, refaite au 18e s., est précédée d'un escalier monumental donnant accès à une terrasse, aux beaux balustres, dominant une pièce d'eau.

C'est dans ce château que naquit le maréchal de Mac-Mahon, duc de Magenta, président de la République de 1873 à 1879.

(D'après photo Arthaud, Grenoble.)

Sully. — Le château.

TAIZÉ ─────────────
Carte Michelin n° 69 - pli ⑲ – 10 km au Nord de Cluny – *Schéma p. 115* – 144 h.

En 1940, s'est installée à Taizé une communauté œcuménique, qui réunit plus de 80 frères d'environ quinze nationalités, appartenant aux diverses Églises chrétiennes, catholique et protestantes. Engagés pour la vie par les vœux monastiques, ils accueillent, depuis 1960, des jeunes venus de très loin parfois, à la recherche d'unité et de réconciliation.

Un concile de jeunes, ouvert en août 1974 sur la colline, a rassemblé 40 000 participants. Il poursuit son action, grâce aux rencontres organisées à Taizé et en divers autres points du monde.

D'après Guide Vert Bourgogne du pneu Michelin, 29ème Edition

Vrai ou faux?

1 Quand on visite la butte de Suin, on laisse sa voiture devant le monument aux morts.

2 Au sommet de la butte, il y a une statue de la Vierge.

3 Du sommet, on a une vue sur 360°.

4 A l'Est, au premier plan, il y a le Mont Botey.

5 On peut voir la vallée de la Loire à l'Ouest.

6 On ne peut pas visiter l'intérieur du Château de Sully.

7 Le château date du seizième siècle.

8 Il y a une belle terrasse et un lac au Château de Sully.

9 A Taizé il y a une communauté œcuménique internationale.

10 On y organise des rencontres de jeunes à la recherche d'unité et de réconciliation.

Bien manger en province

Le long des routes vous trouverez des *Motels*, des *Auberges de campagne* — souvent signalées par une affiche au bord de la grand'route — des *Restaurants de tourisme* qui, dans toutes les catégories, doivent offrir trois spécialités courantes (dont une sur le menu touristique à prix fixe) et un très grand nombre de *Routiers* où l'on vous servira un repas rapide et souvent abondant à des prix raisonnables. Il en est de même dans les petits restaurants où l'on vous offre des grillades sur feu de bois.

Les dimanches et jours de fête, choisissez votre restaurant avant midi, sinon réservez votre table.

Le menu (avec les prix) doit être visible de l'extérieur. Il est prudent de l'examiner avant d'entrer. Si le service et les vins ne sont pas compris, comptez que vous aurez à payer au moins deux fois le prix du plat de résistance.

La France dans votre poche

A toi!

Après avoir lu le texte 'Bien manger en province', reconstitue ces phrases décalées:

Le menu touristique

Dans un Relais Routier on sert

Un Restaurant de tourisme doit offrir

Il vaut mieux regarder le menu affiché dehors

Vous risquez d'avoir une mauvaise surprise

avant d'entrer dans le restaurant.

est à prix fixe.

si le service et les vins ne sont pas compris.

trois spécialités courantes.

un repas rapide à prix raisonnables.

Au garage

What do these signs mean?

Le distributeur de tickets de stationnement

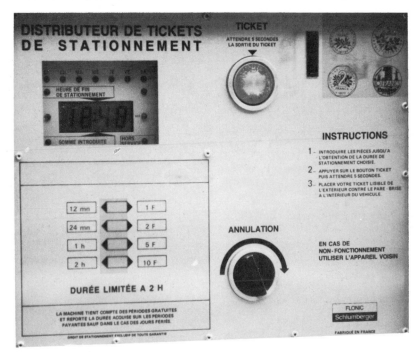

1 How long can you park for 1 franc?
2 What is the maximum time allowed?
3 What coins are accepted?

4 What should you do if the machine doesn't work properly?
5 How do you get a ticket out of the machine?
6 Where should you put the ticket?

TAC: Trains autos couchettes

Pour ceux qui veulent aller loin et arriver en forme!

Un exemple : Paris-Saint-Raphaël avec le "Méditerranée Express"

Chez vous ; le coffre est chargé : plus de souci de valises jusqu'à l'arrivée.

Vous arrivez tranquillement à la gare de chargement, vous avez jusqu'à 20 h 15 pour remettre votre voiture ou votre moto.

Le compartiment est climatisé, la couchette est confortable, vous vous glissez dans vos draps.

C'est le plein sommeil, le train roule, votre voiture ou votre moto vous suit.

7 h 30 : vous descendez du train;
le petit déjeuner vous attend,
il est gratuit.

8 h 30 : en forme, vous retrouvez
votre voiture ou votre moto.
Bonne route !

Bagages

Les bagages que vous laissez dans votre auto sont transportés gratuitement. Ainsi vous pouvez ne conserver avec vous qu'un bagage léger (livre, pyjama, nécessaire de toilette, appareil photographique ou autre objet de valeur).

Mais la SNCF n'étant pas responsable de ces bagages, vous pouvez souscrire une assurance pour eux soit lors de l'achat de votre billet, soit avant le chargement de votre auto.

Si vous le souhaitez cette assurance peut, en plus, couvrir votre auto.

Lis ces deux extraits d'une brochure publiée par la SNCF.

Quels seraient pour toi les trois avantages principaux de prendre un de ces trains autos couchettes?

Quel 'bagage léger' conserverais-tu sur toi si tu prenais un TAC?

Extrait des tableaux des relations

Calais ▶ Nice

jours de circulation
● tous les jours

acceptation des véhicules
Calais-Maritime, de 17 h 30 à 18 h 45

mise à disposition
Nice, à partir de 11 h jusqu'à 16 h

horaires	n° du train	400
Calais-Maritime		19 32
Nice		10 27

prestations
🛏 2ᵉ
🛏 Sp, T2

Paris ▶ Bordeaux

jours de circulation
● tous les jours

acceptation des véhicules
Paris-Tolbiac, 101, quai de la Gare, (13ᵉ), de 9 h à 19 h ☏

mise à disposition
Bordeaux-St-Jean, à partir de 7 h jusqu'à 21 h

horaires	n° du train	4025
Paris-Austerlitz		23 56
Bordeaux-St-Jean		6 11

prestations
🛏 1ʳᵉ-2ᵉ

Calais–Nice

1 On peut remettre son auto jusqu'à quelle heure?
2 A quelle heure est-ce que le train quitte Calais?
3 Combien de temps met-il à arriver à Nice?
4 La distance Calais–Nice est 1 255 km. Quelle est donc la vitesse moyenne de ce train pour ce voyage?
5 Il s'arrête 66 minutes en tout, dans différentes gares. A quelle vitesse réelle roule-t-il?

Paris–Bordeaux

1 Où exactement à Paris est-ce qu'on accepte les véhicules?
2 De quelle gare part le train?
3 A quelle heure arrive-t-il à Bordeaux?
4 Les autos sont mises à disposition à partir de quelle heure?
5 Et on a jusqu'à quelle heure pour reprendre son véhicule?

Quand est-ce que ces deux TAC circulent?

On fait du camping

Regarde bien ces deux cartes et puis choisis à quel terrain de camping tu préférerais aller. Il faut citer au moins quatre avantages pour justifier ton choix!

Il vaut mieux réserver ...

Maintenant, écris au propriétaire du terrain pour réserver. Voici les détails:

—Vous serez cinq personnes, trois adultes et deux enfants.

—Vous voulez réserver un emplacement du premier au 8 août.

—Vous aurez une voiture et deux tentes.

—Vous joignez (naturellement) un coupon-réponse international.

Faits divers

Rue Philippe Lebon:
Lundi, à 3h10, une voiture conduite par Mlle Bouvier, 22 ans, demeurant 36, boulevard Cleunay, a heurté un immeuble. Mlle Bouvier souffre de plaies au visage.

Quai Saint-Cyr:
A 12h15, à l'angle du pont Malakoff et du quai Saint-Cyr, une voiture conduite par M. Alain Picard, domicilié 21, rue Voltaire, et un cyclomoteur piloté par M. Jean Arnaud sont entrés en collision. Blessé, M. Arnaud a été conduit à l'hôpital.

Collision hier
vers 7h45 au Petit Marcassin, où un poids lourd et une voiture se sont brutalement rencontrés. Cette dernière était conduite par M. Gérard Renaud, qui a été gravement blessé. Il a été transporté à l'hôpital pour recevoir les premiers soins.

Réponds

1 Qu'est-ce que l'auto de Mlle Bouvier a heurté?
2 Est-ce que cette conductrice a été gravement blessée?
3 Quels deux véhicules sont entrés en collision au quai Saint Cyr?
4 Lequel des deux hommes a été hospitalisé?
5 Quel accident s'est produit au Petit Marcassin?
6 Lequel des deux conducteurs était indemne?

La sécurité routière

Au troisième rang de l'insécurité en Europe

Avec 12.428 morts et 334.289 blessés en 1981, soit en moyenne 250 victimes (piétons, deux roues, automobiles, camionneurs) par million d'habitants, la France figure au troisième rang en Europe au tableau de l'insécurité routière, derrière le Portugal (311 victimes) et l'Autriche (261 victimes).

La palme de la sécurité revient à la Norvège, (87 tués par million d'habitants) et, dix pays se situent au-dessous de la moyenne européenne qui est de 177 tués par million d'habitants. Ce sont la Suède, la Grande Bretagne, la Finlande, la Turquie, le Danemark, les Pays-Bas, la Grèce, l'Italie, l'Irlande et l'Espagne.

En France la route tue 34 personnes par jour.

Motocyclistes : les plus touchés

Enfin, les catégories d'usagers les plus touchés sont les motocyclistes. Ils ne représentent en 1981 que 2 % du trafic mais 9,65 % des victimes.

La comparaison avec l'étranger montre que nous avons de sérieux progrès à faire pour améliorer la sécurité sur les routes.

Le Figaro

BOUCLEZ VOTRE CEINTURE: C'EST PLUS SÛR!

L'échappée belle

Dans cette voiture, une seule personne et elle est indemne !

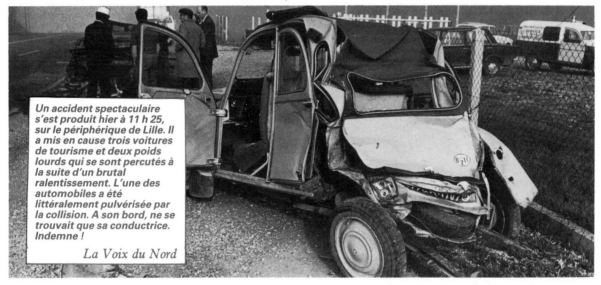

Un accident spectaculaire s'est produit hier à 11 h 25, sur le périphérique de Lille. Il a mis en cause trois voitures de tourisme et deux poids lourds qui se sont percutés à la suite d'un brutal ralentissement. L'une des automobiles a été littéralement pulvérisée par la collision. A son bord, ne se trouvait que sa conductrice. Indemne !

La Voix du Nord

La sécurité routière

1 How many road-accident victims were there in France, per million of the population?
2 For which two countries were the statistics worse?
3 Which country was at the head of the table for road safety?
4 Did Great Britain have more or less than the average number of road-accident victims?
5 Give the names of three European countries which are **not** included in the group stated to have had less than the average number of victims.
6 Why are the statistics concerning motor-cyclists disturbing?

L'échappée belle

1 Où cet accident est-il arrivé?
2 Combien de véhicules se sont percutés?
3 Qui conduisait la voiture qu'on voit sur l'image?
4 A-t-elle été blessée?

🌐 Dialogues

A la station service (1)

Touriste: Faites le plein, s'il vous plaît.
Pompiste: Ordinaire ou super?
Touriste: Super, s'il vous plaît.
Pompiste: Voulez-vous avancer un peu? . . . C'est trop! Reculez un tout petit peu. Ça y est! . . . Voilà: 89 francs, s'il vous plaît.
Touriste: Et voulez-vous vérifier la pression des pneus?
Pompiste: Oui, bien sûr. Et l'huile et l'eau?
Touriste: Non, ça va, merci.

A la station service (2)

Touriste: Je voudrais 25 litres de super, s'il vous plaît, et un demi-litre d'huile.
Pompiste: Oui, madame . . . Voilà: 130 francs en tout.
Touriste: Avez-vous des cartes Michelin?
Pompiste: Oui; de quelle région?
Touriste: Paris.
Pompiste: Alors, voilà: Les Sorties de Paris. Ça fait 8 francs, s'il vous plaît.
Touriste: Et pour aller à Versailles, il faut prendre quelle route?
Pompiste: Prenez l'autoroute A13 et puis la nationale 184.
Touriste: Merci! Au revoir!
Pompiste: Au revoir! Bonne route!

On téléphone au garage

Touriste: Allô! C'est le garage Peugeot?
Garagiste: Oui, c'est ça.
Touriste: Je suis en panne—sur la D55 près du passage à niveau à 5 km de Champfleury.
Garagiste: Qu'est-ce qui ne va pas?
Touriste: Aucune idée! Le moteur s'est arrêté tout d'un coup, comme ça . . .
Garagiste: C'est quelle marque de voiture?
Touriste: Une Ford.
Garagiste: Oh! Une voiture anglaise! On n'a pas les pièces de rechange pour les Ford.
Touriste: Zut alors! Nous sommes en pleine campagne et le bébé est malade. Vous ne pouvez pas envoyer une dépanneuse? C'est urgent!
Garagiste: Oh oui, si vous voulez.
Touriste: Il faudra attendre combien de temps?
Garagiste: 20 minutes environ.
Touriste: Eh bien, merci. A tout à l'heure.

Au camping

On arrive au bureau d'accueil

Touriste: Vous avez un emplacement pour ce soir?
Gardien: C'est pour une tente ou une caravane?
Touriste: Une tente et une voiture.
Gardien: Alors oui, pour une nuit, ça va. Vous avez votre carnet de camping?
Touriste: Oui, le voilà.
Gardien: Merci. Mon fils va vous montrer votre emplacement. C'est au fond du champ.

Un quart d'heure plus tard

Touriste: Excusez-moi, monsieur, mais est-ce qu'il serait possible de changer d'emplacement? La terre est trop humide et nous sommes trop près des poubelles.
Gardien: Ah oui? D'habitude personne ne se plaint! Non, je regrette, il n'y a pas d'autre emplacement. Le terrain est complet.
Touriste: Dans ce cas, on va trouver un autre camping. Voulez-vous me rendre mon carnet?
Gardien: Mais oui. Le voici. Je suis désolé . . .

Accident de la route

Agent: Votre nom, s'il vous plaît.
Touriste: Noyer—N O Y E R.
Agent: Et votre prénom?
Touriste: Denis.
Agent: Domicilié à . . .?
Touriste: 27, chemin du Verger, Ahuy, près de Dijon.
Agent: Comment ça s'écrit, Ahuy?
Touriste: A H U Y.
Agent: Alors, qu'est-ce que vous avez vu?
Touriste: Eh bien, je suivais le motocycliste à une distance de 50 mètres environ. On ne roulait pas vite. Puis, il a viré à gauche comme pour doubler la Peugeot et il a dérapé. Et puis il a heurté le panneau de signalisation.
Agent: Et c'est vous qui avez téléphoné au service des urgences?
Touriste: Oui. J'ai vu qu'il était gravement blessé et qu'il faudrait un brancard pour le transporter . . . Les ambulanciers sont arrivés peu après.
Agent: Merci bien.

As-tu compris?

A la station service (1)

1 How much petrol does the tourist ask for?
2 What is he asked to do?
3 What does he ask the pump-attendant to check?

A la station service (2)

1 What three items does the tourist buy at the petrol station?
2 How much does she pay for the third item?
3 What directions is she given for getting to Versailles?

On téléphone au garage

1 Where has the motorist broken down?
2 What exactly has happened?
3 Why will the garage not be able to do any repair that might be necessary?
4 What do they say they will do to help?
5 How long will this take?

Au camping

1 What booking does the tourist make?
2 Where is the pitch that she is given?
3 What turns out to be unsatisfactory about it?
4 What alternative pitch is she offered?

Accident de la route

1 What is the eyewitness's surname?
2 What is the name of the village where he lives?
3 What vehicle was the motorcyclist following?
4 What happened when the motorcyclist pulled out to overtake?
5 What did the eyewitness do first?
6 What did he do after that?

Role-play

At the garage

Ask if your car is ready.
—Non; on vous attend depuis une heure pour vous dire que nous ne pouvons pas compléter la réparation avant demain soir.
Express surprise and ask why not.
—Parce qu'il faut remplacer le radiateur qui est très très rouillé. On aura des problèmes!
Ask if you can hire a car during the repair.
—Mais oui, bien sûr. Passez au bureau là-bas.

At the campsite (1)

Ask if they have a pitch for a car and caravan for this evening.
—Mais non, je regrette. Vous n'avez pas vu? Le terrain est complet.
Ask where there is another site.
—Vous avez le camping municipal à la sortie de la ville, sur la N10.

Ask if it is far.
—Ah non; 10 minutes en prenant la rocade sud.
Ask which way you should go.
—Tournez à droite là-bas—c'est la rocade. Après quatre kilomètres environ, vous arriverez à la nationale 10. Tournez à gauche et le camping municipal est sur la gauche.

At the campsite (2)

Ask if they have a pitch for one tent.
—Oui, il nous reste un petit emplacement, juste à côté du bureau.
Ask if they haven't anything else, because there will certainly be a lot of noise.
—Comment, du bruit?
Say: because of the traffic—people arriving late and setting off early.
—Ah, c'est possible. Euh . . . Si vous ne craignez pas les moustiques, vous pouvez aller tout au fond du champ, près de la rivière.
Say that you detest mosquitoes and that you think it is better to look for another site.

Road accident

—Aïe! Aïe!
Ask the person where it is that hurts.
—Aïe! J'ai mal partout!
Tell the person not to move. Say that you will go and telephone for help and that you will come back straight away.
—Merci! Dépêchez-vous, s'il vous plaît!

Telephoning for help

—Allô! Police-secours!
Say that there has been an accident just outside the town on the N76.
—Combien de blessés y a-t-il?
Say that there is only one person injured.
—Et qu'est-ce qui s'est passé?
Say that a cyclist collided with a lorry at the crossroads.

Eyewitness

—Votre nom, s'il vous plaît.
Give your surname.
—Comment ça s'écrit?
Spell your surname.
—Et votre prénom?
State and spell your first name.
—Quelle est votre adresse?

State and spell your home address.
—Et en France?
Say that you are at the Camping de Champagne at Rheims for one night only.
—Et ensuite?
Say that you are continuing towards Besançon and then staying with friends at Pontarlier.
—Voulez-vous bien me donner leur nom et adresse, s'il vous plaît.
Say that it is the Parisato family, living at number 12, rue de la Chapelle.

Au camping

Voici quelques signes qu'on voit dans les campings. Malheureusement, il manque les voyelles! Peux-tu remplir les blancs?

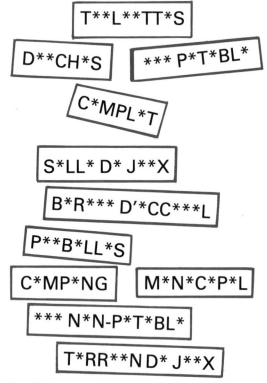

On fait un constat

Make the following statement in French:
You were leaving Versailles on the N186 at 7 a.m. this morning. It was raining, and there was very little traffic. A lorry had just overtaken you. A Renault approached from the right on the D91. It was travelling very fast and did not stop. You braked hard, skidded to the left, and crashed into a tree. The other vehicle continued without stopping. You do not know its registration number, but it was blue.

On l'a échappé belle!

Raconte ce qui est arrivé à Martin et à Emeric un jour l'été dernier, lorsqu'ils étaient en vacances.

🌏 Listening comprehension

Première partie

Marie-Pierre et Virginie

1 What will Virginie do in Dijon with her friends?
2 What will they be looking out for in the clothes' shops?
3 What excursion will Marie-Pierre do with her friends?
4 What distance will they do?
5 What will they do in the evening?
6 Why is the figure 15 mentioned?

Deuxième partie

Monsieur Quintallet et Marie-Pierre

1 How much camping has Marie-Pierre done?
2 What are the four reasons Monsieur Quintallet gives for his not liking camping?
3 Which aspect of camping particularly attracts Marie-Pierre?
4 In this discussion, is Monsieur Quintallet using **tu** or **vous** in speaking to Marie-Pierre, and what factors might be influencing him?

Conversation

Qui sait conduire chez toi?
Est-ce que tu apprendras à conduire dès que tu auras 17 ans?
As-tu une bicyclette ou une mobylette?
Aimerais-tu faire du camping en France? Pourquoi (pas)?

Que feras-tu ce soir?

A quelle heure quitteras-tu le collège?
A quelle heure arriveras-tu à la maison?
Passeras-tu par le centre-ville en allant chez toi?
Tu joueras au tennis ce soir?
Tu écouteras des disques ou la radio?
Liras-tu le journal?
Feras-tu tes devoirs avant ou après le dîner?
Tu te laveras les cheveux?
Tu sortiras?
Tu rentreras tard?
A quelle heure te coucheras-tu?

Et le weekend prochain, que feras-tu?

Resteras-tu chez toi?
Tu feras la grasse matinée, samedi?
Tu auras des courses à faire en ville?
Est-ce qu'il te faudra te lever tôt pour aller travailler en ville?
Regarderas-tu du sport, samedi après-midi?
Sortiras-tu le soir? Pour aller où?
Dimanche matin, tu iras à l'église?
Feras-tu une excursion en auto?
Que feras-tu d'autre?

On se lie d'amitié

How would you ask a French friend the following, in French?

1 How old do you have to be to drive a car in France?
2 Has your family got a car?
3 What make is it?
4 Are seat-belts compulsory in France?
5 Do you have a moped?
6 How long is your weekend in term-time?
7 Do you go out with your family on Sundays?
8 Have you ever done any camping?
9 What sort of holidays do you prefer?
10 Which newspapers and magazines do you read?

Devinettes

Choisis la bonne phrase!

1 La Camargue se trouve: en Provence/en Bretagne/en Savoie.
2 Quand on fait de l'exploration souterraine, on fait: de la varappe/de la voile/de la spéléologie.
3 Quand on a une bonne grippe: on reste au lit/on fait des randonnées/on fait de l'alpinisme.
4 Quand on achète des médicaments sur ordonnance, on demande: un reçu/l'addition/le tarif.
5 Un élève qui ne rentre chez lui que le weekend s'appelle: un externe/un interne/un demi-pensionnaire.
6 Un hebdomadaire est publié: tous les jours/toutes les semaines/tous les ans.
7 On peut acheter un choux à la crème: chez le glacier/chez le pâtissier/chez le laitier.
8 La Sorbonne se trouve: dans le Quartier Latin/sur la Rive Droite/sur l'Ile de la Cité.
9 Le billet touristique (métro et autobus) à Paris s'appelle: Paris-Tourisme/Paris-Passe-Partout/Paris-Sésame.

LE SOURIRE EN COIN

La phobie des vacances

A la veille d'un voyage, est-ce que vous arrivez à dormir? Moi pas. C'est l'insomnie assurée, même pour le plus habituel, le plus innocent des voyages, celui qui me conduit de la gare de Lyon à la gare d'Avignon. Combien de fois l'aurai-je accompli? Je renonce à compter, comme je renonce à dénombrer les moutons, les nuits d'insomnie, sachant que tous les troupeaux du monde ne me conduiraient pas vers le sommeil tant désiré.

Je vous fais grâce du récit de ce qui se passe quand il s'agit d'un départ vers des terres inconnues. L'insomnie et ses angoisses commencent parfois une semaine avant le départ. Et le matin du départ, que je ne manque pas de saluer comme mon « dernier matin », je me console, chaque fois, en me promettant de ne plus jamais partir!

L'ennui, c'est que, à cette phobie du départ s'ajoute... la phobie du retour. Quand je suis « là-bas », je n'ai plus aucune envie de revenir « ici ». J'y suis bien, j'y reste. Et je reviens, contraint et forcé, la mort dans l'âme. Quel beau voyage j'ai fait et comme c'est triste qu'il soit déjà terminé! Commence alors une insomnie qui a le visage de la nostalgie...

Jean CHALON

Le Figaro

1 What journey does the author often undertake?
2 Does he sleep well the night before setting off?
3 What sort of journey causes him a whole week of sleepless nights?
4 How do you know that he is not optimistic about reaching his destination safely?
5 How does he cheer himself up?
6 Once arrived, how does he view the return journey?
7 Find the French for:
   to count sheep
   I will spare you ...
   each time
   the annoying thing is that ...
   with a heavy heart

Bientôt les vacances!

Voici un extrait d'une lettre de Marie-Noëlle à Trevor:

```
        Il y a bien longtemps que j'ai reçu ta
lettre et je me décide enfin à te répondre.
        J'espère que la santé est bonne pour vous
tous. Ici tout le monde va bien. Je te remercie pour
ton invitation pour le mois prochain. Je viendrai avec
plaisir. Je prendrai l'avion à 6h 30 du matin pour
arriver à l'aéroport vers 9 heures. Pourras-tu venir
me chercher en auto, ou faudra-t-il que je prenne un
taxi ? Pourras-tu me décrire ton quartier dans ta
prochaine lettre, ainsi que ta maison, car je me
perdrai probablement. Une fois chez toi, nous parlerons
de ta prochaine visite en France. Tu verras, en été
la propriété est plus jolie et plus verdoyante qu'en
hiver. J'ai hâte de te voir, ainsi que ta famille.
        Hier je suis allée voir un concert de
très grands musiciens. Je les adore ! Je t'apporterai
des disques d'eux; tu verras, leur musique est
épatante... Quant à papa, il travaille toujours comme
un fou. Il demande souvent à maman de venir l'aider à
la clinique mais elle trouve que ce n'est pas sa place.
Elle préfère tenir son magasin, où elle a ses clientes.
Elle s'est fait une foule d'amis à Gevrey.
        Jean-Paul est toujours à l'armée. Il est
rentré hier pour une permission de trois jours.
Il est heureux ici...
```

1 Quand est-ce que Marie-Noëlle viendra en Angleterre?
2 Que demande-t-elle à Trevor?
3 Comment est la propriété chez Marie-Noëlle en été, en comparaison de l'hiver?
4 Quels disques apportera-t-elle en Angleterre?
5 Est-ce que son père est chômeur?
6 Pourquoi sa femme ne veut-elle pas l'aider?
7 Quel membre de la famille est en train de faire son service militaire?
8 Trouve la phrase pour:
   Their music is fantastic!
   She has made lots of friends.
   He is on leave for three days.

167

D'où viennent-ils?

01	Ain	32	Gers	64	Pyrénées (Basses)
02	Aisne	33	Gironde	65	Pyrénées (Hautes)
03	Allier	34	Hérault	66	Pyrénées Orientales
04	Alpes (Basses)	35	Ille-et-Vilaine	67	Rhin (Bas)
05	Alpes (Hautes)	36	Indre	68	Rhin (Haut)
06	Alpes-Maritimes	37	Indre-et-Loire	69	Rhône
07	Ardèche	38	Isère	70	Saône (Haute)
08	Ardennes	39	Jura	71	Saône-et-Loire
09	Ariège	40	Landes	72	Sarthe
10	Aube	41	Loir-et-Cher	73	Savoie
11	Aude	42	Loire	74	Savoie (Haute)
12	Aveyron	43	Loire (Haute)	75	Paris (Ville de)
13	Bouches-du-Rhône	44	Loire-Atlantique	76	Seine-Maritime
14	Calvados	45	Loiret	77	Seine-et-Marne
15	Cantal	46	Lot	78	Yvelines
16	Charente	47	Lot-et-Garonne	79	Sèvres (Deux)
17	Charente-Maritime	48	Lozère	80	Somme
18	Cher	49	Maine-et-Loire	81	Tarn
19	Corrèze	50	Manche	82	Tarn-et-Garonne
20	Corse	51	Marne	83	Var
21	Côte d'Or	52	Marne (Haute)	84	Vaucluse
22	Côtes-du-Nord	53	Mayenne	85	Vendée
23	Creuse	54	Meurthe-et-Moselle	86	Vienne
24	Dordogne	55	Meuse	87	Vienne (Haute)
25	Doubs	56	Morbihan	88	Vosges
26	Drôme	57	Moselle	89	Yonne
27	Eure	58	Nièvre	90	Belfort (Ter.)
28	Eure-et-Loir	59	Nord	91	Essonne
29N	Nord-Finistère	60	Oise	92	Hauts de Seine
29S	Sud-Finistère	61	Orne	93	Seine St-Denis
30	Gard	62	Pas-de-Calais	94	Val de Marne
31	Garonne (Haute)	63	Puy-de-Dôme	95	Val d'Oise

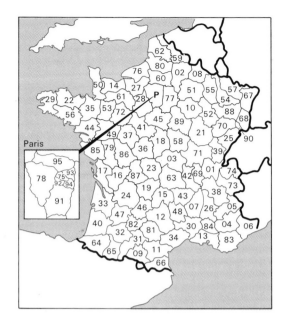

For administrative purposes, France is divided into 95 'départements'. The list is arranged in alphabetical order and each 'département' is given a number. It is this two-figure number which appears on postmarks and at the beginning of postcodes, and at the end of a vehicle registration number. Give the town, 'département' number and name, and the part of France for each of the following postmarks or addresses:

BRETAGNE SÉJOUR
12, quai Duguay-Trouin - 35000 Rennes
Tél. : (99) 79-44-28

COMITÉ DÉPARTEMENTAL
DU TOURISME DU FINISTERE
5, rue René Madec
29000 QUIMPER
(98) 95 28 86

OFFICE DU TOURISME
TEL. 53 00 24 · TELEX 385 022
74400 CHAMONIX-MONT-BLANC France

From which 'département' does each of these vehicles come?

Un incident bizarre

Deuxième partie

—Je suis sorti de chez moi vers sept heures. J'ai dîné dans un restaurant de la Place Saint-André-des-Arts. Puis j'ai été pris du désir de me promener dans Paris…

—Il pleuvait beaucoup ce soir-là, dit le commissaire. Il n'y avait aucune incrédulité dans sa voix. Il constatait simplement un fait.

—Je ne m'en suis guère aperçu. Je rêvais. Je voulais être seul… Je me tus.

—Bien sûr, dit Parodi.

On eût dit qu'il interrogeait un enfant.

—Après avoir marché longtemps sans but, je me suis senti tout à coup très fatigué. Je me trouvais alors sur le Pont-au-Change. Il pouvait être neuf heures et demie. Je me suis accoudé au parapet, j'ai regardé le fleuve. La pluie venait de cesser et la nuit était tombée. Tout à coup j'ai entendu un pas. J'ai tourné la tête et j'ai distingué la silhouette d'un homme qui semblait se diriger vers l'endroit où je me trouvais. Il marchait lentement, très lentement, avec une étrange hésitation, comme s'il était ivre ou accablé de fatigue. Il s'est arrêté à quelques pas de moi. Je suis certain qu'il ne m'avait pas aperçu…

Le commissaire m'interrompit:

—Comment était-il habillé?

—Il était nu-tête et sans manteau. Je ne pus, à ce moment, apercevoir ses traits, mais je vis que ses vêtements étaient trempés, comme s'il avait marché longuement sous la pluie.

—Continuez, dit doucement Parodi.

—Rien ne se passa pendant quelques instants. Puis, soudain, je le vis se pencher par-dessus le parapet, lentement, avec une sorte de précaution, comme s'il voulait observer quelque chose sous les arches du pont. C'est ce que je crus d'abord. Mais il se penchait de plus en plus, et toujours avec la même lenteur. Déjà, ses pieds quittaient le sol. On eût dit qu'il se laissait doucement attirer par le fleuve. Je courus vers lui: je le retins juste au moment où il basculait… Il m'a remercié. Il m'a dit qu'il regardait l'eau, qu'il avait fait un faux mouvement. Il mentait…

—Pouvez-vous me le décrire?

—Il m'a paru petit, mince, jeune, plutôt mal vêtu…

—C'est bien cela.

—Nous avons marché côte à côte, sans parler beaucoup. La ville était déserte. Au bout d'un moment, la pluie s'est remise à tomber. Je lui ai demandé pourquoi il m'avait menti. Il n'a plus nié. Il m'a dit que sa femme l'avait quitté, qu'il l'aimait…

—N'a-t-il donné aucun détail précis à ce sujet?

—Aucun. Je sais simplement qu'elle s'appelait Lucie. Il l'avait rencontrée quelques années plus tôt au Jardin des Plantes. Ce jour-là elle portait une robe de toile claire et un grand chapeau de paille.

Charles Bertin: *Journal d'un Crime*

accablé overwhelmed	**constater** to state	**la lenteur** slowness	**retenir** to hold back
s'accouder to lean the elbows on	**côte à côte** side by side	**mentir** to tell a lie	**la toile** linen
	l'endroit (m) place	**nier** to deny	**le trait** feature
attirer to attract	**le fait** fact	**la paille** straw	**trempé** soaked
basculer to topple over	**le fleuve** river	**le pas** footstep	**vêtu** dressed
le but aim	**ivre** drunk	**se pencher** to lean	

Choisis la bonne réponse

1 M. Saint-Pons went for a stroll because
  a at last it had stopped raining.
  b he had eaten too much at the restaurant.
  c he wanted to be alone.
2 He stopped at the Pont-au-Change because
  a he felt tired.
  b he had noticed something in the water.
  c he had heard footsteps behind him.
3 He thought that the man approaching seemed
  a physically ill.
  b drunk or worn out.
  c emotionally distressed.
4 The stranger was wearing
  a a coat and hat.
  b a mackintosh.
  c neither hat nor coat.
5 M. Saint-Pons grabbed hold of the stranger
  a just as he climbed onto the parapet.
  b just as his feet began to leave the ground.
  c just as he was about to topple over into the water.
6 Eventually the stranger told M. Saint-Pons that
  a his wife had left him.
  b his wife had died recently.
  c he had lost his job at the Jardin des Plantes.

Réponds en français

1 Où est-ce que M. Saint-Pons avait mangé ce soir-là?
2 Où s'est-il promené après?
3 Quel temps faisait-il?
4 Comment a-t-il su qu'un homme s'approchait du Pont-au-Change?
5 Quel air avait-il, cet homme?
6 Est-ce qu'il se rendait compte qu'il n'était pas seul?
7 Comment était-il vêtu?
8 Quand Élio s'est penché vers le fleuve, qu'est-ce que M. Saint-Pons a cru d'abord?
9 A quel moment a-t-il saisi Élio?
10 Élio a parlé d'un 'faux mouvement'. Est-ce qu'il disait la vérité?
11 Pourquoi a-t-il voulu se suicider?
12 Où et quand avait-il fait la connaissance de Lucie?
13 Comment était-elle vêtue ce jour-là?
14 Quels autres détails Élio a-t-il donnés au sujet de sa femme?

Grammar section

The superlative

Examples:

Le voyage le plus habituel, le plus innocent . . .
Les routes les plus dangereuses
Les documents les plus importants et les plus anciens sur la préhistoire en Europe
Vladimir Horovitz est un des plus prestigieux interprètes de Chopin.

Note

There are three irregular superlatives:
the best: C'est le **meilleur** chanteur français.
the worst: Ça, c'est le **pire**!
the least: Sans faire le **moindre** bruit . . .

A toi!

Réponds en utilisant une phrase complète.
A ton avis:
1 Quel est le sport le plus dangereux?
2 Quel est le meilleur chanteur pop?
3 Quel est le gardien de but le plus adroit?
4 Quelle est la personne la plus riche au monde?
5 Quelle est la matière la plus facile?
6 Quelle est la matière la plus difficile?
7 Quel est le compositeur le plus original?
8 Quel est le passe-temps le plus ennuyeux?
9 Quelle serait la pire des choses?
10 Quel est le film le plus amusant?

How many examples of the superlative can you see in the above?

The imperative

Examples:

Asseyez-vous!
Allez tout droit!
Tournez à gauche!

Note 1

If a pronoun is involved, it goes *after* an affirmative verb. Examples:
Passez-moi le pain!
Tais-toi!
Levez-vous!
Donne-lui du chocolat!

It goes *before* a negative verb. Examples:
Ne me dérangez pas!
Ne t'inquiète pas!
Ne lui dis rien!

Note 2

Sometimes an infinitive is used, for example in the instructions for using a public telephone (see page 127), and in other contexts:

UNE RÈGLE IMPÉRATIVE :
Rester maître de sa vitesse

A toi!

How many uses of the imperative can you identify in the following?

> *Augmentez les chances de réussite de votre enfant. Donnez-lui, jeune, le goût de lire.*

Respectez vos amis
Ne les forcez pas
à boire de l'alcool

... Il y a autant d'alcool dans quatre litres de vin à 12° que dans un litre d'eau-de-vie à 48°.

Communiqué du Comité National de Défense contre l'Alcoolisme.

Bouclez votre ceinture c'est plus sûr !

APPUYEZ
ET
SOULEVEZ

6 conseils à suivre pour avoir un excellent café

1. Dosage: prévoyez 1 cuiller à soupe pleine par tasse.
2. Eau: si votre eau est trop calcaire ou chlorée, utilisez une eau de source non minéralisée.
3. Cafetière: ébouillantez-la avant usage.
4. Filtrage: versez lentement l'eau frémissante au milieu de la mouture.
5. Dégustation: tournez le café pour qu'il soit bien homogène.
6. Conservation: refermez votre paquet. Placez-le au réfrigérateur.

la MAISON du CAFÉ

TRADITION

Café en grains sous vide

CHOCOLATS FOURRÉS DE NESTLÉ.

Pour garder toute leur finesse et leur saveur, les chocolats fourrés de Nestlé exigent certaines précautions.

Ne les conservez pas au réfrigérateur – ils craignent le froid – mais plutôt dans un endroit frais, à l'abri de l'humidité et des odeurs.

PIÉTONS :

Assurez votre sécurité la nuit sur la route en portant un brassard réfléchissant.
La Prévention Routière vous le recommande et votre vélociste vous attend.

Et maintenant, dis ce qu'il faut faire pour préparer un excellent café!

Unit 12

Hot weather and traffic jams
Going through French customs
Arriving at a 'gîte'
Plans for the summer and afterwards
Le Tour de France
On exchange: practical matters

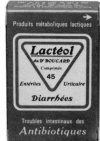

Vive les vacances!

Quelles sont tes réactions en voyant ces photos? Est-ce qu'elles te rappellent de bons souvenirs? Ou de mauvais souvenirs, peut-être?
Dis aux autres membres de la classe à quoi tu penses en les regardant.

Travail à deux

Décris une des photos; ton/ta partenaire te dira laquelle tu décris.

Bien ensoleillé

En France aujourd'hui

RÉGION PARISIENNE. – Temps le plus souvent ensoleillé, mais encore un peu frais le matin. Dans la journée, les températures maximales seront proches de 25 à 27°.

AILLEURS. – Le beau temps prédominera sur la plus grande partie du pays avec des vents d'est modérés. Cependant des Alpes à la Corse, des orages éclateront encore en fin d'après-midi sur le relief. Enfin, près des Pyrénées, une tendance orageuse débutera à nouveau. Les températures maximales varieront entre 22° près de la Manche, 26° sur le reste de la moitié nord, et 30° sur les régions méridionales.

DEMAIN. – L'activité orageuse s'étendra à l'ensemble des régions méridionales et débordera même sur la Vendée, la Charente et le Jura, mais sous forme très discontinue.

Sur le reste du pays, le beau temps persistera avec des températures généralement en hausse.

PRESSION ATMOSPHÉRIQUE à Paris le 18 juillet à 14 h : 767,4 millimètres de mercure, soit 1 023,1 millibars.

RENSEIGNEMENTS ASTRONOMIQUES pour le 19 juillet (exprimés en heure légale française, base d'observation Paris).

SOLEIL : lever, 6 h 9 ; pass. au méridien, 13 h 57 ; coucher, 21 h 44 ; durée du jour, 15 h 35.

LUNE : (29° jour) lever, 4 h 25 ; pass. au méridien, 12 h 35 ; coucher, 20 h 48.

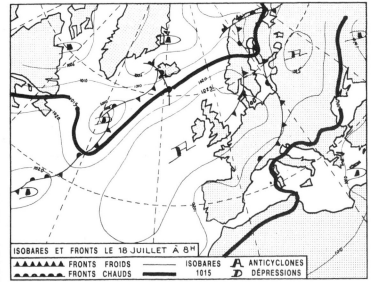

ISOBARES ET FRONTS LE 18 JUILLET À 8ʰ

▲▲▲▲▲ FRONTS FROIDS	ISOBARES	A ANTICYCLONES
━━ FRONTS CHAUDS	1015	D DÉPRESSIONS

La cellule anticyclonique qui viendra se localiser sur les îles Britanniques dirigera sur la plus grande partie de notre pays un courant sec de secteur est. Toutefois, l'instabilité orageuse persistera sur les Alpes et élargira sa zone d'influence demain.

CLIMATS POUR VOS VACANCES

● Première colonne : temps à 14 h (heure de Paris), le 18 juillet. (S : soleil ; N : nuageux ; C : couvert ; P : pluie ; A : averse ; O : orage ; B : brouillard ; ° : neige).
● Deuxième colonne : température à 8 h (heure de Paris), le 18 juillet.
● Troisième colonne : température à 14 h (heure de Paris), le 18 juillet.

Etant donné l'important décalage horaire entre Paris et certaines stations étrangères (celles d'Extrême-Orient en particulier), les températures qui y sont relevées à 8 heures (heure de Paris) peuvent être parfois supérieures à celles relevées à 14 heures (heure de Paris).

FRANCE

Ajaccio	S	22	29
Biarritz	S	19	24
Bordeaux	S	18	28
Brest	S	13	21
Cherbourg	S	13	21
Clermont-F.	S	17	25
Dijon	S	17	25
Dinard	S	15	21
Embrun	S	17	27
Grenoble	S	16	25
La Rochelle	S	17	28
Lille	S	14	22
Limoges	S	18	24
Lorient	S	15	25
Lyon	S	17	26
Marseille	S	24	32
Nancy	N	16	24
Nantes	S	15	25
Nice	N	24	27
Paris	S	14	25
Pau	S	19	27
Perpignan	S	25	33
Rennes	S	13	25
Rouen	S	15	22
St-Étienne	S	16	25
Strasbourg	S	17	23
Toulouse	S	20	29
Tours	S	15	25

EUROPE

ANGLETERRE – IRLANDE

Brighton	N	16	22
Edimbourg	C	13	16
Londres	N	15	23
Cork	C	15	20
Dublin	N	12	18

ALLEMAGNE – AUTRICHE

Berlin	C	17	23
Bonn	S	13	24
Hambourg	N	13	20
Munich	C	16	23

ESPAGNE – PORTUGAL

Barcelone	S	23	29
Las Palmas	S	20	26
Madrid	S	15	31
Marbella	C	16	23
Palma Maj.	S	23	29
Séville	S	15	27
Lisbonne	N	15	22
Madère	S	18	22
Porto	B	17	20

ITALIE

Florence	B	23	31
Milan	S	21	28
Naples	S	24	33
Olbia	N	21	27
Palerme	B	27	29
Reggio Cal.	B	28	32
Rimini	B	23	29
Rome	S	24	32

GRÈCE – TURQUIE

Athènes	S	26	31
Corfou	S	23	32
Patras	S	23	30
Rhodes	S	25	29
Salonique	S	23	31
Ankara	S	19	26
Istanbul	S	23	30

PAYS NORDIQUES

Copenhague	S	17	20
Helsinki	C	20	23
Oslo	S	15	22
Stockholm	S	17	23

SUISSE

Bâle	B	16	23
Berne	B	16	24
Genève	B	16	24

RESTE DU MONDE

AFRIQUE DU NORD

Agadir	N	18	22
Alger	S	19	30
Casablanca	C	19	22
Djerba	C	26	31
Marrakech	N	17	24
Tunis	S	27	35

AFRIQUE

Abidjan	C	22	25
Dakar	C	26	26
Le Cap	N	2	8

PROCHE-ORIENT

Beyrouth	–	–	–
Eilat	S	31	36
Le Caire	S	24	32

U.S.A. – CANADA

Boston	N	26	28
Chicago	S	30	29
Houston	S	17	21
Los Angeles	C	17	17
Miami	S	27	29
New York	S	27	29
Nouv.-Orl.	N	23	25
San Francis.	N	19	21
Montréal	C	22	22

CARAIBES

Ft-d.-France (F)	P	24	25
Pte-à-Pitre (F)	N	25	26
San Juan (US)	S	27	28

EXTREME-ORIENT

Bangkok	P	32	35
Hongkong	N	31	29
Pékin	N	30	27
Singapour	B	26	27
Tokyo	B	28	26

TEMPS EN FRANCE AUJOURD'HUI A 13 HEURES

○ CIEL CLAIR		● COUVERT		✳ NEIGE	
◐ PEU NUAGEUX		▨ PLUIES		～ VERGLAS	
◗ VARIABLE		𝟿 BRUINES		↯ ORAGES	
◖ TRÈS NUAGEUX		▼ AVERSES		= BRUMEUX	

VENTS
FAIBLES — MODÉRÉS — FORTS — TEMPÊTE

Que veulent dire les symboles suivants?   **A   D   ▼   ⚲   =   S   N**

Météo

Le temps hier, 18 juillet

1 Dans quelles villes françaises faisait-il plus de 30° à 14 heures?
2 Quelle était la température à Londres à la même heure?
3 Est-ce qu'il faisait encore plus chaud en Espagne qu'en France?
4 Dans quelles deux villes françaises le ciel était-il couvert à 14 heures?
5 On donne des détails pour chacune des capitales des quatre Pays Nordiques. Sais-tu comment s'appelle chaque pays?

Prévisions pour aujourd'hui, 19 juillet

1 Est-ce que le beau temps prédominera partout en France?
2 Où y aura-t-il des orages?
3 Quelle sera la température maximale près de la Manche?
4 Et dans le Midi?
5 Et demain, est-ce que les températures seront en hausse ou en baisse?
6 Où se situera la grande cellule anticyclonique?
7 Le vent sec soufflera de l'Océan Atlantique ou de l'Eurasie?

Sécheresse : cela tourne mal

On a eu chaud, on a chaud, on aura chaud. La France connaît et va connaître encore une vague de chaleur que certains qualifient déjà d'historique. Ses effets sont de plus en plus graves, notamment dans le Midi. Ce matin, le commissaire de la République du Var doit déclarer son département sinistré. Depuis 1896, on n'y avait pas subi une telle sécheresse. Le mercure dépasse d'ailleurs les 30° dans les départements méditerranéens depuis le début du mois. Les cultures sont en péril, y compris la vigne — ce qui se voit rarement en Provence.

Un peu partout d'ailleurs, les températures atteignent des records jamais égalés sur une période aussi prolongée. Première victimes : le bétail, les vergers, les cultures.

La sécheresse des prairies oblige de nombreux éleveurs, en Normandie notamment, à donner à leur bétail des aliments complémentaires ou à acheter dans d'autres régions d'importantes quantités de fourrages. Le ministre de l'Agriculture a indiqué samedi que des aides financières seraient accordées aux transports de fourrage à destination des zones agricoles victimes de la sécheresse.

De nombreux vergers sont aussi affectés par la chaleur. Ainsi, les pruneaux d'Agen sont en train de sécher sur place et les pêches du Midi-Pyrénées mûrissent avant d'atteindre leur taille habituelle.

Dans tout le pays, les agriculteurs souhaitent la pluie. Mais, d'ores et déjà, les prévisions des vendanges et moissons sont modifiées.

A la Météorologie nationale, on ne voit guère venir fraîcheur ou pluie dans les prochains jours, au sud comme au nord de la Loire, hormis quelques orages localisés.

Mais il est vrai que les prévisions météorologiques sont très limitées dans le temps.

Le Figaro, 19 juillet

Réponds

1 Où est-ce que la vague de chaleur a surtout des effets graves?
2 Depuis quelle année est-ce qu'on n'a pas connu de chaleur pareille?
3 Depuis combien de jours le thermomètre marque-t-il plus de 30°?
4 Est-ce que la vigne est souvent en péril à cause de la chaleur?
5 Qu'est-ce que les éleveurs se trouvent obligés de faire?
6 Comment le ministre de l'Agriculture va-t-il aider les éleveurs?
7 Quels fruits souffrent à cause de la chaleur?
8 Est-ce que la météorologie nationale prévoit de la pluie dans les prochains jours?

atteindre to reach	**la prairie** meadow
le bétail cattle	**le pruneau** dried plum,
les cultures (f) crops	prune
dépasser to exceed	**qualifier** to describe
l'effet (m) effect	**la sécheresse** drought
égaler to equal	**sinistré** disaster-stricken
l'éleveur (m) stock-	**subir** to be subject to
breeder	**la vague** wave
le fourrage fodder	**le verger** orchard
hormis except	**la vendange** wine-harvest
la moisson harvest	**la vigne** vine
mûrir to ripen	**y compris** including
notamment notably	
d'ores et déjà here and	
now	

Bienvenue en France!

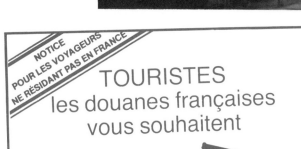

TOURISTES
les douanes françaises
vous souhaitent

NOTICE
POUR LES VOYAGEURS
NE RÉSIDANT PAS EN FRANCE

bienvenue !

EN FRANCE

et vous offrent
cette notice d'information
pour connaître
vos droits

sont admis
sans rien payer à la douane

à l'entrée en France.

LES DENRÉES ET OBJETS
• Pour une valeur limite équivalente à **1 400** FF (400 FF pour les personnes âgées de moins de 15 ans)
si vous venez d'un pays membre de la C.E.E.
• Pour une valeur limite équivalente à **300** FF (150 FF pour les personnes âgées de moins de 15 ans)
si vous venez d'un autre pays.

OBJETS EN COURS D'USAGE
• Les vêtements et le linge personnel ;
• Les bijoux personnels (maximum 500 grammes) ;
• Divers articles de sport et de plein air ;
• Les voitures d'enfant ;
• Certains appareils, **portatifs notamment :**
Deux appareils photographiques avec 10 rouleaux de pellicule par appareil ; un appareil cinématographique de prise de vue de format réduit avec 10 bobines de film ; un instrument de musique ; un électrophone avec 10 disques ; un récepteur de radio ; un téléviseur portable ; un appareil émetteur-récepteur radiotéléphonique ; une machine à écrire ; un magnétophone avec 2 bobines ou cassettes ; une machine à calculer de poche ; une paire de jumelles ; tous objets usuels portatifs.
Ces objets ou appareils doivent être rapportés dans leur pays de provenance. Ils ne peuvent être ni vendus, ni donnés en France.

FORMALITÉS SPÉCIALES
Chiens et chats
L'entrée en France des animaux de moins de 3 mois est interdite. Pour ceux de plus de 3 mois, elle est limitée à trois animaux dont un seul chiot.
La présentation d'un certificat de vaccination contre la rage délivré dans le pays d'origine (ou d'un certificat attestant que les animaux sont en provenance d'un pays indemne de rage depuis plus de trois ans) est exigée.

OR
• L'importation d'or monétaire (en barre, lingot ou monnaie) est interdite sauf autorisation de la Banque de France.
• Les autres articles contenant de l'or sont soumis à des formalités lors du passage en douane. Vous êtes dispensé, toutefois, de ces formalités pour le transport de vos bijoux personnels dans la limite d'un poids de 500 grammes.

sont interdits

à l'entrée en France.

A TITRE ABSOLU :
• Les stupéfiants ;
• Les contrefaçons en librairie ;
• Les armes (autres que de chasse et de tir).

Au moment du passage de la frontière, vous devez déclarer au bureau de douane les objets et marchandises que vous transportez s'ils ne répondent pas aux conditions énumérées ci-après.

tabacs

alcools parfums café thé

*Vous pouvez apporter dans vos bagages à main sans avoir à payer de frais de douane les marchandises suivantes : ***

• Vous venez d'un pays membre de la C.E.E. (1) :

300 cigarettes, ou 150 cigarillos, ou 75 cigares, ou 400 grammes de tabac à fumer.

• Vous venez d'un pays n'appartenant pas à la C.E.E. :

- si votre résidence est située en Europe :
200 cigarettes, ou 100 cigarillos, ou 50 cigares, ou 250 grammes de tabac à fumer.

- si votre résidence est située hors d'Europe :
400 cigarettes, ou 200 cigarillos, ou 100 cigares, ou 500 grammes de tabac à fumer.

(1) République Fédérale d'Allemagne, Italie, Belgique, Danemark, Grande-Bretagne, Grèce, Irlande, Luxembourg et Pays-Bas.

MARCHANDISES	VOYAGEURS EN PROVENANCE DE :	
	PAYS MEMBRES DE LA C.E.E.(1)	PAYS AUTRES QUE C.E.E.
et en outre **BOISSONS ALCOOLISÉES**		
Vins tranquilles	4 litres	2 litres
et		
• Soit boissons titrant plus de 22°	1,5 litre	1 litre
• Soit boissons titrant 22° ou moins	3 litres	2 litres
et PARFUMS	75 g	50 g
et Eaux de toilette	37,5 cl	25 cl
et **CAFÉ**	750 g	500 g
ou extraits et essences de café	300 g	200 g
et THÉ	150 g	100 g
ou extraits et essences de thé	60 g	40 g

* NOTA : les voyageurs âgés de moins de 17 ans ne sont autorisés à transporter ni tabacs ni boissons alcoolisées. Ils peuvent, par contre, transporter des parfums, café et thé, dans les limites indiquées ci-dessus.

1 As a person under 17 years of age, resident in Great Britain, how much of the following can you import into France?
   a cigarettes   c perfume
   b alcoholic drinks d tea
2 What articles in current use can you take into France?
3 How many cameras are you allowed to take in, with how many rolls of film?
4 Could you take in your guitar and flute if you wanted to?
5 What is the maximum number of records allowed?
6 What mathematical aid can you take in?
7 Are you allowed to give away any of these articles in France?
8 What are the regulations concerning cats and dogs?
9 What document is required to import an animal into France?
10 What three categories of articles are strictly prohibited?

On fait des projets

Je pense que j'irai tout d'abord en Angleterre, puis j'irai à l'Ile de Ré. Pendant le mois d'Août, je vais essayer de travailler. Mais ce n'est pas sûr.

Alain

Je regrette beaucoup mais je ne pourrai pas venir te voir pendant ces grandes vacances. En effet, je pars avec mes parents en vacances durant tout le mois de Juillet. Ensuite au mois d'Août, je pars avec des copains. On va camper quelque part dans le midi de la France. On avait projeté ça depuis longtemps. Ensuite, c'est la rentrée, alors je ne pourrai pas venir à York. Par contre, si tu es libre, toi tu pourrais venir au mois d'Août

Isabelle

Bon, je vais te parler, à présent, de mes futures vacances. Pour le mois de Juillet et Août, je vais travailler dans un restaurant à Beaune, je serai serveuse. Ensuite, je passerai quatre jours à Paris chez des amis et hélas le 7 septembre c'est déjà la rentrée scolaire. L'année prochaine, je ~~reprends~~ change de lycée comme cela je pourrai rentrer chez moi tous les soirs car ici, je suis interne. En ce moment, le temps est très beau

Véronique

Nous t'attendons, mes parents, mon frère et moi, avec impatience. J'espère que tu feras bon voyage et que tu ne seras pas malade sur le bateau. Nous approchons de l'été et je pense que la mer sera calme. Chez moi, tout le monde va bien, mon frère va jouer au tennis tous les mercredi, mon père va à la pêche de temps en temps

Jean-Charles

Tu as compris les extraits de lettres?
Alors, vas-y!

True or false?

1 Alain will go to the Atlantic coast this summer.
2 He hopes to be working during August.
3 Isabelle has plans to go away with some friends to Normandy.
4 She is looking forward to going to York afterwards.
5 Véronique will get only a few days' real holiday this year.
6 She will be changing schools in September so that she no longer has to board.
7 Jean-Charles thinks that his pen-friend will most probably be ill on the ferry.

Réponds en français

Alain

1 Qu'est-ce qu'il fera cet été?
2 Est-ce certain?

Isabelle

1 Pourquoi ne pourra-t-elle pas venir en Angleterre?
2 Que fera-t-elle dans le Midi?

Véronique

1 Que fera-t-elle en juillet et en août?
2 Pendant combien de temps sera-t-elle à Paris?
3 Ira-t-elle au même lycée en septembre?
4 Sera-t-elle interne ou externe?

Jean-Charles

1 Comment est-ce que son correspondant fera le voyage en France?
2 Pourquoi la mer sera-t-elle calme, très probablement?

Conversation

Tu passes des examens dans quelles matières?
Quelle est la date de ton dernier examen?
Que feras-tu quand les examens seront terminés?
Rentreras-tu au lycée pour entrer en première?
Iras-tu travailler en ville?
Tu te reposeras, peut-être?

Que feras-tu pendant les vacances?

Auras-tu un petit emploi pour gagner de l'argent de poche?
Quel travail feras-tu et pendant combien de temps?
Combien de jours par semaine travailleras-tu?
Que feras-tu de ton argent?
Tu partiras en vacances?
Où iras-tu?
Comment feras-tu le voyage?
Tu partiras avec qui?
Vous descendrez dans un hôtel ou dans un gîte?
Vous ferez peut-être du camping?
Vous louerez un appartement meublé au bord de la mer?
Resterez-vous en Angleterre ou irez-vous à l'étranger?
Quels pays visiterez-vous?
Si tu pars avec un groupe de jeunes, irez-vous dans des auberges de jeunesse?

Que feras-tu en septembre?

Tu entreras en première?
Quelles matières est-ce que tu étudieras? (Ça dépend peut-être de tes résultats?)
Si tout va bien, quelles matières choisiras-tu?
Et après la classe terminale, que feras-tu?
Si tu n'as pas encore d'idée précise, quelles sont les possibilités?
As-tu l'intention de trouver du travail en Angleterre, ou iras-tu vivre à l'étranger?
Tu penses que tu te marieras un jour?
Tu penses que tu auras des enfants?

Anne écrit à Linda

Marsannay, le 4 juin

Très chère Linda,

C'est en ce mois de juin avec le soleil et la chaleur que j'écris cette lettre. Je me présente : je m'appelle Anne et je viens d'avoir 16 ans. J'ai un frère qui n'habite plus chez mes parents. Ceux-ci possèdent une maison non loin de Dijon.

Tu pourrais peut-être m'envoyer quelques photos de famille et me donner quelques renseignements sur toi et tes passe-temps.

Ici, il commence à faire très chaud et très beau. Tout le monde pense aux vacances et prépare le départ estival.

Je continue à aller à l'école jusqu'au 25 juin. L'établissement où je me rends possède un très beau parc. La végétation y est très verte en ce moment de l'année. Ma camarade et moi nous promenons souvent dans les allées fleuries par le lilas.

Pendant les grandes vacances, mes parents et moi, nous nous rendons en Italie. Nous allons passer quinze jours sur la plage et nous faire bronzer. Nous reviendrons tout bruns et bien reposés. Où passeras-tu tes vacances, toi et ta famille ? Restes-tu en Angleterre tout l'été ?

En attendant ta prochaine lettre, je te quitte en espérant que la mienne t'aura fait plaisir

Anne

Réponds

1 Quel temps faisait-il quand Anne a écrit sa lettre?
2 Quel âge venait-elle d'avoir?
3 Qu'est-ce qu'elle a demandé à Linda de lui envoyer?
4 C'est à quelle date, la sortie des classes?
5 Que sais-tu du collège d'Anne?
6 Où ira-t-elle pendant les grandes vacances cette année?

Maintenant, écris ta réponse à Anne!

Remercie-la de sa gentille lettre.
Dis-lui que tu enverras des photos de famille la prochaine fois.
Donne-lui quelques détails sur ton collège.
Dis-lui ce que tu feras pendant les grandes vacances et en septembre.

🌐 Dialogues

A la douane

Douanier: Qu'est-ce que vous avez comme bagages?

Lorraine: Mon sac à dos, c'est tout.

Douanier: Où allez-vous?

Lorraine: Regardez! (*Elle montre l'étiquette qu'elle a attachée à son sac à dos.*) Comment ça se prononce?

Douanier: Ah! Oyonnax! Et vous y restez combien de temps?

Lorraine: Cinq semaines.

Douanier: En vacances?

Lorraine: Oui et non. Je serai au pair. Je vais donner des cours d'anglais aux trois enfants.

Douanier: Combien d'argent avez-vous?

Lorraine: 5 livres sterling, 200 francs et 50 livres en chèques de voyage.

Douanier: Bon! Ça va! Bon séjour!

Au gîte

On arrive vers huit heures du soir

Touriste: Ah, monsieur, excusez-nous d'être tellement en retard! Quels embouteillages! Affreux! Des kilomètres et des kilomètres . . . Vous étiez en train de manger?

Propriétaire: Oui, mais ne vous en faites pas! Il y a toujours énormément de circulation le premier weekend du mois d'août.

Enfin . . . Voici vos clés. Le gîte est là-bas: vous voyez, la porte blanche?

Touriste: Oui, je vois. Où est-ce qu'on peut obtenir du lait, s'il vous plaît?

Propriétaire: Il y a une alimentation générale ouverte jusqu'à neuf heures du soir. C'est un peu plus loin, à droite.

Touriste: Merci! C'est parfait. Et est-ce qu'on peut stationner là, sur le trottoir?

Propriétaire: Mais oui, pas de problème!

Touriste: Pouvez-vous m'indiquer où il y a un téléphone?

Propriétaire: Celui du village est détraqué. Il faudra demander au café, en face de l'alimentation générale.

Touriste: Merci! Alors, bonsoir . . . et bon appétit!

Une heure plus tard

Touriste: Excusez-moi de vous déranger encore une fois, mais il n'y a plus de gaz. Est-ce qu'on peut avoir une nouvelle bouteille?

Propriétaire: Mais oui, je vais en chercher une tout de suite.

Touriste: Merci bien. J'attends là?

Propriétaire: Oui, je reviens tout de suite.

En famille

Jill vient d'arriver chez sa correspondante, Andrée, qui habite une ferme dans le Jura.

Andrée: Tu te couches vers quelle heure en général?

Jill: Vers onze heures. Et toi?

Andrée: Vers dix heures et demie. Papa se couche tôt, parce qu'il doit se lever à cinq heures pour aller chercher les vaches. Et tu aimes te lever tôt?

Jill: Ah, non, pas beaucoup! Je préfère faire la grasse matinée!

Andrée: Moi aussi! Qu'est-ce que tu prends au petit déjeuner?

Jill: Du café et du pain—une tartine. C'est tout . . . Atchoum!!!

Andrée: A tes souhaits! Tu es enrhumée?

Jill: Non! C'est le rhume des foins.

Andrée: Ça alors! Tu es allergique au foin et tu es venue passer quinze jours dans une ferme!

Jill: Ce n'est rien—ne t'inquiète pas!

As-tu compris?

A la douane

1 What luggage has Lorraine got?
2 How long will she be staying at Oyonnax?
3 What work will she be doing?
4 What money has she got with her?

Au gîte

1 Why have the tourists arrived late?
2 What do they need to buy?
3 Where do they park their car?
4 Why must they go to the café in order to be able to telephone?
5 Why do they have to disturb the owner of the 'gîte' an hour later?

En famille

1 Why does the father of the family have to get up early?
2 Is Jill an early riser?
3 What mild allergy does she suffer from?

Role-play

At the customs

—Vous avez lu la notice d'information?
Say yes, and that you have nothing to declare.
—Vous allez où, exactement?
Say that you are going to your penfriend's at Carcassonne.
—Et vous restez combien de temps?
Say that you will be staying for a fortnight, perhaps three weeks.
—Qu'est-ce que vous avez comme devises?
Ask what 'devises' means.
—Argent: billets de banque.
Say that you have £20 and 300 French francs.

Arriving at a 'gîte'

—Bonsoir!
Give your name and ask for the keys to flat number 2.
—Voilà: c'est au fond de la cour. Attention au chien—il est attaché, alors n'ayez pas peur!
Ask where you can buy some bread and eggs.
—Au centre du village, chez M. Poux.
Ask where you will be able to get some milk in the morning.
—Ici, chez nous!
Say thank you and good evening.

At your penfriend's

—Alors, maman est en train de préparer un repas spécial pour la fête patronale. On va manger un ...
Butt in to say that you are very, very sorry, but you would prefer to eat only bread and simple things for a day or two—no garlic and no wine!
—Oh là là! Mais pourquoi?
Say that you have had diarrhoea for two days.
—Ça alors! Bon, on va te mettre au régime. Tu ne veux pas sortir cet après-midi?
Say: yes! Ask if you can look at the Michelin maps and guides you have seen in the small bookcase in the sitting room.
—Mais oui, bien sûr! Tu nous diras où tu voudrais aller.
Agree to do so.

Les vacances, c'est parti!

Vacances : le week-end le plus lent

Les vacances, c'est parti... Dix millions de Français se croiseront ce week-end sur les routes. Six millions et demi à la recherche du soleil, trois millions et demi de retour vers les bureaux ou les usines. Dès hier soir les autoroutes vers le sud ou le sud-ouest étaient surchargées, mais sans difficultés majeures. Les ennuis, c'est pour aujourd'hui, samedi. Selon Bison futé, les traditionnels points noirs justifieront leur nom. Autour de Paris, avant Lyon, dans la vallée du Rhône, les vacanciers connaîtront les affres de l'attente. Une raison supplémentaire de s'inquiéter, les agriculteurs et les viticulteurs qui ont décidé d'occuper aujourd'hui des autoroutes menant vers la frontière espagnole pour protester contre la baisse de leurs revenus. Pour les automobilistes, ce sera le week-end le plus lent...

Le Figaro

1 How many holiday-makers will be setting off this weekend?
2 How many will be returning home?
3 Which is the worst day for traffic-jams?
4 How will the traffic problems be made worse near the Spanish border?
5 What is the reason for the protest?

Pour éviter 'les affres de l'attente'...

Itinéraires bis : des guides gratuits

Afin de faciliter des départs en vacances, le ministère des Transports met dès maintenant à la disposition des automobilistes des guides des itinéraires bis qui ont été édités pour l'été 1983 «La France par 4 chemins, Mieux vivre la route».

7.500 Km de «routes vertes» sur l'ensemble du territoire devraient permettre de circuler dans de bonnes conditions d'agrément et de sécurité en évitant les bouchons traditionnels.

En outre, sur ces guides figurent les 87 aires d'accueil et d'information.

Ces guides gratuits sont d'ores et déjà disponibles au CRICR de Lille 61, avenue du Lieutenant Colpin à Villeneuve d'Ascq ou à la Direction départementale de l'Equipement.

Nord-Eclair

True or false?

1 An 'itinéraire bis' is an alternative route.
2 The price of the guides is not stated.
3 These less-frequented roads are referred to as 'routes vertes'.
4 The only criticism made is that the guides omit any reference to Information Centres.
5 The guides will be available shortly.

La France malade de l'« aoûtite »

Avec août, voici le temps des vacances. Des vacances à la française avec ses côtés ubuesques.

Pendant trente jours, le pays se trouve transformé, bouleversé, révolutionné : l'activité industrielle et commerciale chute de 60 %, les lieux de villégiature sont saturés, surpeuplés, tandis que le reste de la France ressemble à un désert. Rien de surprenant : 70 % de ceux qui partent en vacances le font durant cette période. Et si, au cours des dernières années, quelques aoûtiens se sont reconvertis en « juillettistes » ou « septembristes », ils font figure encore d'excentriques...

Il n'y a qu'un seul mot pour qualifier cette situation : absurde. Et cela dure depuis des décennies. Des décennies pendant lesquelles les pouvoirs publics ont assuré « qu'il fallait faire quelque chose». Des décennies où, prisonniers des problèmes de tous les jours, ils ont vite oublié ceux des vacances.

Tandis que nos voisins européens aux sociétés moins centralisées, moins jacobines ont fait le bon choix, en décidant de profiter du soleil de juin à septembre, les Français optaient massivement pour le mois d'août : les industriels ont fermé leurs usines, les villes se sont vidées, les commerçants ont tiré leurs rideaux.

Inutile de rêver, le changement n'est pas pour demain. Faut-il finalement s'en indigner et continuer à chercher des remèdes? La raison et la logique voudraient que oui. Mais y a-t-il une logique à se jeter par millions sur des autoroutes saturées ou à s'entasser au bord de la Méditerranée comme dans le métro à six heures du soir? Même les sociologues parviennent difficilement à l'expliquer...

Il ne nous reste plus qu'à attendre septembre, et le énième plan, ou projet d'étalement. Les vacances sont faites pour rêver...

Gérard NIRASCOU
Le Figaro

1 In what ways is France transformed by the illness termed 'aoûtite'?
2 What are 'aoûtiens', 'juilletistes' and 'septembristes'?
3 Why have the authorities done nothing to alleviate the problem?
4 What option have other European countries taken up?
5 What two aspects seem particularly illogical?
6 When might the nth plan appear, for extending the holiday season?

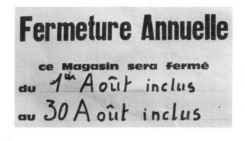

On a loué un gîte

La famille McKay est allée en France l'an dernier.
Raconte leur voyage et leur arrivée au gîte.

On se lie d'amitié

How would you ask a French friend the following,
in French:

1 What date do your summer holidays begin?
2 How many weeks' holiday do you have?
3 Will you go away with your family?
4 Where will you go and for how long?
5 Is it expensive to go camping in France?
6 What is the date of 'La Rentrée' for you this year?
7 Are you changing school? (Why?)
8 What do you like to eat for breakfast?
9 Are you a vegetarian?
10 Are you allergic to cheese?

🌐 Listening comprehension

Emeric et Bertrand

1 How long will Bertrand's camping holiday last?
2 What form of transport will he and his friends use?
3 What will they take with them, besides the tents?
4 What does Bertrand say about the meals they will eat?

Marie-Pierre et Virginie

1 Why does Marie-Pierre think that it is a good idea to go to Cannes?
2 Which types of accommodation does she not favour, and why?
3 What type of accommodation do the girls decide to book, if they can?
4 What do they plan to do at Cannes?
5 Do you think that Marie-Pierre is an optimist or a pessimist? Justify your answer.

Jérôme

1 How will Jérôme and his friend get to Bordeaux?
2 Whom will Jérôme see in Bordeaux?
3 Why is 'le 15 août' a special day? (If you have forgotten, look back at 'Les fêtes et traditions' in Unit 6.)
4 What happens in the village that Jérôme is talking about?
5 What special event is there the next day?
6 What will Jérôme do when he leaves Bordeaux?
7 What will he do when he gets back to Dijon?
8 Quote in French the words which show that he isn't particularly worried at the moment about what he will do in the last part of his holiday.

5 PETITS ROCK KŒUR'S

Grâce à « Elodie », cinq jeunes banlieusards sont sur le chemin du succès. Ce nouveau groupe, qui a choisi pour nom de bataille Kœur's, donne une nouvelle image du rock : un rock sympathique, frais, gai et sans prétention qui se consomme comme un diabolo-menthe en plein mois d'août. A Salut !, nous avons voulu en savoir davantage et nous nous sommes rendus à Versailles, point de ralliement de Kœur's.

Kœur's, cinq très jeunes musiciens : Dudu, guitare, le bon chic du groupe ; Frédéric, le chanteur et bassiste ; Thierry, super batteur musclé ; Eric, un peu timide mais bon clavier ; et Cyrille, guitariste rêveur. A Versailles où des milliers de touristes envahissent le château, Kœur's se mêle à la foule. Ils habitent Versailles et sa région mais ne connaissent pas les richesses de cette ville alors, c'est parti pour une visite, avec Eric pour guide. Tout au long de cette promenade touristique, Frédéric me raconte l'histoire de Kœur's.

« Je connais Cyrille depuis la 3e, et il y a quatre ou cinq ans, nous avons décidé de former un groupe. Par la suite nous avons rencontré Dudu. On répétait le mercredi pour se marrer. Il y avait Cyrille, Dudu et moi, plus un batteur et un clavier. Puis ces deux derniers nous ont quittés et Eric et Thierry les ont remplacés un peu plus tard. Nous avons joué dans les lycées, dans les petites fêtes, dans les MJC où nous interprétions nos propres chansons. Depuis un an et demi, nous répétions quatre fois par semaine comme des dingues. Nos moyens n'étaient pas très brillants et, bien souvent, les concerts n'étaient pas tristes. Pour se payer le matériel, on acceptait tous les petits jobs. Grâce à une maquette enregistrée sur une cassette, nous avons fait le tour des radios libres. Certaines, comme « Radio Clémentine » dans la région de Versailles, nous passaient régulièrement. Enfin, il y a cinq mois, un directeur artistique nous a entendus sur les ondes et nous a contactés. C'est lui qui nous a permis de rencontrer Orlando, notre producteur. Nous avons présenté douze morceaux de notre composition avec des textes d'un copain, Richard Moud'. Nous sommes entrés en studio pour faire une bonne maquette et c'est comme ça que Orlando a choisi « Elodie » et « Vive les vacances ». Le disque est sorti fin juin et depuis tout marche super bien. L'accueil du public est extraordinaire. Pendant l'été nous allons répéter, composer, afin de pouvoir dès cet hiver faire de la scène car c'est notre plus grand plaisir, et puis un prochain disque bien sûr.

Kœur's c'est vraiment une bande de copains décidés à démontrer que le rock n'est pas obligatoirement agressif. Ces jeunes loups sont bien partis pour se faire un nom. A suivre...

Lis l'article ci-dessus, tiré de 'Salut!', pour trouver de qui ou de quoi on parle:

1 C'est le tube qui a mis Kœur's sur le chemin du succès.
2 C'est une boisson fraîche qui se boit bien en été.
3 C'est le clavier, plutôt timide, du groupe.
4 Ces deux membres du groupe se connaissent depuis la 3e.
5 Tout ce dont on a besoin pour donner un concert pop: guitares, amplis, batterie, etc.
6 C'est la radio libre dans la région de Versailles.
7 C'est grâce à lui que le groupe a fait la connaissance de leur futur producteur.
8 Celui qui a écrit les textes de leurs chansons.
9 C'est ce qui est le plus important, en fin de compte.
10 Il n'est pas obligatoirement agressif!

C'est toi, le reporter!

Imagine que c'est toi qui as interviewé ces jeunes musiciens. Quelles questions as-tu posées à Frédéric pour qu'il te donne tous ces renseignements?

La Grande Boucle

Prologue

L'Espagnol Anastasio Greciano sera le premier concurrent à s'élancer, cet après-midi (15 h 20) sur le parcours du prologue du 70e tour de France, dans les rues de Fontenay-sous-Bois, près de Paris.

Longue de 5,5 km, cette épreuve «contre-la-montre» individuel sourira à un excellent rouleur (tels les Belges Erick Vanderaerden ou Jean-Luc Vandenbroucke) d'autant que les difficultés y sont rares avec de larges virages et seulement une côte à faible pourcentage dans l'avenue où sera jugée l'arrivée.

Mais le Tour voit plus loin que ce prologue.

Les interrogations surgissent à tous les niveaux de l'épreuve. Qui sera le premier leader? Qui contrôlera le peloton? A qui profiteront les deux «contre-la-montre» de Nantes et de Dijon? Qui sera assez fort pour franchir sans défaillance et sans répit Pyrénées, Massif central et Alpes?

Nord-Eclair

le peloton main body (of cyclists)
le concurrent competitor
contre-la-montre against the clock
la côte hill
le virage bend
s'élancer to set off at speed
l'épreuve (f) test

Vrai ou faux?

1 Le prologue est une courte épreuve 'contre-la-montre'.
2 Il n'y a ni virages ni montées difficiles.
3 Il aura lieu à Fontainebleau.
4 Il y aura deux étapes importantes contre-la-montre pendant le Tour proprement dit.
5 Les coureurs devront franchir les Pyrénées, le Massif Central et les Vosges.

En route

L'incroyable squatter du Tour

BAGNÈRES-DE-BIGORRE :
Jacques LESINGE

Depuis Fontenay-sous-Bois, un squatter s'est intallé discrètement sur le Tour de France. Sans tapage, il occupe les lieux en prenant grand soin de ne rien déranger. Il s'appelle Epiphanio Arcila, ne fait pas ses vingt-huit ans et appartient bien sûr à la fantasque équipe de Colombie. Mais à l'heure de l'appel du matin, le speaker n'égrène jamais son nom, Epiphanio est le onzième homme de la bande, celui que l'on a sacrifié sur l'autel de la sélection. Un jour ses dirigeants lui ont dit « notre choix est fait, Arcila, tu ne pars pas, tu nous suivras dans l'autocar ».

Epiphanio a réfléchi toute la nuit, qu'allait-on dire là-bas à Bogota? Le Tour en autocar... L'humiliation suprême, pour son fils, pour sa fille, pour sa femme Eulalia, le jeune colombien ne pouvait accepter. « Ils étaient tellement fiers de me voir partir », confiait-il...

Le matin, Epiphanio a annoncé sa décision : « *Je ferai le Tour, seul devant les coureurs.* » Incroyable défi de l'homme blessé qui ne veut pas mourir. Certains ont souri, d'autres ont cherché à le dissuader. En pure perte. Têtu comme une mule, le cycliste se présente tous les matins sur la ligne de départ à l'heure où l'on règle encore les sonorisations de la caravane publicitaire, et il s'élance sur ces routes qu'on lui a interdites à la conquête du rêve confisqué. A son cou, se balance un bout de carton rose « *Tour de France autorisation 83, service course de l'équipe de Colombie* ». C'est le sésame qui lui permet de ne pas être détourné de son itinéraire à chaque carrefour par les gendarmes. Epiphanio élève ce laisser-passer au rang de talisman : « *A l'avenir, j'essaierai de porter le plus souvent possible ce No 83 sur mon dossard.* »

Tout au long de la route, le public un peu surpris encourage sans réserve ce coureur fantôme que seul un maillot bleu frappé de lettres noires permet de situer en Colombie. « *Je ne sais dire que deux mots de Français*, avoue Epiphanio, *allez Colombie...* »

Le Figaro

la caravane convoy
la ligne de départ starting-line
le maillot jersey
l'itinéraire (m) route
le coureur racing cyclist

L'arrivée à Paris

Le Tour en habit

On a volé le Tour de France sur les Champs-Elysées. La caravane, hier, avait mis une cravate pour faire honneur à l'avenue triomphale et laissé supposer aux Parisiens qu'elle est un enfant sage et bien élevé. Souliers vernis enfilés à la hâte sur les espadrilles.

Ils étaient majestueux les camions publicitaires défilant en ordre de parade. Les pilotes, rasés de près, avaient rangé au fond de leur boîte à gants les bombes à eau avec lesquelles depuis quatre mille kilomètres ils se livraient à des joutes aquatiques d'où les spectateurs n'étaient pas exclus.

Retour à la civilisation

Fini de rire. Le Tour était hier revenu à la civilisation et cela le rendait boudeur. Les costumes et les chemises blanches ont fait brusquement leur réapparition dans les tribunes officielles où les suiveurs, gênés, réalisaient brusquement l'incongruité de leur semi-nudité. La procession reine de la route se dissolvait, seconde après seconde, dans l'acide de la grande ville. Où est-il passé ce motard de la gendarmerie qui, chaque jour, montait à la hauteur de notre voiture pour bavarder un peu entre champs et forêts ? Son casque s'est fondu dans la foule. Nous ne saurons jamais comment ce gendarme s'appelait. Pas plus que son collègue, victime d'un grave accident entre Morzine et Dijon. Ce n'était que visages mais ils étaient amis. Compagnons de quelques jours grisés par la même aventure. Ce matin, tous auront retrouvé la routine quotidienne.

Le Figaro

le motard police motor cyclist   **le suiveur** follower

Réponds

1 Comment s'appelle le reporter de cet article et d'où l'a-t-il envoyé?
2 Comment s'appelle le coureur dont on parle?
3 D'où vient-il?
4 Explique la phrase: '(c'est) celui que l'on a sacrifié sur l'autel de la sélection'.
5 Pourquoi n'a-t-il pas accepté de suivre le Tour dans l'autocar?
6 Qu'est-ce qu'il a décidé de faire?
7 A quel moment se met-il en route chaque matin?
8 Quel est le 'sésame' qu'il porte autour du cou?
9 Est-ce qu'il parle couramment français?
10 Find the French for:
without fuss
morning roll-call
sheer waste of effort
stubborn as a mule

1 Those following the Tour made a special effort when they arrived in Paris. In what way, and why?
2 What had the drivers of the publicity vehicles hidden in the glove-boxes?
3 What fun-and-games had the spectators found themselves caught up in at intervals along the 4 000 km route?
4 Why did suits and shirts make a sudden appearance?
5 Which people are referred to in the sentence: 'Ce n'était que visages mais ils étaient amis', and what has become of them?
6 Why is everything going to seem very tame this morning?

Un extrait d'une lettre d'Olivier

```
Salut, Tim !

          Hé oui, c'est moi, Olivier; je m'excuse pour ce retard mais c'est la période
des examens et je n'ai eu guère le temps de prendre la plume et une feuille de papier.
Bref, je t'annonce une bonne nouvelle: tu pourras passer si tu le veux 2 ou 3 semaines
chez moi en été. Si tu veux, on ira camper; je connais de beaux coins près de la mer.
De toute façon, mes parents m'ont donné feu vert; de plus, on m'a offert une planche à
voile: l'idéal pour cet été. J'y pense: je te remercie, toi et tes parents, pour l'envoi
de votre carte d'anniversaire. Elle fut bien accueillie et m'a réconforté un peu, car en
ce moment c'est la débâcle; entre mes examens, mes études, mon football le dimanche et la
natation le mercredi, je m'y perds un peu. Vive les vacances ! ...
```

1 Why has Olivier hardly had time to put pen to paper?
2 What are the 'good tidings' which he gives?
3 What have his parents given him the green light to do?
4 Why is he pleased with the windsurfing board he has been given?
5 What has he received from Tim and his family?
6 'C'est la débâcle!' Why does Olivier feel overwhelmed at the moment?

Mystère!

Devine où on peut lire les avis suivants:

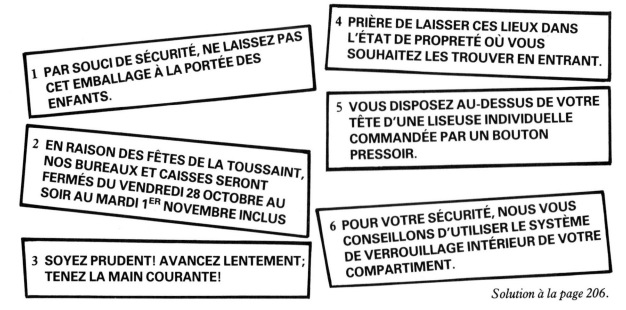

1 PAR SOUCI DE SÉCURITÉ, NE LAISSEZ PAS CET EMBALLAGE À LA PORTÉE DES ENFANTS.

2 EN RAISON DES FÊTES DE LA TOUSSAINT, NOS BUREAUX ET CAISSES SERONT FERMÉS DU VENDREDI 28 OCTOBRE AU SOIR AU MARDI 1ER NOVEMBRE INCLUS

3 SOYEZ PRUDENT! AVANCEZ LENTEMENT; TENEZ LA MAIN COURANTE!

4 PRIÈRE DE LAISSER CES LIEUX DANS L'ÉTAT DE PROPRETÉ OÙ VOUS SOUHAITEZ LES TROUVER EN ENTRANT.

5 VOUS DISPOSEZ AU-DESSUS DE VOTRE TÊTE D'UNE LISEUSE INDIVIDUELLE COMMANDÉE PAR UN BOUTON PRESSOIR.

6 POUR VOTRE SÉCURITÉ, NOUS VOUS CONSEILLONS D'UTILISER LE SYSTÈME DE VERROUILLAGE INTÉRIEUR DE VOTRE COMPARTIMENT.

Solution à la page 206.

Grammar section

The possessive pronoun

Examples:

Ton livre est bien plus intéressant que **le mien**.
En attendant ta prochaine lettre, j'espère que **la mienne** t'aura fait plaisir.
Ses gants étaient plus chers que **les miens**.
Tes chaussures sont moins solides que **les miennes**.

Here are all the forms:

singular

le mien	**la mienne**	mine
le tien	**la tienne**	yours
le sien	**la sienne**	his/hers
	le/la nôtre	ours
	le/la vôtre	yours
	le/la leur	theirs

plural

les miens	**les miennes**	mine
les tiens	**les tiennes**	yours
les siens	**les siennes**	his/hers
	les nôtres	ours
	les vôtres	yours
	les leurs	theirs

Idiomatic expressions with 'avoir'

'On a eu chaud, on a chaud, on aura chaud.'

A toi!

Replace the words underlined by the correct form of the possessive pronoun:

1 La carte de ta région est très belle. Je t'en enverrai une de <u>ma région</u>.
2 Tes vacances sont-elles de même durée que <u>nos vacances?</u>
3 Ma famille se porte bien. Et <u>ta famille?</u>
4 Si le temps en Angleterre est semblable à <u>notre temps</u> . . .!
5 Je t'envoie cette lettre pour te remercier vivement de <u>ta lettre.</u>
6 Je n'aurai jamais une discothèque aussi fournie que <u>leur discothèque.</u>
7 Je ne sais pas où mettre mon manteau. Où as-tu mis <u>ton manteau?</u>
8 Voici mes chaussettes. Où sont <u>ses chaussettes?</u>

Reconstitue ces phrases en prenant une partie dans chaque colonne:

Quand on a froid . . .	on enlève son pull.
Quand on a chaud . . .	on est bien fâché!
Quand on a raison . . .	on se couche.
Quand on a tort . . .	on met un pull supplémentaire.
Quand on a sommeil . . .	on rougit.
Quand on a honte . . .	on sourit.

Listening comprehension: Transcript

Unit I

Première partie

Marie-Pierre et Jérôme

Marie-Pierre: Qu'est-ce que tu fais quand tu as du temps de libre?

Jérôme: Oh, bien, j'ai beaucoup d'activités. Je choisis entre le sport, la lecture; j'aime bien lire.

Marie-Pierre: Quelles lectures préfères-tu?

Jérôme: Oh, je lis un peu de tout. Je . . . enfin, je choisis pas trop mes livres, je les . . . je les . . . prends sur conseil; on me les conseille et je les prends à la bibliothèque, mais je lis à peu près de tout. Et toi, est-ce que tu aimes le sport?

Marie-Pierre: Oui, j'aime beaucoup le sport. Je pratique souvent le volleyball, le basket; je vais à la piscine au moins deux fois par semaine. Je fais du cheval quand j'ai le temps. Et autrement, mes autres passe-temps sont la lecture—j'aime beaucoup lire les pièces de théâtre; euh . . . les bandes dessinées. Et j'aime aussi beaucoup me promener dans la forêt, toute seule avec mon chien. Et toi?

Jérôme: Bien, moi aussi, j'aime bien me promener; je . . . Dans la nature de temps en temps, ça fait du bien, aller courir. Et pour ce qu'il y a du sport, bien, je fais de la planche à voile, mais cela demande un plan d'eau. C'est pas toujours facile à avoir à proximité, alors, je me réserve ça pour l'été. Sinon, je pratique le tennis, le handball et le footing.

Virginie

Quand j'ai du temps de libre, je vais avec mes amis et nous allons faire des promenades en mobylette, dans la forêt, ou alors, nous allons jouer au tennis, nous allons nous baigner. Et nous allons aussi à des boums où nous nous amusons bien, nous dansons beaucoup. Et quelquefois nous prenons le train pour aller à Dijon où nous faisons du lèche-vitrine, ou nous achetons des affaires; et nous allons parfois nous acheter une boisson et discuter ensemble.

Deuxième partie

Valérie: Eh bien, pendant les grandes vacances, je suis d'abord restée chez moi la première quinzaine de juillet. Ensuite, je suis allée chez ma correspondante à York. Euh . . . après, au mois d'août, je suis allée en Savoie euh . . . avec mes parents pour faire de la montagne. J'y suis restée un mois et au mois de septembre je suis allée faire des promenades ou alors à la piscine avec des copains.

Laurent: Pendant les grandes vacances, je suis resté chez moi les quinze premiers jours de juillet. Ensuite je suis allé en Angleterre à York et après je suis allé en Suède et en Finlande avec ma famille pour trois semaines.

Laurence: Eh ben, je suis venue en Angleterre l'année dernière, à York. Ensuite, je suis allée chez ma cousine qui habite à Annecy. Nous sommes allées à la plage euh . . . l'après-midi avec euh . . . son mari et sa petite fille. Ensuite je suis allée dans ma famille chez mes grands-parents. Euh . . . nous avons fait les moissons. Euh . . . Nous sommes allés faire du vélo avec mon cousin. Ensuite, je suis allée euh . . . au bord de la mer, à Cavalaire-sur-Mer. Je suis restée là-bas une semaine. Je me suis baignée dans la mer et mmm . . . ensuite je suis revenue à Dijon.

Unit 2

Première partie

Jérôme et Laurence

Jérôme: J'aimerais que tu me parles un peu de ton école.

Laurence: Oh, mon école, c'est, je vais au collège; alors c'est un collège qui s'appelle Marcel Pardé. C'est dans une petite rue, la rue Condorcet. Alors, il n'y a pas beaucoup d'élèves puisque le collège fait la sixième, la cinquième, la quatrième et la troisième. Et au bout de la troisième, les professeurs nous donnent un certificat qui s'appelle le Brevet, et nous l'avons si nous travaillons bien tout au long de l'année mais si nous avons des mauvaises notes, nous devons passer en seconde. Et toi, peux-tu me parler de . . . où tu vas à l'école?

Jérôme: Moi, je suis à Montchapet; c'est un grand lycée où on est deux mille élèves. C'est un lycée donc qui va de la seconde à la terminale. Je suis mon première. Euh . . . Cette année, j'ai eu mon Bac de français, donc le premier Bac, et l'année prochaine je passe le Bac total. Je pense qu'il faudra beaucoup travailler. Sinon, l'ambiance est sympathique. Mais c'est sûr que deux mille élèves, c'est beaucoup. Alors, euh . . . tu te rends compte tes copains mais tu ne peux pas connaître tout le monde—c'est trop.

Laurence: Vous êtes nombreux dans les classes?

Jérôme: Ben, nous sommes des classes de trente élèves, mais l'ambiance à l'intérieur des classes, c'est très sympathique. Moi, j'aime bien.

Laurence: Ça fait beaucoup par rapport au collège, car nous sommes à peu près vingt-cinq, au collège.

Deuxième partie

Marie-Pierre et Bertrand

Marie-Pierre: Où habites-tu, Bertrand?

Bertrand: Euh . . . J'habite à Dijon. Euh . . . C'est une ville euh . . . relativement grande qui compte, qui a deux cent mille habitants, à peu près. Euh . . . Dijon est une assez belle ville pour ses, ses vieilles rues, ses vieilles maisons; euh . . . Il n'y a pas beaucoup d'activités à Dijon, euh . . . Il y a seulement quelques cinémas, un théâtre qui n'est pas très bon, mais sinon, Dijon est une ville relativement ennuyeuse. Euh . . . Les spécialités de Dijon sont, comme tout le monde le sait, la moutarde, le pain d'épice, et dans la région, on trouve du bon vin. Et toi, où habites-tu?

Marie-Pierre: Moi, j'habite un petit village près de Dijon, à cinq kilomètres à peu près. Il s'appelle Ahuy—il n'est pas très connu et il a à peu près cinq cents habitants. Euh . . . Il est simplement constitué de petites rues, dont une grande qui le traverse; il y a une église, deux cafés et pas beau . . . une école et c'est tout.

Unit 3

Première partie

Virginie et Laurence

Laurence: Habites-tu dans une maison ou dans un immeuble?

Virginie: J'habite dans une maison.

Laurence: Pouvais-tu m'expliquer où se trouve ta maison?

Virginie: Ma maison se trouve dans un collège, car ma mère y travaille. Elle est assez grande, avec beaucoup de pièces; j'ai un jardin devant, et derrière il y a beaucoup, beaucoup d'herbe où nous pouvons jouer avec les animaux. Nous avons une grande cour où il y a beaucoup de fleurs et des bancs pour s'installer.

Laurence: Elle se trouve dans un village ou euh . . .?

Virginie: Oui, dans un petit village, près de Dijon.

Laurence: Comment s'appelle ce petit village?

Virginie: Cela s'appelle Genlis.

Laurence: Ah, d'accord, je vois.

Virginie: Et toi, où habites-tu?

Laurence: J'habite dans un immeuble. C'est un immeuble qui se trouve vers le Jardin de l'Arquebuse, et il y a quatre étages et j'habite au dernier étage. Euh . . . Mon appartement est moyen; il y a deux chambres, une salle à manger, une cuisine et euh . . . les toilettes. Euh . . .

Virginie: Il y a un jardin dehors?

Laurence: Oui, il y a une petite cour derrière où on peut étendre le linge ou jouer si l'on veut. Euh . . . Mon appartement donne sur euh . . . le Jardin de l'Arquebuse, qui est très agréable. C'est un jardin botanique, euh, où il y a aussi des jeux pour les petits enfants.

Emeric et Virginie

Emeric: Euh . . . Combien êtes-vous d'enfants dans ta famille?

Virginie: Dans ma famille nous sommes neuf enfants. Et toi?

Emeric: Nous sommes trois enfants. Que font-ils? Que font tes frères et sœurs?

Virginie: J'ai quatre frères et quatre sœurs. Ils sont tous mariés sauf une sœur. Et ils ont des enfants et ils sont . . . ils habitent un peu . . . ils habitent dans différentes villes en France et en Suisse. Et toi?

Emeric: J'ai une petite sœur qui a treize ans qui va à l'école et un frère de vingt ans. Il est à l'Armée, dans les Chasseurs Alpins. Euh . . . Il est là pour cinq ans—il s'est engagé. Euh . . . C'est . . . Par cette voie, il peut devenir euh . . . euh . . . guide de haute montagne, sauveteur dans la montagne et puis moniteur de ski.

Virginie: Moi, ils ont tous un travail déjà, donc . . . Mais j'ai une sœur qui fait beaucoup de voyages en Amérique et je vois souvent mes frères et sœurs. Nous nous voyons souvent le weekend, et nous faisons des activités ensemble; nous sortons.

Emeric: Et tes parents, que font-ils?

Virginie: Ma mère travaille dans un collège et mon père

est en, a pris la retraite, comme ils sont déjà assez âgés. Et toi?

Emeric: Maman ne travaille pas. Mon père est ingénieur forestier.

Madame Coppeaux et Laurence

Mme Coppeaux: Et toi, Laurence, as-tu des frères et des sœurs?

Laurence: Non, je suis fille unique.

Mme Coppeaux: Tu vis avec tes parents alors?

Laurence: Alors, je vis avec ma maman, car maman est célibataire.

Mme Coppeaux: Ah bon. Est-ce qu'elle travaille?

Laurence: Oui, elle travaille aux P.T.T. euh . . . Place du Premier Mai.

Mme Coppeaux: A quelle heure commence-t-elle à travailler?

Laurence: Sept heures moins le quart jusqu'à une heure et quart, et elle a les après-midi de libre.

Mme Coppeaux: Ah bon! C'est commode!

Deuxième partie

Valérie: Je suis de taille moyenne, environ 1 mètre 56; je suis assez mince; j'ai les cheveux châtain clair, les yeux verts. Pour m'habiller, je suis souvent en jupe ou en pantalon; je me maquille assez souvent, surtout les yeux, parce que je n'aime pas le fond de teint.

Bertrand: Je mesure 1 mètre 90; je suis assez mince; j'ai les cheveux châtain clair; mes yeux sont verts mais on ne les voit pas bien parce que je porte des lunettes; je chausse du 42, presque 43, et j'ai très mauvais caractère!

Marie-Pierre: Je suis assez grande, je mesure 1 mètre 70. Je pense que je suis assez mince aussi. Je chausse du 37; j'ai les yeux marrons, les cheveux châtains. Aujourd'hui je suis habillée avec un pantalon bleu, un chemisier bleu, un pull noir, et d'habitude je crois que j'ai assez bon caractère.

Jérôme: Je suis grand, à peu près 1 mètre 81; j'ai les yeux châtains et les yeux marrons; je chausse du 43–44; j'aime m'habiller en classique; je porte souvent des blue-jeans. Je pense que j'ai assez bon caractère. J'aime le contact mais je suis assez timide.

Unit 4

Première partie

Monsieur Quintallet et Marie-Pierre

M. Quintallet: Marie-Pierre, je crois que tu es allée à un mariage récemment?

Marie-Pierre: Oui, j'ai été au mariage de ma cousine, il y a six mois.

M. Quintallet: Où est-ce que s'est passé le mariage?

Marie-Pierre: A Dijon.

M. Quintallet: Et quel est le processus qui a eu lieu?

Marie-Pierre: Bien, tout d'abord, les jeunes mariés, les futurs mariés vont à la Mairie et puis après ils vont à l'église.

M. Quintallet: Et le repas des noces s'est passé où?

Marie-Pierre: Oh, mon oncle, le père de ma cousine, avait loué une salle où nous avions installé des tables et nous avons mangé ici.

M. Quintallet: Est-ce que c'était un repas sans beaucoup d'invités ou avec de nombreux invités?

Marie-Pierre: Nous étions cinquante.

M. Quintallet: Oh! Cinquante invités qui ont donc fait un repas de gala, de noces.

Marie-Pierre: Oui.

M. Quintallet: Et dans la soirée, où est-ce que sont partis les mariés?

Marie-Pierre: Ils sont partis en voyage de noces à Venise.

M. Quintallet: A Venise—qui est, bien entendu, l'endroit idéal. Est-ce que tu te souviens des vêtements que portaient le jeune marié et sa jeune femme?

Marie-Pierre: Oui; le jeune marié portait un ensemble bleu; et la jeune mariée portait une splendide robe de mariée beige en dentelle.

M. Quintallet: Oui, avec un chapeau?

Marie-Pierre: Oui.

M. Quintallet: Bien sûr!

Marie-Pierre: Oui, un très grand chapeau.

Deuxième partie

Emeric: Je mets le couvert; je débarrasse la table; j'étends le linge de temps en temps quand maman me le demande; je fais ma chambre aussi, mon lit, euh . . . Je nettoie la chambre . . . Quelquefois aussi, je prépare le repas.

Bertrand: Euh . . . J'aide ma mère en mettant le couvert puis en débarrassant la table. Euh . . . je fais ma chambre. Je fais mon lit; j'époussette les meubles; euh . . . Sinon, on n'a pas grand'chose à faire puisque nous avons un congélateur, un lave-vaisselle, un frigidaire, une machine à laver, enfin—un tas de machines comme ça; et sinon, je tonds la pelouse assez régulièrement puisque mon père ne veut pas le faire. Et c'est tout.

Virginie: Moi, à la maison, j'ai beaucoup de travail, comme toutes les filles, je pense. J'ai à faire le ménage, de temps en temps; je dois faire ma chambre, m'occuper de mon linge; et je fais de la vaisselle aussi quelquefois. C'est tout.

Unit 5

Madame Coppeaux et Laurent

Mme Coppeaux: Qu'est-ce que tu fais à Noël d'habitude, Laurent?

Laurent: Généralement on invite toute la famille.

Mme Coppeaux: Qu'est-ce que tu veux dire par toute la famille?

Laurent: Les oncles et les tantes, les cousins, les cousines.

Mme Coppeaux: Combien de personnes y a-t-il dans la maison, alors?

Laurent: Une vingtaine, environ.

Mme Coppeaux: De tous les âges?

Laurent: Oui.

Mme Coppeaux: Alors, que faites-vous, la veille de Noël?

Laurent: On prépare le sapin de Noël, en mettant des boules, des guirlandes. On arrange la pièce.

Mme Coppeaux: Quelle pièce?

Laurent: Le salon. Et euh . . . on prépare les cadeaux; on enveloppe les paquets.

Mme Coppeaux: Toute la journée, à peu près?

Laurent: Oui.

Mme Coppeaux: Et le soir?

Laurent: Le soir, vers neuf heures et demie, dix heures, on mange, et à minuit on part pour la Messe de Minuit . . . Et lorsqu'on revient, on développe les cadeaux. Et ensuite on va se coucher vers une heure et demie, deux heures du matin.

Mme Coppeaux: C'est très tard, ça!

Laurent: Oui!

Mme Coppeaux: Que faites-vous le lendemain?

Laurent: Le lendemain matin, on dort parce qu'on est très fatigué.

Mme Coppeaux: Je comprends ça!

Laurent: Et ensuite, à midi on mange bien. En entrée, on mange des huîtres; comme plat de résistance, une dinde aux marrons, des marrons comme légume; et ensuite une bûche de Noël comme dessert. Et on boit, on boit du champagne.

Madame Coppeaux et Virginie

Mme Coppeaux: Et toi, Virginie, qu'est-ce que tu fais pour Noël?

Virginie: Nous invitons aussi toute la famille.

Mme Coppeaux: Toute la famille. Les oncles et les tantes, tu veux dire?

Virginie: Non, juste les frères et sœurs et bien entendu leurs petits enfants.

Mme Coppeaux: Combien as-tu de frères et sœurs?

Virginie: J'ai huit frères et sœurs.

Mme Coppeaux: Combien cela fait-il de personnes dans la maison?

Virginie: Bien, avec mes frères et sœurs et leurs enfants, nous sommes à peu près une trentaine.

Mme Coppeaux: J'admire ta maman! Alors, que faites-vous?

Virginie: Le, la veille de Noël, nous faisons donc un grand repas, vers les neuf heures ou dix heures. Nous mangeons et discutons et nous couchons les enfants quand même assez tôt, vers les onze heures. Et vers minuit, nous offrons entre nous les cadeaux et nous mettons les cadeaux pour les enfants sous le sapin de Noël. Et nous discutons jusqu'à deux heures du matin. Et ensuite, nous allons nous coucher. Et c'est le lendemain les petits enfants qui nous réveillent en jouant avec leurs jouets.

Mme Coppeaux: Parce qu'ils ont trouvé leurs jouets sous le sapin pendant que vous dormiez!

Virginie: Oui! Généralement, ils se lèvent tôt, parce qu'ils sont très impatients de voir leurs jouets. Et à midi nous faisons un grand repas.

Mme Coppeaux: Ah! Un grand repas! Qu'est-ce que vous mangez pour le repas de Noël? La même chose que Laurent?

Virginie: Oui—des huîtres, des asperges, du saumon, des escargots, de la dinde aux marrons, et bien entendu, la bûche de Noël.

Mme Coppeaux: Et personne n'est malade après tout ça?!

Virginie: Non! Ça va!

Unit 6

Première partie

Virginie: Ce que j'aimerais faire plus tard: j'aimerais bien être interprète, car c'est un métier qui m'intéresse beaucoup parce que je devrais voyager et traduire beaucoup de langues. Et j'aimerais être interprète spontanée, c'est-à-dire traduire directement dans des réunions de scientifiques, de différents pays, et je trouve cela assez intéressant, car j'aime beaucoup voyager; j'aime beaucoup aller dans d'autres pays et je pense ainsi cela pourrait m'aider à mieux connaître toutes sortes de choses dans le monde.

Emeric: Après le lycée, j'aimerais bien faire une école d'ingénieur. Ça se fait en quatre ans, je crois; et puis après, ben, avoir un métier, mais je ne sais pas quoi. Et puis il faudra que je fasse mon service militaire aussi.

Laurent: Plus tard, quand je serai grand, je voudrais être ingénieur, soit en mécanique ou soit dans l'informatique; c'est-à-dire, taper sur des ordinateurs ou écrire des programmes; ou si je peux pas être dans cette voie, je ferai de la mécanique, travailler sur des tours ou des fraiseuses.

Bertrand: Alors, après ma scolarité, je vais faire une école de commerce pour travailler dans une grande entreprise, comme Amora, enfin, faire du marketing, ou quelque chose comme ça. Pour ça, il faut que je pratique les langues beaucoup.

Jérôme: Euh . . . Je ne sais pas exactement ce que je vais faire plus tard. Donc, ce ne sont que des projets. Mais enfin, j'envisagerais peut-être de faire aviateur ou bien alors, j'hésite entre médecine.

Marie-Pierre: Je voudrais faire un métier où il y aurait beaucoup de contacts humains mais je ne sais pas lequel.

Laurence: Voilà: je voudrais continuer mes études et j'aimerais bien beaucoup faire de l'informatique, travailler sur les ordinateurs—programmateur.

Valérie: Eh bien, après mes études, j'aimerais rentrer dans une compagnie aérienne pour faire hôtesse de l'air. Je trouve que c'est un métier qui me plairait puisqu'on a des contacts humains et j'aime beaucoup les langues étrangères et j'aime surtout beaucoup voyager.

Deuxième partie

Laurent et Marie-Pierre

Laurent: Regardes-tu souvent la télé?

Marie-Pierre: Non, je ne la regarde pas souvent parce que je trouve que les émissions en France ne sont pas bonnes. Il y a trop de parlote: les gens parlent trop et il n'y a pas assez de choses intéressantes. Et il n'y a pas souvent de beaux films à la télévision française.

Laurent: Pourtant, le mardi soir et le jeudi soir, il y a beaucoup de films!

Marie-Pierre: Oui, mais le mardi soir je ne peux pas les regarder parce que le mercredi je vais à l'école, et le jeudi soir non plus.

Laurent: Alors, quand regardes-tu la télé?

Marie-Pierre: Quelquefois quand il y a vraiment quelque chose de très intéressant, comme des émissions sur les autres pays ou des émissions politiques, mais autrement je ne la regarde pas.

Laurent: Et le samedi soir?

Marie-Pierre: Le samedi soir, je ne regarde pas la télé parce que je sors—dehors!

Unit 7

Première partie

Jérôme et Valérie

Valérie: Est-ce que tu es déjà allé à un voyage organisé?

Jérôme: Oui, oui, cet hiver, je suis allé en classe de neige avec ma classe; donc c'est un voyage qu'on organisait nous-mêmes. On est parti avec trois de nos professeurs, à la montagne donc; et on est resté une semaine; on a skié; on s'est amusé; on a fait des soirées entre copains. On était donc toute la classe; et on a appris à se connaître comme ça. Et toi?

Valérie: Bien, moi, je suis allée en Espagne avec tous les troisième hispanisants, c'est-à-dire, qui font de l'espagnol et on est allé passer douze jours là-bas. On a visité Barcelone, Madrid, Tolède, Sitgès. On est allé visiter le Musée de Picasso; et sinon, on a fait des promenades; on est allé dans un parc d'attractions; on a visité beaucoup de choses, surtout des musées; et on était dans une auberge de jeunesse.

Marie-Pierre et Virginie

Marie-Pierre: Est-ce que tu as déjà fait un voyage organisé?

Virginie: Oui, j'ai déjà fait un voyage, en bus; nous sommes allés à Lyon où j'ai visité des musées—un musée de voitures où j'ai pu voir la voiture d'Hitler; j'ai pu voir beaucoup de choses comme cela. J'ai visité un grand parc d'oiseaux; c'était très joli et il y avait toutes sortes, beaucoup, beaucoup de sortes d'oiseaux. Nous sommes allés dans une très grande volière, et c'était très, très beau. Et toi, tu as fait un stage?

Marie-Pierre: Oui, il y a un an, je suis allée à Chalain; c'est dans le Jura, et j'y ai fait un stage de voile, spéléologie, escalade, mmm . . . canoë. C'était très intéressant et nous étions beaucoup de gens à faire cela. Nous nous sommes beaucoup amusés. C'était bien!

Deuxième partie

Jérôme et Virginie

Jérôme: Alors, Virginie, depuis cinq, six jours qu'on est en Angleterre, quel effet gardes-tu de ce pays?

Virginie: Je le trouve très différent de la France. Par exemple, le premier jour que nous sommes arrivés dans les cars, donc, quand j'ai vu une cabine téléphonique, cela m'a beaucoup amusée. D'ailleurs, j'aime bien! Par rapport à, aux cabines téléphoniques de la France, c'est très différent; ici, c'est assez vieux, et j'aime bien. Et toi?

Jérôme: Bien, moi, les cabines téléphoniques, effectivement, sont assez spéciales au pays. Euh . . . Les petites maisons aussi, qui se ressemblent toutes.

Virginie: Oui.

Jérôme: Et les petits jardins qui les entourent devant et derrière, c'est assez caractéristique. Et c'est quelque chose qu'on ne trouve pas chez nous. La . . . Et la nourriture? Comment, que penses-tu de la nourriture?

Virginie: Ah, la nourriture est très bonne! J'aime beaucoup la nourriture anglaise! Je trouve, elle est aussi très différente.

Jérôme: Elle est très différente, très différente de la nôtre. Et j'ai remarqué que les contacts entre Anglais étaient . . .

Virginie: Plus froids.

Jérôme: Etaient, ne se faisaient pas comme chez nous.

Virginie: Oui.

Jérôme: On ne se serre pas la main, on ne se fait pas la bise . . .

Virginie: Oui, ce n'est pas comme en France!

Jérôme: Non. Et l'école, as-tu été à l'école?

Virginie: Oui, je suis allée à l'école et j'ai vu le matin l'assemblée: toutes les filles qui se réunissent et la Directrice qui parle. Je trouve ça assez . . . drôle; par rapport en France, c'est pas du tout comme ça!

Jérôme: Oui, il y a une certaine organisation de, de l'école.

Virginie: Oui, il y a une certaine discipline.

Jérôme: Une grande discipline. Les élèves sont livrés à eux-mêmes. On a l'impression qu'ils sont plus responsables que dans certaines écoles françaises. On est allé, on est aussi allé à la piscine. Et il y avait une liste de choses à ne pas faire, ce qui m'a semblé bizarre, au début, au début. Euh . . . par exemple, on n'avait pas le droit de faire de bombe, on n'avait pas le droit de couler, pas le droit de nager en trop fort; ce qui fait qu'on voyait les Anglais dans la piscine qui se contentaient de faire de la brasse. On n'avait pas de droit de crier, pas le droit de courir. Et on a commencé à se porter sur les épaules et essayer de s'amuser un peu; mais . . . c'était interdit!

Virginie: Par rapport en France, il y a beaucoup de différences, en effet!

Jérôme: Une grande discipline, oui.

Virginie: Oui.

Jérôme: Et ce qui est assez étonnant, c'est le, à, de voir, avoir un permis de conduire pour les mobylettes.

Virginie: Ah, bon! Il en faut un? Je ne savais pas!

Jérôme: Tu ne peux pas conduire une mobylette qu'à part . . . qu'à, qu'à partir de seize ans, je crois, et il faut un permis de conduire.

Virginie: Par rapport en France, à partir de quatorze ans et on a besoin d'aucun permis de conduire. C'est vraiment incroyable!

Unit 8

Première partie

Jérôme et Virginie

Jérôme: Qu'est-ce que tu fais pendant le weekend?

Virginie: Le weekend généralement le samedi matin, j'ai cours; l'après-midi je fais des leçons et après je vais à des boums ou alors je vais à Dijon, au cinéma, ou on va se promener avec des amis. Et le dimanche matin nous allons à l'église et l'après-midi est reservé à la famille, alors j'ai tous mes frères et sœurs qui viennent, et je dois m'occuper de mes neveux, de mes nièces et c'est toujours . . . Et toi?

Jérôme: Eh bien, moi, le samedi matin, je n'ai cours qu'une semaine sur deux; donc, quand je n'ai pas cours le samedi matin, cela me permet de faire mes leçons. Comme ça, l'après-midi je peux aller en ville, ou aller au cinéma; ou bien aller à des parties qui sont données par des amis. Eh bien alors, l'après-midi on profite des magasins qui sont ouverts pour aller faire des courses, ou . . . Et le dimanche matin, je vais à l'église aussi et le dimanche après-midi souvent, étant donné que les magasins sont fermés, on reste en famille; mais à l'intérieur du village, il y a souvent des . . . des compétitions sportives, qui sont organisées. Aussi, ça permet, cela permet aux gens de se rencontrer, et il s'agit souvent de tennis et le soir il y a remise des groupes. Alors, j'assiste souvent et je participe aussi à ces compétitions sportives.

Marie-Pierre et Bertrand

Marie-Pierre: Qu'est-ce que tu fais le weekend, Bertrand?

Bertrand: Alors, le weekend: ah, je suis dans un lycée qui est assez spécial. Nous travaillons à la quinzaine et pas à la semaine. C'est-à-dire que, une fois sur deux, nous avons cours le samedi matin. Donc, le samedi matin quand j'ai cours, il n'y a pas de problème: je vais au lycée. L'après-midi, je vais voir mes amis. Le dimanche matin, je dors très tard, et je me repose à peu près toute la journée. Quand j'ai pas cours le samedi matin: euh . . . généralement je sors le vendredi soir et ou je vais voir des amis puis je rentre très tard, ou alors je vais dans une discothèque ou en boum, ou des fois souvent au cinéma. Je dors relativement tard le samedi matin; le samedi après-midi, ben, c'est comme les autres semaines, euh . . . ou je me repose ou je vais en ville ou alors je joue au tennis.

Deuxième partie

Laurence et Virginie

Virginie: Quel genre de vêtements aimes-tu?

Laurence: Les vêtements à la mode mais aussi classique.

Virginie: Oui, moi aussi.

Laurence: Dans quels magasins vas-tu les acheter?

Virginie: Je vais généralement chez Pinkie. J'aime bien, je trouve assez souvent ce que je cherche. Et toi?

Laurence: Euh . . . Chez Pinkie, ou euh . . . chez Stylo, chez euh . . . aux Nouvelles Galeries. Ça dépend. Si je trouve pas le choix, je vais dans différents magasins.

Virginie: Et tu aimes bien porter des robes ou des pantalons?

Laurence: J'ai horreur des robes! Mais j'aime beaucoup les pantalons!

Virginie: Oui, moi aussi; j'aime mieux les pantalons.

Jérôme et Laurent

Jérôme: Alors, Laurent, dis-moi un peu ce que tu portes comme vêtements, et comment tu t'habilles.

Laurent: Ben, je m'habille assez sportivement. Le . . . en hiver je mets un pantalon foncé, assez chaud, avec un tricot de corps, une chemise, une chemisette, et un pull en laine, que ma grand'mère a tricoté, et en été, dès que je suis sorti du lycée, je me mets en short, et en T-shirt.

Jérôme: Et au lycée, comment t'habilles-tu?

Laurent: Je m'habille . . . J'ai un pantalon d'été, très clair, clair, avec une chemisette et un blouson. Et toi, comment t'habilles-tu?

Jérôme: Eh bien, moi, j'aime m'habiller d'une façon assez classique. Je porte des blue-jeans, des chemises; je pense que je m'habille assez décontracté. Je n'aimerais pas m'habiller comme mon père quand il revient du travail avec une cravate, un costume. Mais je préfère être, comme tu dis, sportif. Comment choisis-tu tes vêtements? Est-ce que . . . Comment vas-tu les acheter?

Laurent: Ben, on fait à peu près, on fait beaucoup de magasins dans Dijon; et après, on voit, on choisit, ceux qui me vont le mieux.

Jérôme: Mais tu les choisis, quand même, tu portes pas n'importe quoi?

Laurent: Non, je les choisis. C'est ma maman qui paie.

Jérôme: Moi aussi, oui. Quelquefois ma mère veut m'acheter des choses que j'aime pas; mais je préfère, je préfère les choisir moi-même, quand même.

Laurent: Oui; et quand maman m'achète un, une chemise ou un pantalon que j'aime pas, je le range dans l'armoire et je le mets jamais!

Unit 9

Première partie

Jérôme: A Pâques, on ne sort pas beaucoup, euh . . . je resterai en famille, et si j'ai du travail, je travaillerai sûrement, parce que c'est quinze jours de vacances et il faut réviser un peu pour préparer les examens. Le dimanche de Pâques, le lundi de Pâques, j'irai à la messe; euh . . . Puis ça sera le . . . mon frère . . . le matin . . . mes parents iront cacher des œufs de Pâques et mon frère les cherchera, dans le jardin.

Deuxième partie

Marie-Pierre: Hier je me suis levée à sept heures du matin pour aller à l'école. J'ai . . . Je me suis habillée; j'ai pris mon petit déjeuner et je suis partie à sept heures et demie. J'ai pris le bus, et je suis arrivée à l'école à huit heures. J'avais ma première leçon à huit heures cinq. C'était une leçon de français. Je devais faire euh . . . une dissertation; et après, j'avais une leçon d'anglais; j'avais une interrogation; et après je crois que j'avais une leçon de sciences naturelles. Nous avions . . . nous avons étudié la vie des araignées. Après, il était midi et j'ai mangé à la cantine de l'école. A deux heures, j'ai recommencé mes cours; j'ai commencé par un cours d'espagnol et nous avons beaucoup parlé. Après, j'ai eu un cours d'histoire-géographie; nous avons parlé de l'Angleterre. Et après, ma journée à l'école était finie; je suis rentrée chez moi vers six heures et demie et j'ai fait mes devoirs. J'ai sorti mon chien. Après, quand ma mère est rentrée à sept heures, nous avons discuté ensemble tout en mangeant, puis euh . . . J'ai été me laver; je me suis couchée.

Emeric: Ce matin, je me suis levé à sept heures vingt. Je me suis préparé pour aller à l'école. Je suis parti à pied. Je suis arrivé pour la sonnerie à huit heures. J'ai eu quatre heures de cours. Puis à midi, je suis rentré chez moi; j'ai mangé, enfin, j'ai déjeuné, et puis je suis retourné pour deux heures. Et j'ai eu cours jusqu'à cinq heures. Et puis en rentrant de l'école, j'ai fait mes devoirs; ça m'a pris une heure et demie. Et puis je suis allé m'amuser un peu. Et ensuite j'ai dîné et je suis (allé) me coucher.

Unit 10

Première partie

Jérôme: Euh . . . J'ai déjà travaillé dans une charcuterie, au mois d'août, donc au milieu de l'été. Euh . . . mon rôle était de distribuer la charcuterie—saucisson, salami, jambon; mais aussi je m'occuperai, je m'occupais de la rôtisserie. Je faisais cuire les poulets, les canards, les rôtis de porc; et j'avais aussi comme charge de faire la vaisselle, c'est-à-dire que je lavais les plats au laboratoire et je rendais tous les services nécessaires au patron.

Bertrand: Personnellement, je n'ai pas encore eu d'emploi saisonnier, mais j'ai des projets pour l'année prochaine. C'est faire des colonies de vacances. Donc, l'année prochaine à Pâques, je ferai un stage, et en fin de stage j'aurai un examen pour voir si je suis apt à faire une colonie de vacances. Et certainement en juillet, si jamais je suis reçu à l'examen, je ferai des colonies de vacances, parce que ça, comme j'ai fait déjà du babysitting, je pense que ça va me plaire.

Emeric: L'année dernière, j'ai fait de la maçonnerie vers ma maison de campagne. J'ai fait du terrassement: cela consiste en euh . . . le dévidement de la terre et des planchers des maisons et de mettre à la place une grosse pierre que l'on recouvre de gravier, et ensuite on met du ciment par-dessus.

Virginie: Cette année comme emploi saisonnier j'ai gardé des enfants, pendant . . . J'allais chez eux ou alors les parents amenaient l'enfant chez moi. Mais l'année prochaine, je voudrais être monitrice dans un centre aéré, donc je vais devoir passer des stages avant, qui me permettront de voir si je peux ou pas garder des enfants. C'est . . . Le métier consiste à garder les enfants dehors. Alors, on les amène à la piscine, ou alors on se promène; on leur fait faire des jeux.

Deuxième partie

Emeric et Bertrand

Emeric: Vas-tu souvent à Paris?

Bertrand: Oui, j'y vais très souvent puisque j'y suis né; j'y ai vécu sept ans et toute ma famille est là-bas. En plus mon meilleur habit, mon meilleur ami habite à Paris. J'y vais aussi souvent avec mes correspondants puisque c'est la capitale de la France. Il faut leur montrer les grands monuments comme la Tour Eiffel, l'Arc de Triomphe, le Sacré-Cœur, le Musée du Louvre; il faut leur montrer aussi le métro parisien. Mais personnellement, j'aime, je n'aime pas tellement Paris puisque ça devient trop dangereux en ce moment, Paris, et on se fait agresser très souvent à Paris, de plus en plus.

Emeric: Euh . . . Qu'est-ce qu'on trouve dans le Musée du Louvre qui est bien connu?

Bertrand: Ah! Il y a la Joconde: tout le monde va voir la Joconde à Paris. Mais une fois qu'on l'a vue; moi, je n'aime pas les tableaux, donc, que ce soit la Joconde ou un autre tableau, ça ne m'intéresse pas.

Unit 11

Première partie

Marie-Pierre et Virginie

Marie-Pierre: Qu'est-ce que tu vas faire le weekend prochain, Virginie?

Virginie: Le weekend prochain, j'ai décidé avec mes amies d'aller à Dijon. Nous ferons les magasins, le lèche-vitrine, et nous regarderons les vêtements, tout ce qui sort en ce moment, la nouvelle mode; et nous irons certainement dans un magasin pour nous acheter à boire et nous discuterons. Et toi?

Marie-Pierre: Moi, le weekend prochain, j'irai sûrement avec mes amis faire une promenade à vélo. Nous ferons à peu près cinquante kilomètres et en passant dans les villages, nous les visiterons, si nous avons le temps. Nous pourrons aussi le soir boire un verre

à une terrasse de café et rentrer vers dix
heures, onze heures du soir.

Virginie: Vous serez nombreux?

Marie-Pierre: Peut-être quinze.

Deuxième partie

Monsieur Quintallet et Marie-Pierre

Marie-Pierre: Est-ce que vous avez déjà fait du
camping?

M. Quintallet: Non! En réalité, je n'aime pas le camping.
Est-ce que vous avez déjà fait beaucoup
de camping?

Marie-Pierre: Oui, depuis maintenant dix ans, tous les
ans, je fais du camping avec mes parents.
Mais pourquoi n'aimez-vous pas le
camping?

M. Quintallet: Je trouve qu'il y a beaucoup
d'inconvénients: dormir à l'extérieur;
être dérangé par des animaux, par des
moustiques. Ça n'a rien de très
intéressant. Et qu'est-ce qui vous plaît
à vous?

Marie-Pierre: Moi, je trouve que, quand on fait du
camping, on a beaucoup plus de contacts
humains que quand on habite dans une
maison ou une habitation. Vous n'êtes
pas d'accord avec moi?

M. Quintallet: Pas tellement. Si on fait du camping
sauvage, on n'a peut-être pas beaucoup
d'occasion de rencontrer des gens, si?

Marie-Pierre: Oui, mais je n'ai jamais fait de camping
sauvage. J'ai toujours été dans des
campings; donc . . .

M. Quintallet: Oui, mais les camps . . . les camps euh . . .
collectifs sont souvent bondés; il y a
souvent beaucoup de gens. Et vous ne
trouvez pas ça désagréable?

Marie-Pierre: Non, pas du tout, parce que je trouve
que, au contraire, nous sommes en
vacances, et—cela fait beaucoup de bien
pour, à moi d'avoir beaucoup de gens
autour de moi.

M. Quintallet: Vous êtes donc très sociable?

Marie-Pierre: Voyez, beaucoup!

Unit 12

Emeric et Bertrand

Emeric: Que feras-tu pendant les grandes vacances?

Bertrand: Eh bien, j'ai projeté de partir avec des amis au
bord d'un lac pour camper.

Emeric: Euh . . . Combien de temps y resteras-tu?

Bertrand: Euh . . . J'y resterai entre deux et trois
semaines; partir en mobylette et nous

emmènerons planches à voile, matelas
pneumatiques; et nous ferons à manger nous-
mêmes, mais nous ne mangerons pas . . . nous
ne ferons pas de grands festins!

Marie-Pierre et Virginie

Marie-Pierre: Et si nous partions en vacances, Virginie?

Virginie: Oui, pourquoi pas? Mais où?

Marie-Pierre: Je ne sais pas—dans un endroit où il y
aurait la mer. J'aime beaucoup la mer!

Virginie: Oui, au bord de la mer, comme Cannes,
par exemple?

Marie-Pierre: Oui, Cannes! C'est une très bonne idée.

Virginie: Mais où allons-nous loger?

Marie-Pierre: Je ne sais pas; les hôtels sont très chers à
Cannes. Faire du camping, ce n'est pas
très pratique . . .

Virginie: On pourrait peut-être louer un
apartement?

Marie-Pierre: Ah oui, c'est une bonne idée.

Virginie: Il va falloir se renseigner pour trouver un
appartement de libre.

Marie-Pierre: Oui; je crois que tu devrais aller à l'agence
du tourisme à Cannes, et demander si on
peut louer un appartement à Cannes.

Virginie: D'accord. Mais que ferons-nous alors?

Marie-Pierre: Je ne sais pas. Nous pourrons peut-être
aller tous les matins à la plage, et l'après-
midi, quand il fera trop chaud, nous irons
nous balader, visiter Cannes et les
alentours.

Virginie: Oui; et le soir nous pourrons sortir . . .

Marie-Pierre: Oui, bien sûr! A ce qu'il paraît, il y a
beaucoup de choses à voir à Cannes.

Virginie: J'espère qu'il fera beau!

Marie-Pierre: A Cannes, il fait toujours beau!

Virginie: Alors, là, ça va!

Jérôme: Eh bien, moi, je prendrai mon vélo et de Dijon,
j'irai à Nevers en train. Ensuite, je descendrai à
Bordeaux à vélo, avec un copain. Je pense qu'on
emmènera une tente, et nous essayerons de
coucher chez l'habitant. Ensuite, arrivés à
Bordeaux, nous irons au bord de la mer, et je
verrai ma famille; je recevrai mes cousins, mes
tantes, mon oncle, et mon père viendra nous
rejoindre au mois d'août . . . Le quinze août, on
va aux feux d'artifice, car c'est la fête du village;
il y a une fête foraine et il y a beaucoup de
monde rassemblé et l'ambiance est bonne.
Ensuite il y a un bal, et le lendemain on va a la
bénédiction des bateaux. Et puis ça se termine
souvent par un pique-nique . . . Et je vais ensuite
remonter en Angleterre, et là je pense que je
verrai des copains; et ensuite donc je repartirai à
Dijon et je ne sais pas après ce que je ferai—
mais je pense que j'ai le temps d'y penser!

L'examen oral

Prépare-toi!

Phrases essentielles

Je commence?
Je ne comprends pas!
Voulez-vous répéter, s'il vous plaît?
Que veut dire . . .?
Je ne sais pas!
Je n'ai pas encore décidé
Je verrai.
Ça dépend.
J'espère ⎫
Je voudrais ⎬ aller en France; continuer mes études;
Je compte ⎭ trouver un emploi.

Le verb 'aller'

Fais attention!
Au passé: **Je suis allé** . . .   Au présent: **Je vais** . . .
Au futur: **J'irai** . . .

Comment ça se prononce?

Sais-tu la différence entre:
  C'est **la vie**! *et:* Je vais **en ville** samedi matin.
  Voilà **le WC**. *et:* Je fais **la vaisselle**.

Attention!

Pour les villes et les monuments, on dit: **J'ai visité**
Notre-Dame, le port, Dijon, *etc*.
Pour les personnes, on dit: **Je suis allé voir** mes
grands-parents, mon ami, *etc*.

Sais-tu répondre?

Au passé: Qu'est-ce que tu as fait
  ce matin avant de venir à l'école?
  hier soir?
  le weekend dernier?
  pendant les vacances de Pâques?
  pendant les grandes vacances l'an dernier?
Au présent: Qu'est-ce que tu fais
  le matin?
  pendant la journée à l'école?
  le soir?
  le weekend?
Au futur: Qu'est-ce que tu feras
  ce soir?
  le weekend prochain?
  pendant les grandes vacances?
  au mois de septembre?
  à la fin de ta scolarité?

Masculine or feminine?

Some useful tips about gender

The following nouns are usually feminine:
1 Those ending in **-tion** or **-sion**
   Examples: l'invitation; l'illusion
2 Those ending in **-çon** and **-son**
   Examples: la leçon; la boisson; la saison
   Exceptions: le poisson, le buisson, le garçon
3 Those ending in **-té**
   Examples: la liberté, la communauté
   Exceptions: l'été, le comité
4 Those ending in **-ance** and **-ence**
   Examples: la différence, la séance
5 Those ending in **-ère**
   Examples: la boulangère, la bière
   Exception: le cimetière

The following nouns are usually masculine:
1 Those ending in **-eau**
   Examples: le château, le rideau, le couteau
   Exceptions: la peau, l'eau
2 Those ending in **-age**
   Examples: le virage, le voyage, le ménage
   Exceptions: la rage, la cage, la page, l'image, la
   plage
3 Those ending in **-ment**
   Examples: le commencement, l'enterrement, le
   monument

Verb tables

Regular patterns

Infinitive	Participles	Present	Future	Imperfect	Past historic
donner *to give*	donnant donné	je donne tu donnes il donne nous donnons vous donnez ils donnent	je donnerai tu donneras il donnera nous donnerons vous donnerez ils donneront	je donnais tu donnais il donnait nous donnions vous donniez ils donnaient	je donnai (tu donnas) il donna nous donnâmes (vous donnâtes) ils donnèrent
finir *to finish*	finissant fini	je finis tu finis il finit nous finissons vous finissez ils finissent	je finirai tu finiras il finira nous finirons vous finirez ils finiront	je finissais tu finissais il finissait nous finissions vous finissiez ils finissaient	je finis (tu finis) il finit nous finîmes (vous finîtes) ils finirent
vendre *to sell*	vendant vendu	je vends tu vends il vend nous vendons vous vendez ils vendent	je vendrai tu vendras il vendra nous vendrons vous vendrez ils vendront	je vendais tu vendais il vendait nous vendions vous vendiez ils vendaient	je vendis (tu vendis) il vendit nous vendîmes (vous vendîtes) ils vendirent

Irregular verbs

Infinitive	Participles	Present	Future	Imperfect	Past historic
aller *to go*	allant allé	je vais tu vas il va nous allons vous allez ils vont	j'irai	j'allais	j'allai
appeler *to call*	appelant appelé	j'appelle tu appelles il appelle nous appelons vous appelez ils appellent	j'appellerai	j'appelais	j'appelai

s'asseoir
to sit down
	s'asseyant
	assis
		je m'assieds
		tu t'assieds
		il s'assied
		nous nous
		   asseyons
		vous vous
		   asseyez
		ils s'asseyent
			je m'assiérai	je m'asseyais	je m'assis

avoir *to have*	ayant eu	j'ai tu as il a nous avons vous avez ils ont	j'aurai	j'avais	j'eus

Infinitive	Participles	Present	Future	Imperfect	Past historic
battre *to beat or strike*	battant battu	je bats tu bats il bat nous battons vous battez ils battent	je battrai	je battais	je battis
boire *to drink*	buvant bu	je bois tu bois il boit nous buvons vous buvez ils boivent	je boirai	je buvais	je bus

commencer
to begin
	commençant
	commencé
		je commence
		tu commences
		il commence
		nous
		   commençons
		vous
		   commencez
		ils commencent
			je commencerai	je commençais	je commençai

conduire *to drive*	conduisant conduit	je conduis tu conduis il conduit nous conduisons vous conduisez ils conduisent	je conduirai	je conduisais	je conduisis
connaître *to know (people and places)*	connaissant connu	je connais tu connais il connaît nous connaissons vous connaissez ils connaissent	je connaîtrai	je connaissais	je connus
courir *to run*	courant couru	je cours tu cours il court nous courons vous courez ils courent	je courrai	je courais	je courus
croire *to believe or think*	croyant cru	je crois tu crois il croit nous croyons vous croyez ils croient	je croirai	je croyais	je crus

Infinitive	Participles	Present	Future	Imperfect	Past historic
devoir *to owe or* *must/have to*	devant dû	je dois tu dois il doit nous devons vous devez ils doivent	je devrai	je devais	je dus
dire *to say*	disant dit	je dis tu dis il dit nous disons vous dites ils disent	je dirai	je disais	je dis
dormir *to sleep*	dormant dormi	je dors tu dors il dort nous dormons vous dormez ils dorment	je dormirai	je dormais	je dormis
écrire *to write*	écrivant écrit	j'écris tu écris il écrit nous écrivons vous écrivez ils écrivent	j'écrirai	j'écrivais	j'écrivis
envoyer *to send*	envoyant envoyé	j'envoie tu envoies il envoie nous envoyons vous envoyez ils envoient	j'enverrai	j'envoyais	j'envoyai
être *to be*	étant été	je suis tu es il est nous sommes vous êtes ils sont	je serai	j'étais	je fus
faire *to do, to make*	faisant fait	je fais tu fais il fait nous faisons vous faites ils font	je ferai	je faisais	je fis
falloir *to be necessary*	fallu	il faut	il faudra	il fallait	il fallut

Infinitive	Participles	Present	Future	Imperfect	Past historic
jeter *to throw*	jetant jeté	je jette tu jettes il jette nous jetons vous jetez ils jettent	je jetterai	je jetais	je jetai
lever *to lift*	levant levé	je lève tu lèves il lève nous levons vous levez ils lèvent	je lèverai	je levais	je levai
lire *to read*	lisant lu	je lis tu lis il lit nous lisons vous lisez ils lisent	je lirai	je lisais	je lus
mettre *to put*	mettant mis	je mets tu mets il met nous mettons vous mettez ils mettent	je mettrai	je mettais	je mis
mourir *to die*	mourant mort	je meurs tu meurs il meurt nous mourons vous mourez ils meurent	je mourrai	je mourais	il mourut
naître *to be born*	naissant né	je nais tu nais il naît nous naissons vous naissez ils naissent	il naîtra	il naissait	je naquis
ouvrir *to open*	ouvrant ouvert	j'ouvre tu ouvres il ouvre nous ouvrons vous ouvrez ils ouvrent	j'ouvrirai	j'ouvrais	j'ouvris
partir *to leave,* *set off*	partant parti	je pars tu pars il part nous partons vous partez ils partent	je partirai	je partais	je partis

Infinitive	Participles	Present	Future	Imperfect	Past historic
pleuvoir *to rain*	pleuvant plu	il pleut	il pleuvra	il pleuvait	il plut
pouvoir *to be able,* *can*	pouvant pu	je peux (puis) tu peux il peut nous pouvons vous pouvez ils peuvent	je pourrai	je pouvais	je pus
prendre *to take*	prenant pris	je prends tu prends il prend nous prenons vous prenez ils prennent	je prendrai	je prenais	je pris
recevoir *to receive*	recevant reçu	je reçois tu reçois il reçoit nous recevons vous recevez ils reçoivent	je recevrai	je recevais	je reçus
rire *to laugh*	riant ri	je ris tu ris il rit nous rions vous riez ils rient	je rirai	je riais tu riais il riait nous riions vous riiez ils riaient	je ris
savoir *to know (facts)*	sachant su	je sais tu sais il sait nous savons vous savez ils savent	je saurai	je savais	je sus
sortir *to go out*	sortant sorti	je sors tu sors il sort nous sortons vous sortez ils sortent	je sortirai	je sortais	je sortis
suivre *to follow*	suivant suivi	je suis tu suis il suit nous suivons vous suivez ils suivent	je suivrai	je suivais	je suivis

Infinitive	Participles	Present	Future	Imperfect	Past historic
tenir *to hold*	tenant tenu	je tiens tu tiens il tient nous tenons vous tenez ils tiennent	je tiendrai	je tenais	je tins (tu tins) il tint nous tînmes (vous tîntes) ils tinrent
venir *to come*	venant venu	je viens tu viens il vient nous venons vous venez ils viennent	je viendrai	je venais	je vins (tu vins) il tint nous vînmes (vous vîntes) ils vinrent
vivre *to live*	vivant vécu	je vis tu vis il vit nous vivons vous vivez ils vivent	je vivrai	je vivais	je vécus
voir *to see*	voyant vu	je vois tu vois il voit nous voyons vous voyez ils voient	je verrai	je voyais	je vis
vouloir *to wish,* *to want*	voulant voulu	je veux tu veux il veut nous voulons vous voulez ils veulent	je voudrai	je voulais	je voulus

Numbers

1 un, une
2 deux
3 trois
4 quatre
5 cinq
6 six
7 sept
8 huit
9 neuf
10 dix
11 onze
12 douze
13 treize
14 quatorze
15 quinze
16 seize
17 dix-sept
18 dix-huit
19 dix-neuf
20 vingt
21 vingt et un
22 vingt-deux
   etc....
30 trente
31 trente et un
32 trente-deux, etc.
40 quarante
41 quarante et un
42 quarante-deux, etc.
50 cinquante
51 cinquante et un
52 cinquante-deux, etc.
60 soixante
61 soixante et un
62 soixante-deux, etc.
70 soixante-dix
71 soixante et onze
80 quatre-vingts
81 quatre-vingt-un
82 quatre-vingt-deux, etc.
90 quatre-vingt-dix
91 quatre-vingt-onze
92 quatre-vingt-douze, etc.
100 cent
101 cent un
102 cent deux
200 deux cents
550 cinq cent cinquante
1000 mille
3000 trois mille
1.000.000 un million

Solutions et réponses

Mots croisés, page 18

Horizontalement

1 cartes postales
3 karaté
4 mots croisés
5 cheval
6 lèche-vitrine
7 footing
8 en plein air

Verticalement

2 planche à voile

Jeu des définitions, page 32

1 auberge de jeunesse
2 piéton
3 espagnol
4 retenue
5 instituteur
6 tourisme
7 Isère
8 fatigue
On *boit* un apéritif, bien sûr!

Mots croisés, page 70

Horizontalement

1 babiole
2 emmaillotté
3 Orient
4 dinde
5 Père Noël
6 bûche de Noël
7 sapin de Noël
8 neige
9 messe de minuit
10 guirlande
11 chocolat
12 cadeaux
13 crèche

Verticalement

'Gloire à Dieu et paix sur la terre'

Quiz, page 87

1 La Tour Eiffel
2 Le Mont Blanc
3 Georges Pompidou
4 Un pneu Michelin
5 Astérix
6 La Bastille
7 Monsieur Poubelle
8 Le Tour de France
9 L'Armistice

Mots croisés, page 131

Horizontalement

1 parisienne
2 croque monsieur
3 noisette
4 crème
5 sorbet
6 coca cola
7 pression
8 boisson fraîche
9 à l'heure du thé

Verticalement

'Je suis végétarienne!'

Mystère, page 188

1 Dans un cabinet de toilette
2 Sur un sac en plastique
3 Dans une salle d'un train corail
4 A l'entrée d'une banque
5 Dans une voiture de wagon-lits
6 En bas d'un escalier roulant

le **branchement,** supply (*of electricity*)
le **bras,** arm
le **brassard,** armband
la **brasse,** crawl
la **brasserie,** café
le **Brésil,** Brazil
le **brevet,** certificate
    bricoler, DIY, to do odd jobs
la **brioche,** bun
le **brin,** sprig
    bronzer, to get sun-tanned
la **brosse à dents,** toothbrush
    brosser, to brush
le **brouillard,** fog
la **bruine,** drizzle
le **bruit,** noise
    brûler, to burn
    brumeux, misty
    brusquement, suddenly
    brutal, sudden
le **buffet,** buffet meal, sideboard
le **buisson,** bush
le **bureau,** office
    le bureau d'accueil, reception desk
la **butte,** isolated hill
la **buvette,** drinks' stall

    ça alors! well, really!
    ça y est! there we are; that's it!
la **cabane,** hut
    cacher, to hide
le **cachot,** cell
    cadet, cadette, youngest
le **cadre,** setting, frame
la **cafetière,** coffee-pot
la **caisse,** cash-desk
le **calcaire,** limestone
    l'eau calcaire, hard water
la **calculatrice,** calculator
le **calvaire,** calvary
la **camaraderie,** friendliness
le **camion,** lorry
le **camionneur,** lorry driver
la **campagne,** countryside
le **canal** (pl. **canaux**), canal
le **canard,** duck
la **canne à pêche,** fishing-rod
le **canotage,** canoeing
le **caoutchouc,** rubber
le **cap,** cape, headland
    car, for, because
le **car,** coach
    le car de liaison, shuttle service, connecting bus
    le car de ramassage, school bus

le **car-navette,** shuttle service
les **Caraïbes,** Caribbean
le **caravaneige,** winter caravan site
le **Carême,** Lent
le **carnet,** booklet, note-book
    carré, square
le **carrefour,** crossroads
le **cartable,** satchel, school bag
la **carte,** card; map; menu (*with each dish individually priced*)
le **carton,** card
le **cas,** case
    au cas où, if
le **casse-croûte,** snack, packed lunch
    casser, to break
le **cassis,** blackcurrant
à **cause de,** because of
la **caution,** deposit
la **cavalcade,** procession, series
la **cave,** cellar
le **caveau,** vault
la **cavité,** cave-system
    ceci, this
la **ceinture,** belt
    célèbre, famous
    céleste, heavenly
    célibataire, unmarried, spinster, bachelor
    celle, the one
    celles, the ones, those
    celte, Celtic
    celui, the one
la **cendre,** ash
le **cendrier,** ashtray
le **centre commercial,** shopping centre
la **cerise,** cherry
    cerner, to surround
le **CES: Collège d'Enseignement Secondaire,** secondary school
    cesser, to cease
    ceux, the ones, those
    chacun, each one
le **chagrin,** sorrow
la **chaîne,** channel (*television*)
    la chaîne hi-fi, stereo equipment
    chaleureux, chaleureuse, friendly
le **champ,** field
    le champ de courses, race-course
    champêtre, rustic, rural
la **chance,** fortune, luck
la **Chandeleur,** Candlemas

la **chanson,** song
le **chanteur, la chanteuse,** singer
    chaque, each
le **char,** float (*in a procession*)
    le char à voile, sand-yacht
la **charcuterie,** cold meats, 'delicatessen'
la **charge,** responsibility
le **chargement,** loading
se **charger de,** to take responsibility for
le **chariot,** trolley
la **chasse,** hunting
le **chasseur,** huntsman
le **châtain,** chestnut
    chaud, warm, hot
le **chauffage,** heating
    chauffer, to heat
le **chauffeur,** driver
la **chaumière,** thatched cottage
    chausser, to put on (*footwear*)
    chausser du 39, to take size 39 shoes
la **chaussette,** sock
la **chaussure,** shoe
    chauve, bald
le **chemin,** lane, way
    le chemin de halage, towpath
la **cheminée,** chimney, mantelpiece
la **chemise,** shirt
    la chemise de nuit, nightdress
la **chemisette,** shortsleeved shirt
le **chemisier,** blouse
le **chèque de voyage,** traveller's cheque
le **cherche-mots,** wordsearch
    chercher, to look for
le **chevet,** bed-head
    la lampe de chevet, bedside lamp
    le chevet du lit, bedside
les **cheveux** (m), hair
la **cheville,** ankle
le **cheval,** horse, horse-riding
    chic alors! great!
le **chiffre,** figure
la **chimie,** chemistry
    chinois, Chinese
le **chiot,** puppy
    chirurgical, surgical
    chloré, chlorinated
le **chœur,** (church) choir
    choisir, to choose
le **choix,** choice
en **chômage,** unemployed

chômé: un jour chômé, holiday
chômeur, chômeuse, unemployed
la **chorale,** (large) choir
la **chose,** thing
   autre chose que, something other than
   plein de choses! lots of things!
la **choucroûte,** sauerkraut
chouette! great!
le **choux,** cabbage
   le choux à la crème, cream bun
chrétien, chrétienne, Christian
le **christiania,** braking movement (skiing)
chuchoter, to whisper
chute: from **choir,** to fall
ci-après, below, given later
ci-contre, opposite
ci-dessus, above
ci-joint, enclosed, herewith
le **ciel** (pl. **cieux**), sky, heaven
le **ciment,** cement
le **cimetière,** cemetery
le **cintre,** clothes-hanger
la **circulation,** traffic
   une route à grande circulation, trunk road
circuler, to run (of trains)
le **circuit,** route
cirer, to wax, polish
cisailler, to score
le **citadin,** city-dweller
la **cité-dortoir,** dormitory town
citer, to quote, mention
le **citron,** lemon
clair, light-coloured
claquer, to bang
classer, to classify
classique, conventional
le **clavier,** keyboard player
la **clé, clef,** key
la **clémence,** clemency
climatisé, air-conditioned
la **cloche,** bell (of church)
le **cloître,** cloister
clôturer, to conclude, round off
le **cœur,** heart
   avoir mal au cœur, to feel sick
le **coffre,** boot (of car)
le **coffret,** box
le **coiffeur,** hairdresser
le **coin,** corner

la **colle,** F. detention
le **collège,** secondary school
coller, to stick
le **colombophile,** pigeon-fancier
la **colonne,** column
le **combattant,** soldier
la **combe,** valley
un(e) **comédien, comédienne,** actor, actress
les **comestibles** (m), food
le **comité,** committee
commander, to order, book, operate
comme, as
   comme ci comme ça, so-so
*****commencer,** to begin
le **commerçant,** shop-keeper
commode, convenient
en **commun,** public
la **commune,** small town, village
les **communs** (m), outbuildings
complémentaire, fuller
comporter, to carry
le **compositeur,** composer
composter, to punch
complet, full
le **complexe sportif,** sports centre
comprendre, to understand
le **comprimé,** tablet
le **compte,** calculation
   en fin de compte, in the final analysis
compter, to count, to intend
le **comptoir,** counter
le **concierge,** caretaker
le **concile,** council
le **concours,** competition
conclure, to conclude
les **condoléances** (f), condolences, expression of sympathy
*****conduire,** to drive, lead, take
la **conduite,** conduct
   sous la conduite de, led by
confectionner, to make by hand
conférer, to give
confier, to confide
la **confiserie,** confectionery
la **confiture,** jam
le **confluent,** confluence
le **congé,** short holiday
le **congélateur,** freezer
la **connaissance,** acquaintance
   reprendre connaissance, to regain consciousness
*****connaître,** to know
consacrer, to consecrate

le **conseil,** advice
conseiller, to advise, recommend
conserver, to keep
la **consigne,** left luggage
consigné, with a deposit charged
la **consommation,** drink
le **constat,** statement
construire, to construct
le **contact,** touch
   aimer le contact, to like being with people
les **contacts humains,** work with people
le **conte,** story
contourner, to go round
contraint, compelled
le **contraire,** opposite
   au contraire, on the contrary
la **contrefaçon,** pirated edition
convenir, to suit
le **copain, la copine,** friend
copieux, copious
la **coquille,** shell
   la coquille Saint-Jacques, scallop
le **cordon,** chain
le **cordonnier,** shoe-repairer
coréen, coréenne, Korean
le **cornichon,** guerkin
la **correspondance,** connection
le **correspondant,** penfriend
la **corrida,** bullfight
le **corsaire,** privateer, pirate
le **costume,** suit
la **côte,** coast, hillside
   la côte d'agneau, lamb chop
le **côté,** side
   à côté de, beside, next door to
côtoyer, to follow the edge of
le **cou,** neck
se **coucher,** to go to bed
la **couchette,** bunk-bed
coudre, to sew
couler, to run, to sink
le **couloir,** corridor, passage
le **coup,** blow, knock
   le coup de fil, telephone call
   le coup de pompe, sudden tiredness
   le coup de pouce, unexpected helping hand
   le coup de soleil, sun-burn
   ça vaut le coup, it's worth it
la **coupe,** cup, beaker; fit
couper, to cut

la **cour**, courtyard, school playground
courant, fluent, standard
la **courgette**, small marrow
courir, to run
la **couronne**, crown, wreath
couronner, to crown
le **courrier**, mail
le **courroux**, anger
le **cours**, lesson
  le cours du change, exchange rate
  en cours d'usage, in use
la **course**, race, journey
court, short
le **coût**, cost
le **couteau**, knife
coûter, to cost
couvert, cloudy
le **couvert**, place-setting
  mettre le couvert, to lay the table
la **couverture**, blanket
craindre, to fear
la **crèche**, manger, crib
la **crêperie**, pancake-house or stall
la **crête**, crest, summit ridge
la **crevette**, shrimp
les **criailleries** (f), nagging
crier, to shout
la **crique**, creek
croire, to think, believe
le **croisement**, crossroads
croiser, to cross
la **croissance**, growth
croissant, growing
la **croix**, cross
le **cross**, cross-country running
les **crudités** (f), mixed raw vegetables
les **crustacés** (m), shell-fish
cueillir, to pick, gather
la **cuillerée**, spoonful
le **cuir**, leather
cuire, to cook
la **cuisine**, kitchen, cooking
cuisiner, to cook
un **cuisinier, une cuisinière**, cook
le **cuivre**, copper
le **culte**, worship
cultiver, to grow

danois, Danish
davantage, more
le **débarquement**, landing
débarquer, to disembark
débarrasser la table, to clear the table

déborder, to overflow, spread
debout, standing
se **débrouiller**, to manage
le **début**, beginning
débuter, to begin
le **décalage**, difference (*between time-zones*)
décaler, to alter, shift, displace
décéder, to die
la **décennie**, decade
la **déception**, disappointment
le **décès**, death
déchiqueté, indented
déchirer, to tear
le **déclic**, click
décontracté, relaxed
la **découverte**, discovery
découvrir, to discover
décrire, to describe
dedans, inside
la **défaillance**, failing
défendre, to forbid
défense de fumer, no smoking
le **défi**, challenge, defiance
le **défilé**, procession
défiler, to process
le **défunt**, deceased person
dégager, to clear, extricate
les **dégâts** (m), damage
dégeler, to thaw
dégressif, decreasing
la **dégustation**, drinking, tasting
déguster, to taste
dehors, outside
délaisser, to neglect
délivrer, to issue
le **delta-plane**, hang-gliding
demain, tomorrow
la **demande**, request
demander, to ask require
se **demander**, to wonder
déménager, to move house
demeurer, to live, remain
demi, half
  le demi-pensionnaire, pupil who has lunch at school
la **demoiselle d'honneur**, bridesmaid
démontrer, to demonstrate
dénombrer, to count
la **denrée**, commodity
la **dent**, tooth
dentelé, indented
la **dentelle**, lace
la **dépanneuse**, breakdown vehicle
le **dépaysement**, getting away from it all

se **dépêcher**, to hurry
dépenser, to spend (*money*)
se **déplacer**, to move about
le **dépliant**, leaflet
déposer, to put down, place, deposit
depuis, since, for
le **dérailleur**, derailleur gears
le **dérangement**, fault
  en dérangement, out of order
déranger, to disturb
déraper, to skid
dernier, dernière, last
  au dernier étage, on the top floor
le **déroulement**, series of events
se **dérouler**, to take place, to happen
dès, as early as, as soon as
désagréable, unpleasant
le **désastre**, disaster
descendre, to stay (*at hotel*)
désespérer, to lose hope
le **désespoir**, despair
  en désespoir de cause, as a last resort
désigner, to indicate
  désigner un siège, to offer a seat
désirer, to want
desservir, to clear (*table*), serve (*of bus-route*)
le **dessin**, art drawing
  le dessin animé, cartoon film
dessiner, to draw
désolé, sorry
le **dessous de verre**, mat
détenir, to detain
la **détente**, relaxation
détourner, to turn away from, leave
détraqué, out of order
développer, to unwrap
devenir, to become
la **déviation**, diversion
le **dévidement**, removal
la **devise**, currency, bank-note
***devoir**, to have to, must, owe
les **devoirs** (m), homework
dévoué, devoted
  mes sentiments dévoués, yours faithfully
le **diabolo-menthe**, peppermint drink
dialoguer avec, to talk to
la **diapositive**, colour slide
le **dieu**, god

mon dieu! my goodness!

dingue, F. daft, stupid

*****dire,** to say, tell

  c'est-à-dire, that is to say

un(e) **directeur, directrice,** director, head teacher

le **dirigeant,** manager

diriger, to direct

  se diriger vers, to go towards

discontinu, discontinuous, few and far between

la **discothèque,** disco, record library

disparaître, to disappear

dispenser, to exempt

la **disponibilité,** availability

disponible, available

disposer de, to have available

la **disposition,** lay-out

  à votre disposition, at your service, at your disposal

la **dissertation,** essay

la **distraction,** amusement

distrait, absent-minded

distribuer, to deliver

la **distribution,** delivery

le **distributeur de boissons,** drinks machine

diviser, to divide

la **documentation,** leaflets, etc

le **dolmen,** dolmen (prehistoric stone structure)

le **domaine,** area

le **domestique,** servant

le **domicile,** home

le **dommage,** pity

le **don,** gift

donc, so, therefore

donner, to give

  donner sur, to look out onto

dont, of which, of whom, whose

dorer, to make golden brown, glaze

*****dormir,** to sleep

le **dortoir,** dormitory

le **dos,** back

le **dosage,** quantity

doser, to measure

le **dossard,** number (*on competitor's shirt*)

doublé, lined

doubler, to overtake

la **douche,** shower

doué, gifted

le **doute,** doubt

la **douve,** moat

doux, douce, soft, gentle

divers, various

le **drap,** sheet, cloth

le **drapeau,** flag

se **dresser,** to rise up

le **droit,** right

la **droite,** right (-hand side)

drôle, strange, funny

drôlement, extremely

la **durée,** duration

durer, to last

l' **eau** (f), water

  l'eau de vie, brandy

ébouillanter, to scald, rinse with boiling water

ébréché, chipped (*glass*)

échanger, to exchange

échapper, to escape

l' **échapper belle,** to have a narrow escape

l' **échelle** (f), ladder

éclairer, to light

éclater, to burst, break out

l' **école** (f), school

  l'école maternelle, nursery school

l' **Ecosse** (f), Scotland

écouter, to listen to

l' **écran** (m), screen

écraser, to crush

*****écrire,** to write

  écrire à la machine, to type

édifier, to build

efficace, effective

l' **effectif** (m), number in group

effectivement, indeed

effectuer, to effect, make, carry out

l' **effet** (m), effect

  à cet effet, for this purpose

  en effet, indeed

également, equally, likewise

l' **église** (f), church

égoutter, to (drip) dry

égréner, to call out

l' **élan** (m), momentum

élargir, to widen

  s'élargir, to spread

l' **électroménager** (m), household electrical goods

élever, to raise

  bien élevé, well brought up

l' **emploi** (m), job, employment

  l'emploi du temps, timetable (*at school*)

émailler, to dot

l' **emballage** (m), packaging

emballer, to wrap up (*presents*), fire with enthusiasm

embaucher, to take on (*an employee*)

l' **embouteillage** (m), traffic jam

l' **émetteur** (m), transmitter

l' **émission** (f), broadcast, programme

emmaillotté, wrapped up in warm clothes

emmener, to take

l' **emplacement** (m), pitch (*at campsite*)

emporter, to take away

emprunter, to borrow

l' **encadrement** (m), setting

encadrer, to frame, supervise

enchanté! pleased to meet you!

l' **enclos** (m), enclosure, boundary wall

l' **encombrement** (m), congestion

  les heures d'encombrement, busy period

encombrer, to clutter, congest

en **encorbellement** (m), projecting

encore, again, still

s' **endormir,** to fall asleep

l' **endroit** (m), place

l' **enfance** (f), childhood

enfantin, childish, young

l' **enfer** (m), hell

enfermé, enclosed, shut in

enfiler, to put on (*clothes*)

enfin, at last

engager, to employ

  s'engager, to join up (*army*)

l' **engin** (m), machine

engloutir, to bury

énième, n^{th}, umpteenth

enjamber, to climb over

enlever, to remove

enlisé, engulfed

l' **enneigement** (m), snow cover

l' **ennui** (m), difficulty, annoying thing

s' **ennuyer,** to get bored

ennuyeux, ennuyeuse, boring

enseigner, to teach

ensemble, together

l' **ensemble** (m), whole, suit

  l'ensemble de bureaux, office complex

enserrer, to enclose

ensoleillé, sunny

ensuite, afterwards

s' **entasser,** to crowd together

entendre, to hear

  s'entendre, to get on with someone

l' **enterrement** (m), interment, burial

s' **entêter**, to persist obstinately

enthousiasmant, exciting

entier, entière, whole

entourer, to surround

entraîner, to drag, carry away

entre, between

entreposer, to place

entretenir, to maintain, keep in good condition

l' **entretien** (m), maintenance, upkeep

envahir, to invade

envelopper, to wrap up

envie: avoir envie de, to want

environ, about, approximately

les **environs** (m), surrounding area

l' **envoi** (m), sending

envoyer, to send

l' **épaisseur** (m), thickness

épargner, to spare, save

épais, épaisse, thick

épatant, fantastic

l' **épaule** (f), shoulder

épeler, to spell

l' **épicéa** (m), spruce

l' **épicier** (m), grocer

les **épinards** (m), spinach

éplucher, to peel

l' **époque** (f), time, period

épousseter, to dust

l' **épouvante** (f), horror

épris de, in love with

épuisant, exhausting

équestre, on horseback

l' **équilibrage** (m), wheel-balancing

l' **équilibre** (m), balance

équilibré, balanced, even

l' **équipe** (f), team

les **équipements** (m), facilities

l' **erreur** (f), mistake

l' **éruption** (f), rash

l' **escalier** (m), stairs

escroquer, to swindle

l' **espace** (m), space

l' **espadrille** (f), rope-soled canvas shoe

l' **espagnol** (m), Spanish

l' **espèce** (f), kind, sort

espérer, to hope

essayer, to try

l' **essor** (m), growth, rise

essorer, to spin dry

l' **essoreuse** (f), spin-drier

essuyer, to wipe

estival, summer

l' **estivant** (m), holiday-maker

et, and

et . . . et, both . . . and

l' **étable** (f), stable

l' **établissement** (m), establishment

l' **étage** (m), storey, floor

l' **étalement** (m), spacing out

l' **étang** (m), pond, small lake

l' **étape** (f), stage, stop-over

l' **état** (m), state

les **Etats-Unis**, United States

l' **été** (m), summer

éteindre, to extinguish, switch off

étendre, to extend, roll out (*pastry*); to hang out (*washing*)

l' **étiquette** (f), label

l' **étoile** (f), star

étranger, étrangère, foreign

à l' **étranger**, abroad

être, to be

l' **être** (m), being

les **étrennes** (f), New Year gifts

les **études** (f), studies

étudier, to study

eux, them

chez **eux**, to/at their house

évacuer, to evacuate

l' **Evangile** (f), Gospel

l' **événement** (m), event

évidemment, obviously

évident, obvious

éviter, to avoid

l' **examen** (m), examination

exécuter, to carry out

exercer, to follow, carry out (*job or profession*)

exigeant, demanding

expansif, expansive, outgoing (*personality*)

expliquer, to explain

exploiter, to operate

exposer, to exhibit

extra, great, fantastic

l' **extrait** (m), extract

l' **Extrême-Orient** (m), Far East

l' **extrémité** (f), end

le **fabricant**, manufacturer

fabriquer, to manufacture

en **face de**, opposite

fâché, annoyed

faciliter, to make easy

la **façon**, way, fashion

de **toute(s) façon(s)**, anyway

le **facteur**, postman

la **facture**, bill

facultatif, facultative, optional

l' **arrêt facultatif**, request stop

la **faculté**, university, faculty

faible, weak

la **faïence**, earthenware

faire, to make, do

ne vous en **faites pas**, don't worry

faire figure, to appear

faire savoir, to let someone know

le **faire-part**, notification

le **fait divers**, news item

falloir, to be necessary

la **fanfare**, brass band

fantasque, temperamental

la **farine**, flour

fasse: from faire

il faut que je **fasse**, I must do

fatigué, tired

la **faute**, mistake

le **fauteuil**, armchair

le **fauteuil roulant**, wheelchair

faux, fausse, false, untrue

favoriser, to promote

la **fée**, fairy

les **félicitations** (f), congratulations

la **fente**, slot

la **fermeture**, closing

la **fermeture éclair**, zip fastener

ferré, rail

ferroviaire, of the railway

le **festin**, feast, banquet

la **fête**, celebration, feast-day

la **fête foraine**, fair

fêter, to celebrate

le **feu**, fire

le **feu d'artifice**, firework

le **feu de joie**, bonfire

le(s) **feu(x) rouge(s)**, traffic lights

la **feuille**, leaf, sheet of paper

le **feuilleton**, serial

la **fève**, bean

les **fiançailles** (f), engagement

la **fiche**, form, sheet, page

fidèle, faithful, loyal

fier, fière, proud

la **fièvre**, fever, high temperature

le **figuier**, fig-tree

la **figure**, face

figurer, to appear

le **fil,** thread, wire
  qui est au bout du fil? who is speaking?
  au fil des jours, with the passing days
la **file,** line
le **filet,** luggage-rack
  fin, high quality, fine
la **fin,** end
  financier, financière, financial
la **finition,** finishing, conclusion
  fixe, settled, steady
le **flacon,** small bottle
le **flambeau,** torch
  flamber, to flambé
  flancher, to fail
  flâner, to stroll
la **flèche,** arrow
les **fléchettes** (f), darts
  flegmatique, stolid, calm
  fleurir, to flower, decorate with flowers
la **flotille,** flotilla
le **foin,** hay
la **fois,** time
  une fois, once
  à la fois, at the same time
  foncé, dark-coloured
en **fonction de,** according to
  fonctionner, to work, function
le **fond,** bottom, background
  le fond de teint, make-up base
la **fonderie,** foundry
  fondre, to melt, dissolve, disappear
le **footing,** jogging
  forfaitaire, fixed (*charge*)
  forme: en forme, feeling fine
  en pleine forme, in top form
  formidable, fantastic
la **formule d'usage,** conventional form of words
  fort, strong, good (*at a subject*)
le **fossé,** ditch
le **fou,** madman
la **foudre,** lightning
le **fouet,** beater, whisk
le **foulard,** scarf
la **foule,** crowd
le **four,** oven
la **fourchette,** fork
les **fournitures scolaires** (f), school requisites
  fourrer, to stuff
  fourré de, filled with
la **fourrure,** fur
le **foyer,** home

la **fraîcheur,** freshness, coolness
  frais, fraîche, fresh, cool
les **frais** (m), cost, charges, dues
  franc-comtois, from Franche-Comté
  franchement, frankly
  franchir, to cross, pass through
le **franchissement,** negotiation
la **frangipane,** marzipan
  frapper, to knock
  frappé, chilled
le **frein,** brake
  frémir, to quiver, simmer
  fréquenté, popular
  fréquenter, to frequent, patronize
le **fromage,** cheese
les **fruits** (m) **de mer,** sea-food
le **frigo,** 'fridge
  frisé, curly, wavy
les **frites** (f), chips
  fuir, to flee, get away from
la **fumée,** smoke
  fumer, to smoke
  fut: *from* **être:** was

  gagner, to win, reach
  gai, happy, cheerful
  gala: un repas de gala, festive meal
la **galette,** cake
le **gamin,** youngster
le **gant,** glove
  garde: médecin de garde, duty doctor
  garder, to look after; to keep
le **gardien,** goalkeeper, park-keeper
le **gardiennage,** security watch
la **gare,** station
  la gare routière, bus station
  garer, to park
  garni, with garnish
la **garniture,** trim
la **gastronomie,** art of good eating
  gâter, to spoil
la **gauche,** left
la **gaufre,** waffle
le **gendarme,** policeman
la **gêne,** discomfort
  gêner, to embarrass
  génial, fantastic
le **genou,** knee
le **genre,** type, sort
les **gens** (m or f), people
  gentil, gentille, kind
la **Gioconde,** Mona Lisa
  gisaient: from **gésir,** to lie (*on the ground*)

le **gîte,** self-catering rural accommodation
  le gîte d'étape, overnight accommodation
la **glace,** ice, ice-cream
le **glacier,** ice-cream maker
  glisser, to slip, slide
la **gorge,** throat
le **goût,** taste, liking
  goûter, to have tea; to taste
  gouverner, to control, handle
  grâce à, thanks to
  faire grâce de, to spare
  grand'chose: pas grand'chose, not a lot, nothing much
la **grand'route,** main road
  grandir, to grow (up)
  gras, grasse, fat
  Mardi Gras, Shrove Tuesday
  faire la grasse matinée, to have a lie-in
  gratuit, free
  grave, serious
  gravement, seriously
le **gravier,** gravel
le **grenier,** attic, loft
la **grève,** strike
  faire la grève, to be on strike
la **grillade,** grilled meat
la **grille,** gate
la **grippe,** flu, influenza
  grisé, intoxicated
  gros, grosse, fat, large
la **groseille,** redcurrant
  la groseille à maquereau, gooseberry
le **gué,** ford
la **guerre,** war
le **gui,** mistletoe
le **guichet,** ticket-office
le **guidon,** handlebars
la **guirlande,** streamer
  la guirlande argentée, tinsel
  la guirlande d'ampoules, fairy lights

  habile, skilful
l' **habitant** (m), resident
l' **habitat** (m), habitat, dwelling-place
  habiter, to live
l' **habitude** (f), habit
  avoir l'habitude de, to be used to
  habituel, habituelle, usual
le **hameau,** hamlet
la **hanche,** hip

le **haricot**, bean
l' **harmonie** (f), wind band
la **hâte**, haste
    avoir hâte de, to be looking forward to
en **haut**, upstairs
le **haut-parleur**, loud speaker
la **hauteur**, height
    à la hauteur de, level with
en **hausse**, higher
l' **hébergement** (m), accommodation
    hebdomadaire, weekly
    hélas! alas!
l' **herbe** (f), grass
    la mauvaise herbe, weed
l' **heure de pointe**, rush hour
l' **heure légale**, standard time
    heureusement, fortunately
    heurter, to crash into
    hier, yesterday
l' **hippodrome** (m), race course
    hispaniser, to study Spanish
l' **hiver** (m), winter
    hivernal, winter
    hocher la tête, to shake one's head
le **homard**, lobster
l' **homme d'affaires**, businessman
    homogène, homogeneous
la **honte**, shame
    avoir honte, to be ashamed
l' **horaire** (m), timetable
l' **horizon** (m), horizon
    changer d'horizon, to have a change of scene
l' **horloge** (f), clock
les **hors d'œuvre**, first course, 'starters'
le **houx**, holly
l' **huile** (f), oil
l' **humeur** (f), mood

    ici, here
    d'ici là, between now and then
    il y a, there is, there are, ago
l' **île** (f), isle, island
    illisible, illegible
l' **immeuble** (m), block of flats
    impair, odd (*number*)
l' **implantation** (f), site
    implanté, sited
n' **importe**, any, no matter
l' **imprimé**, printed matter
    imprimer, to print
    inattendu, unexpected

l' **incendie** (m), fire
    inconnu, unknown
l' **inconvénient** (m), snag, draw-back
    incroyable, incredible, unbelievable
    indemne, unhurt
l' **indicatif** (m), code
    infect, awful
l' **inhumation** (f), burial
s' **initier à**, to gain experience
s' **inquiéter**, to worry
l' **inscription** (f), enrolment
    inscrire, to register
l' **insécurité** (f), lack of safety
    insidieusement, insidiously
    insolite, unusual
s' **installer**, to settle
l' **intégralité** (f), entirety
s' **intégrer**, to become part of
l' **interdiction** (f), prohibition
    interdire, to forbid, prohibit
    interdit, prohibited
l' **internat** (m), boarding section of school
l' **interne** (m *or* f), boarding pupil
    interpréter, to perform
    interroger, to question
    interurbain, between towns and cities
    introduire, to insert
    inutile, useless
un(e) **invité(e)**, guest
    invoquer, to set forth (*a pretext*)
l' **itinéraire** (m), route

    jacobin, revolutionist
    jadis, in former times
    jaloux, jalouse, jealous, determined
    jamais, ever
    ne ... jamais, never
la **jambe**, leg
    à toutes jambes, at top speed
le **jambon**, ham
    japonais, Japanese
le **jardin**, garden
    le jardin potager, kitchen garden
    jaune, yellow
    jeter, to throw
    jeter un regard, to glance
le **jeu**, game
    jeune, young
la **jeunesse**, youth, young people
la **joaillerie**, jewellery
    joindre, to enclose

    jouir de, to enjoy
    joli, pretty
    jongler, to juggle
la **joue**, cheek
    jouer, to play
le **jouet**, toy
le **jour**, day, daylight
    Le Jour de l'An, New Year's Day
    le jour férié, Bank Holiday
le **journal** (pl. **journaux**), newspaper
la **journée**, day
la **joute**, jousting
    joyeux, joyeuse, happy, joyful
    jumelé, twinned
    jumeau, jumelle, twin
les **jumelles** (f), twins; binoculars
la **jupe**, skirt
le **jupon**, underskirt
    jurassien, jurassienne, Jurassic
le **jus**, juice
    jusqu'à, until; as far as
    justement, exactly

    là-bas, over there
    laïc, laïque, non-denominational, secular
la **laine**, wool
    laisser, to allow; to leave
le **laisser-passer**, pass, permit
le **laitier**, milkman
le **lampion**, fairy light, Chinese lantern
    lancer, to throw
    lancer un appel au secours, to send a call for help
la **langue**, tongue, language
    la langue étrangère, foreign language
    lavable, washable
le **lavabo**, wash basin
le **lave-vaisselle**, dishwasher
se **laver**, to wash
le **lavoir**, wash-house
la **layette**, baby clothes
le **lèche-vitrine**, window-shopping
la **lecture**, reading
le **légume**, vegetable
le **lendemain**, next day
    lentement, slowly
la **lessive**, washing
    leur, leurs, their
    ***lever**, to lift, raise
    se lever, to get up
la **liaison**, connection

le **car de liaison,** connecting bus
libérer, to free, vacate
la **librairie,** bookshop
libre, free
la **licence,** university degree
le **lieu,** place
    avoir lieu, to take place
    au lieu de, instead of
    le lieu de villégiature, holiday centre, resort
le **lilas,** lilac
le **linge,** linen, washing
la **lingerie,** underwear, drapery
le **lingot,** ingot
  ***lire,** to read
la **liseuse,** reading light
lisible, legible
le **lit,** bed
la **livre,** pound
    livré: livré à soi-même, left to oneself
se **livrer à,** to indulge in
la **location,** hire, rent
le **logement,** accommodation
lointain, distant
les **loisirs** (m), leisure pursuits, leisure time
lors de, during
lorsque, when
le **losange,** diamond (*pattern*)
louer, to hire, rent, praise
le **loup,** wolf
la **luge,** toboggan
la **lumière,** light
lunaire, lunar
la **lune,** moon
    la lune de miel, honeymoon
les **lunettes** (f), spectacles
le **lycée,** secondary school

le **machiniste,** bus-driver (*in Paris*)
la **mâchoire,** jaw
la **maçonnerie,** building work
le **magnétophone,** tape-recorder
le **magnétoscope,** video tape-recorder
le **maillot,** jersey, swimming costume
la **main,** hand
    la main courante, moving hand-rail
maintenant, now
la **mairie,** town hall
le **maïs,** sweet corn
le **maître,** master
la **Manche,** English Channel

la **manifestation,** demonstration
se **manifester,** to express, take the form of
le **manque,** lack
manquer, to be lacking, miss
le **manteau,** coat
manuel, manuelle, manual
    l'éducation manuelle, handicraft
mal, badly
malade, ill
la **malédiction,** curse
le **malheur,** misfortune, ill-luck
malheureusement, unfortunately
la **maquette,** demonstration tape, model
le **maquillage,** make-up
se **maquiller,** to put on make-up
la **marée,** tide
le **marchand,** shop-keeper
la **marche,** step
le **marché,** market
    bon marché, cheap
marcher, to walk; to work (*of mechanisms*)
le **marié,** bridegroom
la **mariée,** bride
se **marier,** to get married
la **marmite,** cooking pot
la **maroquinerie,** leather goods
la **marque,** make
marquer, to score
se **marrer,** to have a good laugh
marron, brown
le **marron,** chestnut
le **massif,** mountainous area
le **matelas pneumatique,** air-bed
le **matériel,** equipment
la **matière,** subject (*at school*)
la **matinée,** morning
    faire la grasse matinée, to have a lie-in
mauvais, bad
le **médecin,** doctor
la **méfiance,** mistrust, suspicion
meilleur, best
le **mélange,** mixture
mélanger, to mix
se **mêler à,** to mix with
même, same, even
    quand même, all the same
    tout de même, all the same
la **mémoire,** memory
    de mémoire d'homme, in living memory
le **ménage,** household; housework

ménager, ménagère, household
mener, to lead
le **menhir,** prehistoric standing stone
mensuel, mensuelle, monthly
la **mention,** notice
la **mer,** sea
méridional, southern
mériter, to deserve
la **merveille,** marvel
    à merveille, marvellously
merveilleux, merveilleuse, marvellous, wonderful
la **messe,** mass
le **métier,** job, trade, career
le **meunier,** miller
  ***mettre,** to put (on)
    mettre en cause, to involve
    mettre au point, to formulate
    mettre la table, to lay the table
    se mettre à, to begin
    se mettre en relation avec, to get into touch with
    se mettre en route, to set off
le **meublé,** furnished flat
à **mi-chemin,** half-way
le **mi-trimestre,** half-term
le **Midi,** south of France
mieux, better
le **milieu,** environment
mille, thousand
mince, slim, thin
minuit, midnight
la **mise à disposition,** ready for collection
la **mise en scène,** production
la **MJC: Maison des Jeunes et de la Culture,** youth club
mobile, movable
le **mobilier,** furniture
la **mode,** fashion, way
    la mode de vie, way of life
modérateur, modératrice, moderating
modéré, moderate
moi-même, myself
le **moine,** monk
le **moins,** least
le **mois,** month
la **moitié,** half
le **monde,** world
    que de monde! what a lot of people!
    tout le monde, everybody
mondial, world-wide

mondialement, world-wide
le **moniteur,** instructor
la **monnaie,** change
le **montagnard,** mountain dweller
la **montée,** hill, gradient
 dès la montée, immediately
 on getting on (*the bus*)
 monter, to go up, climb, get
 into (*bus, etc.*)
la **montre,** watch
 montrer, to show
le **morceau,** piece
 mordre, to bite
la **mort,** death
un(e) **mort(e),** dead person
le **motard,** police motorcyclist
la **moto,** motorcyele
le **mot,** word
 mots croisés, crossword
le **mouchoir,** handkerchief
 mouillé, damp
la **moule,** mussel
le **moulin,** mill
 *****mourir,** to die
le **moustique,** mosquito
la **moutarde,** mustard
le **mouton,** sheep
la **mouture,** ground coffee
 mouvementé, active, busy
 moyen, moyenne, medium,
 average
le **Moyen Age,** Middle Ages
le **Moyen Orient,** the Middle
 East
 moyennant, on payment of
le **muguet,** lily of the valley
 munir, to provide
le **mur,** wall
la **mûre,** blackberry
 mûrir, to ripen

 nager, to swim
la **naissance,** birth
 *****naître,** to be born
la **nappe,** tablecloth
 natal: la maison natale,
 birthplace
la **natation,** swimming
 nature, plain
la **nature,** nature, countryside
 nautique, water
 néanmoins, nevertheless
 négliger, to neglect
la **neige,** snow
 les neiges éternelles,
 permanent snow
 nettoyer, to clean
 neuf, neuve, brand new

le **neveu,** nephew
ne... **ni . . . ni,** neither . . . nor
le **niveau,** level
 le passage à niveau, level
 crossing
les **noces** (f), wedding
la **noisette,** hazelnut
la **noix,** nut
le **nom,** surname
 nombreux, nombreuse,
 numerous
la **Norvège,** Norway
 notamment, notably
la **note,** note, mark (*at school*)
le **nounours,** teddy bear
la **nourriture,** food
de **nouveau,** once again
la **nouveauté,** novelty
les **nouvelles** (f), news
 nu, bare
le **nuage,** cloud
 nuageux, cloudy
la **nuit,** night
 il faisait nuit, it was dark
 nul, nulle, nothing
 nulle part, nowhere
le **numéro,** number
 **le numéro
 d'immatriculation,** registration
 number

 obligatoire, compulsory
l' **objet** (m), object
 les objets trouvés, lost
 property
 oblitérer, to cancel
les **obsèques** (f), funeral
s' **occuper de,** to be busy with,
 give attention to
l' **odeur** (f), smell
 œcuménique, ecumenical
l' **œuf** (m), egg
 offrir, to give
l' **oiseau** (m), bird
l' **onde** (f), wave
 sur les ondes, on the air
 opérer, to operate on
l' **or** (m), gold
l' **orage** (m), thunderstorm
l' **orchestre** (m), orchestra, stalls
d' **ordinaire,** usually
l' **ordonnance** (f), prescription,
 arrangement (*of building*)
l' **ordinateur** (m), computer
les **ordures** (f), rubbish
l' **oreille** (f), ear
d' **ores et déjà,** here and now
l' **orfèvrerie** (f), (gold) jewellery

l' **organisme** (m), organization
l' **orientation** (f), vocation
s' **orienter,** to get one's bearings
 oser, to dare
l' **ouate** (f), cotton wool
 oublier, to forget
l' **outil** (m), tool
en **outre,** besides, in addition
 outre-mer, overseas
l' **ouverture** (f), opening
l' **ouvreuse** (f), usherette
 *****ouvrir,** to open

 pair, even (*number*)
la **paix,** peace
le **palais,** palace
la **palme,** first prize, award
le **palmier,** palm-tree
la **panne,** breakdown
le **panneau,** sign
le **panonceau,** sign
le **pantalon,** trousers
la **papeterie,** stationer's
la **papillote à pétard,** cracker
 Pâques, Easter
le **parapluie,** umbrella
le **parcotrain,** park-and-ride
 parcourir, to cross
le **parcours,** route, course
 le parcours pour pêcheur,
 fishing rights
 pareil, pareille, similar, the same
 paresseux, paresseuse, lazy
 parfait, perfect
 parfois, sometimes
le **parfum,** perfume, flavour
le **pari,** bet
la **paroisse,** parish
 paroissial, parish
 parler, to speak, talk
la **parlote,** talking, gossip
 parmi, amongst
la **part,** part, share
 de ma part, on my behalf
 à part, apart from
 partager, to share
en **partance de,** destination (*of
 train*)
le **parterre,** flower bed
le **parti,** side
 prendre le parti de, to take
 the side of
 participer à, to take part in
 particulier, particulière,
 particular, individual
la **partie,** game, party
 partiel, partial
 à temps partiel, part-time

*partir, to set off
    c'est parti! it's begun!
    à partir de, from
    partout, everywhere
    parvenir, to reach
le **pas**, footstep
le **passant**, passer-by
le **passé**, past
    passer, to pass, spend (*time*)
        passer un examen, to take an exam
        passer un film, to show a film
        passer voir quelqu'un, to call in on someone
        se passer, to happen
le **passe-temps**, pastime, hobby
    passionnant, thrilling
le **passionné**, fanatic
la **pâte**, pastry
    la pâte feuilletée, flaky pastry
le **patinage**, skating
la **patinoire**, ice-rink
la **pâtisserie**, cake, pastry
le **patrimoine**, heritage
le **patron**, boss, owner
    patronal: la fête patronale, festival of patron saint
le **pays**, country
    du pays, local
    les Pays-Bas, Holland
    le Pays de Galles, Wales
    le Pays des Lacs, Lake District
    les pays nordiques, Scandinavian countries
en **PCV**, reversed charges telephone call
le **PDG: Président Directeur Général**, Managing Director
le **péage**, toll, payment
la **pêche**, fishing; peach
le **pédalo**, pedal-boat
    pédestre, on foot
se **peigner**, to comb one's hair
la **peine**, trouble
    pas la peine! not worth it!
    à peine, hardly
    peindre, to paint
la **peinture**, painting, picture
la **pellicule**, film
la **pelouse**, lawn
    pénétrer dans, to get into
    péniblement, painfully
    penser à, to think about (a subject)
    penser de, to think of, give an opinion on

la **pension**, guest-house
    la pension complète, full board
la **pente**, slope
la **Pentecôte**, Whitsuntide
se **percuter**, to crash into
    perdre, to lose
    perfectionner, to perfect
    périphérique: le boulevard périphérique, outer ring-road
le **permis de conduire**, driving licence
le **personnage**, character
le **personnel**, staff
la **perte**, waste, loss
    pétillant, sparkling
les **pétroles** (m), oil industry
    peu à peu, little by little, gradually
la **peur**, fright
    avoir peur, to be frightened
    peut: ça peut se faire, that can be done
    peut-être, perhaps
la **pharmacie**, chemist's
la **phobie**, phobia, fear
le **photographe**, photographer
la **photographie**, photograph
la **phrase**, sentence
la **pièce**, room, coin, apiece
    la pièce d'eau, ornamental lake
    la pièce d'identité, proof of identity
    la pièce de rechange, spare part
    la pièce de théâtre, play
le **pied**, foot
la **pierre**, stone
le **piéton**, pedestrian
    pieusement, piously
le **pilote**, driver
la **piqûre d'insecte**, insect-bite
la **piscine**, swimming bath
    la piscine couverte, indoor pool
la **piste**, track, ski-run
    pittoresque, picturesque, attractive
la **place**, seat, space, square
    la grand'place, main square
    sur place, on the spot
le **plafond**, ceiling
la **plage**, beach
la **plaie**, wound, cut
se **plaindre**, to complain
    plaire, to please
    se plaire, to be happy

la **plaisance**, pleasure
    le port de plaisance, boating port, marina
le **plan d'eau**, stretch of water
la **planche**, plank
    la planche à voile, windsurfing
le **plancher**, floor
la **plaque**, packet (*butter*)
    la plaque tournante, important centre
    plat, flat, straight (*of hair*)
le **plat**, dish
    le plat de résistance, main dish
    le plat du jour, today's special
le **plateau**, plateau, tray
    le plateau de fromages, cheeseboard
    plein, full
    plein de choses! lots of things!
    *pleuvoir, to rain
    plier, to fold
le **plombage**, filling (*in tooth*)
la **pluie**, rain
la **plume**, pen, feather
la **plupart**, the majority
ne... **plus**, no longer, no more
    plusieurs, several
    plutôt, rather
la **poche**, pocket
le **poids lourd**, lorry
la **poignée**, lever (*of bicycle brake*)
le **poivre**, pepper
le **poivron**, green or red pepper
à **point**, just right
la **pointure**, size (*shoe*)
le **poisson**, fish
    le poisson exotique, tropical fish
la **poissonerie**, fish-shop
    poissonneux, abounding with fish
la **poitrine**, bust, chest
    poli, polite
le **policier**, detective
la **pomme**, apple
les **pompiers** (m), fire brigade
le **pont**, bridge
le **portail**, door
    portatif, portative, portable
le **portefeuille**, wallet, purse
    portée: à la portée, within reach
    porter, to wear; to carry
    se porter bien, to be in good health

le **porteur**, porter, bearer
la **portière**, door (*of car or train*)
le **porto**, port
la **pose**, exposure (*film*); fitting (*windscreen*)
poser, to put, ask, place
le **pot**, jug
  boire un pot, to have a drink
potable, drinking
le **potage**, soup
la **poubelle**, dustbin
le **pouce**, thumb
  le coup de pouce, unexpected helping hand
la **poupée**, doll
le **pourboire**, tip
poursuivre, to pursue; to continue
pourtant, however
le **pourtour**, periphery
pousser, to push; to grow
la **poussière**, dust
*****pouvoir**, to be able, can
le **pouvoir**, power, authority
la **prairie**, meadow
pratiquer, to take part in, practise
la **Préfecture**, police headquarters in Paris
premier, première, first
  au premier plan, in the foreground
la **première**, lower sixth
*****prendre**, to take
le **prénom**, first name
les **préparatifs** (m), preparations
près, near
  à peu près, about, approximately
à **présent**, now
pressé, squeezed; in a hurry
se **presser**, to hurry
la **prestation**, service
prêt, ready
  prêt-à-porter, ready to wear, off-the-peg
prêter, to lend
prévenir, to inform
la **prévision**, forecast
prévoir, to allow, forecast, foresee
  rien prévu, nothing arranged
prier, to ask, pray
  je t'en prie! please do!
la **prière**, prayer
  prière de, please
en **principe**, in theory
le **printemps**, spring

la **priorité**, right of way
la **prise**, capture, storming
  la prise de vue, shooting
  la prise en charge, pick-up charge
se **priver de**, to deprive oneself of
le **prix**, price
  prix nets, service charge included
le **processus**, process, sequence of events
prochain, next
proche, near
  le Proche-Orient, Middle East
se **produire**, to happen
profiter de, to take advantage of
la **profondeur**, depth
le **projet**, plan
la **promenade**, walk
se **promener**, to walk, go for an outing
promettre, to promise
propre, clean, own
la **propreté**, cleanliness
protéger, to protect
la **provenance**, source
  en provenance de, coming from
à **proximité**, near
prudent, wise
les **PTT: Postes, Télégraphes et Télécommunications**, Post Office
puis, then
puisque, since, because
la **puissance**, power

le **quai**, platform
qualifier, to describe
quant à, as for
le **quartier**, district
le **quatuor**, quartet
ne... **que**, only
quelconque, ordinary
quelque chose, something
quelque part, somewhere
quelques, a few
quelqu'un, someone
la **quête**, collection (in church)
la **queue**, queue, tail, end
la **quincaillerie**, ironmonger's
la **quinzaine**, fortnight
quitter, to leave
  ne quittez pas! hold the line!
quoique, although
quotidien, quotidienne, daily

racheter, to buy back
raconter, to recount, tell
la **rage**, rabies
le **ragoût**, stew
raide, steep
le **raisin**, grapes
la **raison**, reason
  avoir raison, to be right
ralentir, to slow down
la **rame**, train (*métro*)
ramollir, to soften
la **randonnée**, walk, ramble
randonneur, touring (*cycle*)
le **rang**, row, rank, place
ranger, to line up; to tidy, put away
raper, to grate
le **rappel**, reminder
les **rapports** (m), relationship
  par rapport, compared with
raser, to shave
rassurer, to reassure
la **RATP: Régie Autonome des Transports Parisiens**, métro and bus service in Paris
le **rayon**, shelf, department (*in store*)
la **réalisation**, production
réaliser, to make possible
la **réanimation**, resuscitation
récemment, recently
le **récepteur**, receiver
la **recette**, recipe
le **receveur**, bus-conductor
*****recevoir**, to receive
la **recherche**, search
  à la recherche de, seeking
rechercher, to look for
le **récit**, account
la **réclame**, special offer
recommencer, to begin again, repeat
reconnaissant, grateful
reconnaître, to recognize
reçu: être reçu à un examen, to pass an exam
le **reçu**, receipt
reculer, to move back
  reculé, far back
récurer, to wash (*floor*)
redoubler, to repeat a year (*school*)
réduire, to reduce
réel, réelle, real
réellement, really
le **réfectoire**, refectory
réfléchir, to reflect, think
le **regard**, look

le **régime**, diet
le **réglage**, adjustment
la **règle**, regulation, rule; ruler
régler, to adjust
regretter, to be sorry
la **reine**, queen
rejoindre, to rejoin
relais: le relais routier,
　roadside café
les **relations** (f), connections
relever, to read
le **relief**, high ground
relier, to link
rembourser, to refund
remercier, to thank
remettre, to give, hand over,
　replace, put back, postpone
　se remettre à, to begin again
remise, better (*health*)
la **remise**, handing out,
　distribution
la **remontée mécanique**, ski-lift
les **remords** (m), remorse
　avoir des remords, to be
　　sorry
remplacer, to replace
remuer, to stir
la **rencontre**, meeting
rencontrer, to meet
rendre, to give back; to make
se **rendre**, to go
　se rendre compte, to realize
renfermer, to enclose
　sentir le renfermé, to smell
　　musty
renommé, renowned
renoncer, to give up
le **renseignement**, information
renseigner, to inform
　se renseigner, to enquire
rentrer, to return
reparaître, to reappear
la **réparation**, repair
　la surface de réparation,
　　penalty area
répartir, to divide
le **repas**, meal
　le repas de noces, wedding
　　reception
le **repassage**, ironing
repasser, to iron
repêcher, to fish out, retrieve
repérer, to locate
répéter, to repeat; to rehearse
le **répit**, respite
répondre, to reply
la **réponse**, reply, answer
le **repos**, rest

se **reposer**, to rest
reprendre, to begin again
le **représentant**, representative
le **réseau**, network
le **responsable**, person in charge
se **ressembler**, to look alike
ressortir, to come out again
la **restauration**, catering
restaurer, to restore
le **reste**, rest, remainder
　les restes, remains
rester, to stay, remain
restituer, to give back
le **retard**, lateness
　avoir du retard, to be late
la **retenue**, detention
retirer, to remove
le **retour**, return
la **retraite**, retirement
se **retrouver**, to meet
la **réunion**, meeting
se **réunir**, to meet
réussir, to succeed; to pass
　(*exam*)
la **réussite**, success
réveiller, to awaken
revenir, to come back
le **revenu**, income
rêver, to dream
rêveur, rêveuse, dreamer,
　escapist
revivre, to re-live
le **rez-de-chaussée**, ground floor
la **RFA: République Fédérale
　d'Allemagne**, West Germany
le **rhume**, cold
　le rhume des foins, hay
　　fever
le **rideau**, curtain
ne... **rien**, nothing
　plus rien, nothing more
rigoler, to laugh, joke
la **rigueur**, rigor, harshness
les **rillettes** (f), potted pork
*****rire**, to laugh
la **rive**, bank (*of river or lake*)
le **riz**, rice
la **robe**, dress
le **robinet**, tap
la **rocade**, bypass
le **roi**, king
　les Rois Mages, the Magi
romain, Roman
le **roman**, novel
　le roman policier, crime
　　novel
la **roue**, wheel
rougir, to blush

rouillé, rusty
roulant: l'escalier roulant,
　escalator
le **rouleau**, rolling-pin
　le rouleau de pellicule, roll
　　of film
rouler, to roll, travel, drive
　along, operate (*of buses*)
la **roulette**, small wheel
le **rouleur**, racing cyclist
la **roulotte**, horse-drawn caravan
la **route**, road
　bonne route! safe journey!
　en route pour, on the way to
le **routier**, long-distance lorry
　driver
routier, routière, road
　la prévention routière, road
　　safety
le **royaume**, kingdom
la **rue**, street
la **rusticité**, rural quality

le **sable**, sand
le **sac à dos**, rucksack
le **sac de couchage**, sleeping-bag
sage, well-behaved
saignant, rare, underdone
saillant, prominent
sain et sauf, safe and sound
saint, holy
　la Saint-Sylvestre, New
　　Year's Eve
saisonnier, saisonnière,
　seasonal
la **salade**, lettuce
le **saladier**, salad bowl
sale, dirty
saler, to salt
la **salle**, room, railway coach
　la salle d'attente, waiting-
　　room
le **salon**, sitting-room
　le salon d'essayage, fitting
　　room
　le salon de thé, tea room
saluer, to greet
le **sanctuaire**, sanctuary
sans, without
la **santé**, health
le **santon**, figurine
le **sapin**, fir-tree
la **sapinière**, pine-forest
les **sapeurs-pompiers** (m), fire
　brigade
sauf, except
le **saumon**, salmon
le **saut**, jump

sauter, to jump, leap
sauvage, wild
  le camping sauvage, camping other than on a site with facilities
sauvegarder, to safeguard
le Sauveur, Saviour
la saveur, flavour
*savoir, to know
sec, sèche, dry
sécher, to dry
le secours, help
la sécurité, safety
le Seigneur, Lord
le séjour, stay
séjourner, to stay
le sel, salt
la selle, saddle
selon, according to, in accordance with
semblable, similar, the same
semblant: faire semblant de, to pretend
sembler, to seem
le sens, sense, direction
  le sens de l'humour, sense of humour
  le sens pratique, common sense
  à sens unique, one-way
sensass! fantastic!
le sentier, footpath
  le sentier de grande randonnée, long-distance footpath
le sentiment, feeling
se sentir, to feel
la serre, greenhouse
serrer, to grip
  serrer à droite, move over to the right, keep to the right
  serrer la main, to shake hands
la serrure, lock
le serveur, la serveuse, waiter, waitress
la serviette, towel; serviette; brief-case
servir, to serve
  se servir de, to use
le sésame, magic key, formula
le seuil, threshold
seul, alone
seulement, only
la scène, stage
si, if, so; yes (when contradicting a negative)
le siècle, century

le siège, seat
la sieste, siesta, afternoon nap
signaler, to indicate, report
sillonner, to plough
simple, easy, single
sinon, otherwise
le ski, skiing
  le ski alpin, de descente, downhill skiing
  le ski de fond, cross-country skiing
la SNCF: la Société Nationale des Chemins de fer Français, French Railways
la soie, silk
soigner, to look after
le soin, care
  les premiers soins, first aid
la soirée, evening
soit, that is
soit . . . soit, either . . . or
quel que soit, whatever may be
le soldat, soldier
  le soldat de plomb, toy soldier
les soldes (m), clearance sales
solide, strong
sombre, dark
la somme, sum
le sommeil, sleep
  avoir sommeil, to be sleepy
le sommet, summit
sonner, to ring
la sonnerie, bell
la sonorisation, amplification system
la sortie, exit; excursion
  la sortie des classes, end of the school year
*sortir, to go out
le souci, worry
souffler, to blow
le souhait, wish
  à tes souhaits! bless you!
souhaiter, to wish, to want
soulever, to lift
le soulier, shoe
soupçonneux, soupçonneuse, suspicious
la source, spring, source of river
sourd, deaf
sourire, to smile
le sous-sol, basement
souscrire, to take out (insurance)
soutenir, to support
souterrain, underground

le souvenir, memory
  se souvenir de, to remember
souvent, often
le sparadrap, sticking plaster
le spectacle, entertainment, show
la spéléologie, caving
le stage, course
le stationnement, parking
le stupéfiant, drug
suave, smooth, gentle
subordonné à, subject to
subsister, to be still in existence
le sucre, sugar
  le sucre semoule, caster sugar
suffire, to be sufficient
suffisamment, enough
suivant, depending on
*suivre, to follow
  à suivre, to be continued
le sujet, subject
  à mon sujet, about me
super, fantastic
superflu, unnecessary
supérieur, greater, higher, upper
supplémentaire, extra
supprimer, to suppress, get rid of
surcharger, to overload, overcrowd
surgelé, frozen (food)
surgir, to arise
surhumain, superhuman
surpeuplé, overcrowded
surprenant, surprising
surtout, especially, above all
le surveillant, supervisor
surveiller, to watch, supervise
survenir, to occur
en sus, extra
susciter, to create
suspendre, to hang, suspend
sympathique, friendly, nice
le syndicat, trade union

le tabac, newsagent's
le tableau, picture
le TAC: Train Auto Couchette, car sleeper
la tache, mark, blob
  la tache de rousseur, freckle
la taille, waist, height, size
tailler, to shape
se taire, to fall/remain silent
le talisman, talisman, protective charm

tandis que, whilst, whereas
tant, so much
le **tapage,** noise
le **tapis,** carpet
tard, late
le **tarif,** charge, rate
    tarif unique, one price
tarifaire, relating to the charge
la **tarification,** scale of charges
la **tartine,** slice of bread, butter and jam
tartiner, to spread, cover
le **tas,** heap, pile, mass
la **tasse,** cup
le **taureau,** bull
la **teinturerie,** dyeing
le **télésiège,** ski-lift
le **téléski,** ski-lift
tellement, so
    pas tellement, not especially
le **témoignage,** witness, personal account
tempéré, temperate
la **tempête,** storm
le **temps,** weather, time
    le bon vieux temps, the good old days
la **tendance,** tendency
tendre, to offer
***tenir,** to hold
    tenir à, to insist on
terminal, end
    la classe terminale, upper sixth
terminer, to finish
le **terrain,** ground, land, building-plot
    le terrain accidenté, uneven ground
    le terrain de golf, golf course
le **terrassement,** navvying
la **tête,** head
têtu, obstinate
thermal: une station thermale, a spa
le **thon,** tuna
le **timbre,** stamp
le **tir,** shooting
    le tir à l'arc, archery
tirer, to pull, draw, fire
    tirer un feu d'artifice, to let off a firework
    se tirer de, to extricate oneself from
le **tissage,** weaving
titrant: boisson titrant 22°, alcoholic drink of strength 22°
le **titre,** title

le **titre de réservation,** reservation ticket
    à titre absolu, totally
la **tôle du four,** oven base
le **tombeau,** tomb
tomber, to fall
    tomber en panne, to have a breakdown
la **tonalité,** dialling tone
tondre, to mow
le **tonneau,** barrel
    effectuer plusieurs tonneaux, to roll over several times
le **torrent,** mountain stream
le **tort,** wrong
    avoir tort, to be wrong
tôt, early
touché, affected
toujours, always, still
la **tour,** tower
le **tour,** turn, tour
la **tournée,** round, tour
tourner, to turn, spin
le **tourniquet,** roundabout
le **tournoi,** tournament
la **Toussaint,** All Saints' Day
tout, all
    tout à l'heure, a short while ago, very soon
    à tout à l'heure, see you shortly
    tout de suite, immediately
    tout droit, straight on
toutefois, however
tracer, to draw
en **train de,** in the process of
traîner, to hang about
le **trait,** personality trait
    d'un seul trait, in one go
traiter, to treat
le **traiteur,** caterer
la **tranche,** slice
tranquille, quiet
    le vin tranquille, still wine
le **trajet,** journey
transmettre, transmit, pass on
le **travail** (pl. **travaux**), work
travailler, to work
travailleur, hardworking
la **traversée,** crossing
traverser, to cross
le **traversin,** long pillow, bolster
la **tribune,** stand
tricher, to cheat
le **tricot,** knitting, knitted garment
    le tricot de corps, vest

tricoter, to knit
le **trimestre,** term
triste, sad
se **tromper,** to make a mistake
le **trottoir,** pavement
trop, too, too much, too many
le **trou,** hole
    piquer un trou, to make a hole
la **troupe,** band, group
le **troupeau,** flock
trouver, to find
le **tube,** F. hit record
tuer, to kill

ubuesque, ludicrous
la **une,** F. front page of newspaper
unique, unique, only
    fils unique, only son
    fille unique, only daughter
s' **unir,** to unite
    s'unir à, to join in
    s'unir d'intention, to be present in spirit
à l' **unité** (f), singly
    urgence: le service des urgences, emergency services
usé, worn out, beyond repair
l' **usine** (f), factory
utiliser, to use
l' **utilité** (f), usefulness

la **vache,** cow
le **vainqueur,** winner
la **vaisselle,** washing-up; crockery
valable, valid
la **valeur,** value
la **valise,** suitcase
le **vallon,** valley
la **vannerie,** basketwork
vantard, boastful
la **varappe,** rock-climbing
la **vedette fluviale,** houseboat
la **veille,** the day before
le **vélociste,** cycle-dealer
vendre, to sell
***venir,** to come
    venir de, to have just
le **vent,** wind
la **vente,** sale
    vente ambulante, refreshment trolley
    le point de vente, issuing point
le **ventre,** stomach
verdoyant, green

la **verdure,** greenery
le **verger,** orchard
le **verglas,** ice
vérifier, to check
la **vérité,** truth
vernir, to polish
le **verre,** glass
la **verrerie,** glassware
le **verrou,** bolt
le **verrouillage,** locking, bolting
vers, towards
verser, to pour, pay
le **verso,** the other side
les **vestiges** (m), remains
les **vêtements** (m), clothes
le **veuf,** widower
la **veuve,** widow
veuillez, kindly
veut: ça veut dire, that means
la **vidange,** waste-pipe
la **vie,** life
le **vieillard,** old man
la **Vierge,** Virgin Mary
vieux, vieille, old
le **vignoble,** vineyard

en **vigueur,** in force
en **villégiature,** on holiday
le **vinaigre,** vinegar
virer, to swerve
le **visage,** face
la **vitesse,** speed
à toute vitesse, at top speed
la **vitre,** windowpane
la **vitrine,** shopwindow
vivant, alive
la langue vivante, modern
language
vive, long live
vivement, heartily
vivifiant, invigorating, bracing
*****vivre,** to live
le **vœu,** wish, vow
la **voie,** path, course, track,
platform
la voie publique, public
highway
la **voile,** sail, sailing
le **voilier,** sailing boat
*****voir,** to see
voire, nay, in truth

le **voisin,** neighbour
la **voiture,** car
la voiture d'enfant, pram
la **voix,** voice
le **vol,** flight, theft
le **volant,** steering-wheel
voler, to fly, steal
volée: à toute volée, full peal
la **volière,** aviary
la **volonté,** wish
*****vouloir,** to wish, want
le **voyage,** journey
le voyage de noces,
honeymoon
vrai, true
vraiment, really, truly
la **vue,** view

le **wagon,** coach
le **wagon-lit,** sleeping car, sleeper

y, there
y compris, including
les **yeux** (m), eyes

zut alors! blow it! dash!

Bon voyage!

Voici quelques adresses utiles:

Gîtes de France,
178, Piccadilly,
London W1V 0AL

French Railways,
179, Piccadilly,
London W1V 0BA

French Government Tourist Office,
178, Piccadilly,
London W1V 0AL

Food and Wine from France,
Nuffield House,
41–46, Piccadilly,
London W1V 9AJ

Youth Hostels Association,
Trevelyan House,
8, St Stephen's Hill,
St Albans,
Herts AL1 2DY

Central Bureau for Educational Visits and
Exchanges,
Seymour Mews House,
Seymour Mews,
London W1H 9PE

For working holidays or learning French in
France:

The French Embassy,
Cultural Department,
22, Wilton Crescent,
London SW1X 8SB

For cheap rail travel for persons under 26:

Transalpino,
71–75, Buckingham Palace Road,
London SW1

For French magazines and books:

Hachette Bookshop,
4, Regent Place,
London W1R 6BH

For tourist information about any town in France,
simply write to the Syndicat d'Initiative at that
town, if possible giving the number of the
'département'.

For information about Paris, write to:
Office de Tourisme,
127, Avenue des Champs-Elysées,
75006 Paris,
France

Grammar index

Après avoir/être *118*
Avant de *118*
Common verbs followed by a preposition *135*
Conditional tense *88*
Definite article with **à** *33*
Demonstrative pronoun *119*
Depuis *33*
En *105*
Future tense *73*
Idiomatic expressions with **avoir** *189*
Imperative *170*
Imperfect tense *46*
Irregular adjectives *47*
Making a question *74*
Partitive article *119*
Passive voice *62*
Past historic *117, 135*
Preceding direct object *90*
Perfect tense *19*
Pluperfect tense *62*
Possessive pronoun *189*
Present participle *74*
Pronouns *153*
Qui and **que/qu'** *153*
Relative pronouns *104*
Special negatives *62*
Stressed pronouns *82*
Superlative *170*
Venir de *46*
Y *105*